民族地区城乡经济
发展不平衡问题研究

彭冰琪｜著

人民日报出版社

北京

图书在版编目（CIP）数据

民族地区城乡经济发展不平衡问题研究／彭冰琪著.—
北京：人民日报出版社，2021.3
　　ISBN 978-7-5115-6892-2

　　Ⅰ.①民…　Ⅱ.①彭…　Ⅲ.①民族地区—城乡建设—
经济发展—研究—中国　Ⅳ.①F299.21

　　中国版本图书馆 CIP 数据核字（2021）第 013267 号

书　　　名：	民族地区城乡经济发展不平衡问题研究
	MINZU DIQU CHENGXIANG JINGJI FAZHAN BUPINGHENG WENTI YANJIU
作　　　者：	彭冰琪

出 版 人：	刘华新
责任编辑：	程文静　杨晨叶
封面设计：	中联华文

出版发行：	人民日报出版社
社　　址：	北京金台西路 2 号
邮政编码：	100733
发行热线：	（010）65369509　65369512　65363531　65363528
邮购热线：	（010）65369530　65363527
编辑热线：	（010）65363530
网　　址：	www.peopledailypress.com
经　　销：	新华书店
印　　刷：	三河市华东印刷有限公司
法律顾问：	北京科宇律师事务所　010 – 83622312

开　　本：	170mm×240mm　1/16
字　　数：	256 千字
印　　张：	16.5
版次印次：	2021 年 9 月第 1 版　2021 年 9 月第 1 次印刷

书　　号：	ISBN 978-7-5115-6892-2
定　　价：	95.00 元

前　言

　　民族地区经济发展，既关乎着中国特色社会主义现代化建设全局，又关系着各族人民共享改革发展成果中提升获得感、幸福感与安全感。伴随着经济领域改革发展的深入与对外开放程度的加深，人们的物质文化产品供给日趋丰富，从解决温饱到建设小康再到全面建成小康社会，人民需求与日俱增、日新月异，需求内容更加多元化、多层次。改革开放之初，落后的社会生产力与低水平劳动效率，是经济建设发展及满足人民需求的根本限制性因素。因此，解放、发展生产力，调整生产关系，成为经济增长过程中亟待解决的首要任务，通过对内改革与对外开放，充分激发了经济增长潜力，极大促进了社会生产力水平提升。西部大开发战略部署实施后，民族地区在各项重点工程的直接带动下，凭借充裕的自然资源禀赋，形成了现代化工业部门，经济快速增长，正逐步告别边远、告别贫困、告别滞后……

　　经过40年国民经济高速增长，中国发展问题的关键已由全面短缺经济演化为兼具积累性、深层次等特征的局部发展不足问题，是中国特色社会主义新时代制约经济发展与社会进步的主要问题，不平衡已成为概括、归纳经济发展问题的关键词。民族地区，是我国经济发展不足最突出区域。不平衡问题已是制约民族地区经济社会发展的主要困境，是民族地区经济现代化发展过程中面临解决的突出难题。在民族地区发展不平衡的诸多方面，城乡经济不平衡既是发展面临的最突出问题，又是经济现代化发展的主要阻碍。民族地区是我国城乡经济发展不平衡最严峻区域，工业化过程中产生的工农、城乡关系的二元性是不平衡问题的根源，持续的发展不平衡又会进一步加剧城乡分化，这是一个循环累积过程，互为因果、相互作用。发展是任何时代的主题，新时代社会主要矛盾正在发生深刻变化，在持续推进经济增长过程中，着力解决好制约发展的不平衡问题，力求更好满足人民在经济、社会、文化、生态等方面与日俱增的需求变化，力求早日实现人的自由、全面发展的美好夙愿。

不平衡绝不是对经济差距和发展过程的简单现象描述，发展不平衡现象虽然多见，但是对于不平衡问题的全面研究还很少，基于发展不平衡透视民族地区经济社会发展各层次问题的研究缺乏系统性。以民族地区为研究对象，将不平衡问题的理论研究与城乡经济的发展实际相结合，通过对民族地区城乡经济发展现状进行分析，有利于系统、客观地了解不平衡问题，有利于将社会主要矛盾的理论内涵与民族地区经济发展现实相结合认识，有利于找到新时代民族地区经济现代化发展的突破口和着力点。本书试图从理论研究与现实分析两方面作些许新尝试。不平衡问题已成为影响经济发展的总体性因素，对民族地区经济发展的阻碍与滞后的效果更为显著，在界定不平衡的经济学内涵与内容基础上，以城乡经济作为研究切入点，将对不平衡问题的学理性关注应用于民族地区城乡经济发展实际的研究之中，探讨化解城乡经济发展不平衡问题的方法，寻求实现民族地区经济现代化发展的举措。在研究中，突出"以人为本"发展观，突出人在经济活动中的主体地位，在分析城乡经济发展问题过程中，将注意力聚焦人的发展问题。将定量分析方法运用到不平衡问题的研究，具体化于民族地区城乡发展问题，同步化解城镇与乡村之间的发展不平衡问题。因此，研究民族地区城乡经济发展不平衡问题，既具有理论价值，又兼具现实意义。

从民族经济学视角，采用定量测度与定性分析相结合方法，从"不平衡"与"平衡"概念的经济学意义出发，从学理上区分"不平衡"与"非均衡""差距"等相关语词要义，在本书中专指"发展的不平衡性"，用以表示城乡关系与经济运行中呈现的不平衡性特征，并基于此明确城乡经济发展不平衡定义与内容。从收入、消费、恩格尔系数三个指标持续关注民族地区城乡经济发展状态，得出城乡经济发展差距尚存的事实，通过对工农、城乡之间的比较劳动生产率、二元对比系数、二元反差指数、产业结构偏离度、市场活跃程度、实际人均人力资本存量等模型构建与指标测度，量化民族地区城乡经济发展不平衡程度的扩大化趋势。之后，运用降维逻辑的主成分分析法，对导致城乡发展不平衡的经济、社会等多种因素进行降维、分析得出具体影响因子。在对不平衡程度度量、影响因子分析的基础上，归纳出民族地区城乡经济发展不平衡问题集中体现在经济水平、经济结构、经济要素三个方面，最后从经济发展战略角度提出化解发展不平衡问题的举措，一方面有助于破解民族地区城乡发展困境，另一方面有利于实现民族地区经济现代化发展。

目　录
CONTENTS

导　论

发展是旧事物不断消亡及新事物不断产生的一种长期动态过程，通常也被喻为从落后走向先进的进步行为。民族地区的发展问题，既关乎着中国特色社会主义现代化建设全局，又关系着各族人民能否在改革发展成果的共享过程中提升获得感、幸福感与安全感。中国少数民族经济学科兴起之初，就着眼于从地区角度探究民族经济问题，民族地区经济的研究逢时而生。中国特色社会主义进入新时代，民族地区发展不平衡的突出问题尚未解决，城乡经济发展不平衡态势日趋严峻，直观表现为城乡发展差距和收入分配差距的扩大化，成为阻碍民族地区经济现代化发展瓶颈。将城乡经济发展不平衡作为研究内容，从民族地区城镇与乡村的发展实际出发，采取定量与定性相结合的研究方法，在度量城乡经济发展不平衡程度的基础上，分析导致不平衡的诸多影响因子，并基于此，构建科学有效的经济发展战略，对民族地区现代化发展及促进各民族发展繁荣具有重要的战略意义。

一、本书研究意义

新时代，在社会主要矛盾转换的大背景下，针对城乡经济发展不平衡这一突出问题，在经济现代化建设目标指引下，构建民族地区经济发展战略，对于加强工农、城乡协同发展能力，加速城乡经济协调发展步伐，推进民族地区经济现代化进程，促进各民族共同发展繁荣，最终实现人的全面发展，具有重要的理论及现实研究意义。

（一）理论意义

新时代，发展不平衡成为社会主要矛盾的主要方面，决定了经济高速度增长、提升经济总量已不再是发展的当务之急，实现经济、社会的高质量发展成为新时代的发展主题。① 矛盾的运动、转化，产生了社会主要矛盾，并促使其不断曲折发展。社会主要矛盾的运动与转化，具体表现为社会主要矛盾的供需双方之间的相互关系。

从社会需求角度看，改革开放之初，生产生活资料的短缺决定了人民不断追求物质文化需要，符合当时经济社会发展的客观实际。伴随着各经济领域改革发展的深入与对外开放程度的加深，我们物质文化产品的供给日趋丰富。从解决温饱到建设小康再到全面小康，人民需求与日俱增、日新月异，需求内容呈现出多元化、多层次的深刻变化。特别是中国特色社会主义进入新时代，人民"不仅对物质文化生活提出了更高要求，而且在民主、法治、公平、正义、安全、环境等方面的要求日益增长"②。此时，物质文化需要已经不再是人民最迫切、亟须解决的实际问题了。

从社会供给角度看，改革开放之初，落后的社会生产力与低水平的劳动效率，是阻碍经济建设、发展及实现人民需要的根本限制性因素。因此，解放、发展生产力，调整生产关系，成为经济增长过程中亟待解决的首要任务。自党的十一届三中全会开始，"以经济建设为中心"的对内改革与对外开放，成为一切工作的重中之重，极大促进了社会生产力水平的提升，充分释放了经济发展动能与活力，经过数十年发展，"落后的社会生产"已不再是发展的主要问题，兼具积累性、结构性、深层次等特征的发展不平衡问题成为新时代影响经济发展与社会进步的主要难题。

可见，新时代发展不平衡已上升为影响国家经济社会发展的战略问题，"落后的社会生产"已不能统领、概括当今经济进程中面临的发展难题，发展不平

---

① 吴家华：《正确认识和深刻领会我国社会主要矛盾的变化》，红旗文稿，2017 年第 24 期，第 7 - 9 页。

② 《习近平：决胜全面建成小康社会 夺取新时代中国特色社会主义伟大胜利——在中国共产党第十九次全国代表大会上的报告》，新华网，2017 年 10 月 27 日，http：//www.xinhuanet.com/2017 - 10/27/c_ 1121867529.htm。

衡已经成为理解中国各层次经济社会问题的出发点和落脚点。从民族经济学的学术视角而言，不平衡问题既是观察、分析、指导民族地区经济发展问题的出发点，又是民族地区各族人民自身发展的基本点和核心。然而，发展不平衡的现象虽然多见，但对于不平衡问题的全面研究还很少，基于不平衡来透视国家，尤其是民族地区经济社会发展各层次问题的思路也不成熟。平衡问题研究的内容广泛、形式多样、角度全面，选取城乡经济作为研究内容，以不平衡问题为核心，来重新观察民族地区的发展问题，力图将社会主要矛盾的认识具体化到民族地区城乡发展的分析当中，并通过对民族地区城乡经济发展的理论与实证分析，对"不平衡"有一个更为全面的认识。

从主要矛盾的核心定位来看，"不平衡"绝不是传统研究意义上的仅仅对社会发展差距和过程的简单现象描述，更重要的意义在于，不平衡问题已经成为制约发展的主要因素，那么，民族地区城乡经济发展的不平衡体现在哪些方面？问题的根源在哪？又如何进一步制约城乡经济发展和"人民对美好生活的需要"？其影响机制在哪里？作用的关键因素又是什么？从这几个方面入手全面分析不平衡问题，试图从机理上破解民族地区城乡经济发展困境，通过化解不平衡问题解决城乡经济发展问题，对于"不平衡"如何成为矛盾主要方面，如何制约发展和美好生活需要，有学理上的理解，这也是本文的创新所在。

研究内容包含对民族地区城乡经济发展不平衡程度的度量、导致不平衡的影响因子测度、不平衡问题的集中表现等内容的梳理，但不仅限于此，这是突破。还应该包括不平衡问题对人的发展需要、城乡发展产生的影响，并寻找突破途径。因而内容应有：不平衡作为主要矛盾的理论分析、历史沿革、现状、原因、影响机制、发展目标、化解途径。这样，就是抓住了新时代我国社会主要矛盾的定位，把不平衡放在了发展的主要矛盾上，以发展为最终目标来理解不平衡问题，而非就不平衡谈不平衡的泛泛而言。

（二）现实意义

在本书中，民族地区专指内蒙古、新疆、宁夏、广西、西藏五个少数民族自治区，和贵州、云南、青海三个多民族省份。土地面积约为 563.5 万平方公里，占国土面积的 59%，2016 年年末常住人口为 19680.58 万人，占全国总人口的 14.2%。① 民族地区有着广袤的土地、富饶的物产、丰富的资源和勤劳、勇敢、善良的各族人民，其人均资源占有量相当可观。新中国成立后，在中国共产党和中央人民政府的正确领导下，民族地区先后完成了社会经济制度的变革，实行了民族区域自治，为伟大祖国的社会主义经济建设作出了重大贡献，也取得了翻天覆地的变化。特别是改革开放以来，随着西部大开发战略的推进，民族地区在各项重点工程的直接带动下，搭载着现代化的高速列车，正逐步地告别边远、告别贫困、告别滞后……发展依旧是时代的主旋律，新时代社会主要矛盾正在发生深刻变化，在持续推进民族地区经济增长过程中，着力解决好制约经济发展的不平衡问题，力求更好满足人民在经济、社会、文化、生态等诸多方面与日俱增的需求变化，力求早日实现人的自由全面发展及社会全面进步的美好夙愿。

西部大开发战略实施后，民族地区在国家战略与政策的扶持下，凭借其丰富的自然资源禀赋，形成了现代化的工业部门，经济迅速增长。工业化初期，普遍存在着两个劳动生产率差别显著的经济部门，即乡村经济以劳动生产率低下的传统农业部门为核心，城镇经济以劳动生产率相对较高的现代工业部门为支柱。劳动力、资本等要素与资源的逐利性驱使其追求更高水平的利润回报率，导致生产要素与乡村资源出于收益偏好由乡村单向流入城镇。经验表明，欠发达地区的工业化都不同程度地导致了国民经济的二元性，即工农、城乡关系的二元经济结构，民族地区就是如此。民族地区，是我国城乡经济发展不平衡最为突出的区域，二元经济结构是发展不平衡的根源，持续不平衡又会进一步加剧城乡分化，这是一个循环累积过程，互为因果、相互作用。2000—2016 年，民族地区城乡居民消费差距从 1.99 扩大到 2.78，城乡间经济发展差距与收入消费差距持续扩大，工业的快速发展并没能带动农业现代化同步推进，工业化正

---

① 数据来源：《中华人民共和国 2016 年国民经济和社会发展统计公报》《内蒙古自治区 2016 年国民经济和社会发展统计公报》《新疆维吾尔自治区 2016 年国民经济和社会发展统计公报》《西藏自治区 2016 年国民经济和社会发展统计公报》《宁夏回族自治区 2016 年国民经济和社会发展统计公报》《广西壮族自治区 2016 年国民经济和社会发展统计公报》《云南省 2016 年国民经济和社会发展统计公报》《贵州省 2016 年国民经济和社会发展统计公报》《青海省 2016 年国民经济和社会发展统计公报》，整理所得。

在逐步挤压农业在经济部门中的效率与位置,城乡发展不平衡问题日趋严峻,制约着民族地区经济现代化发展。

发展"是任何民族都不能例外的。我们不能设想,只有汉族地区工业高度发展,让西藏长期落后下去,让维吾尔自治区长期落后下去,让内蒙牧区长期落后下去,这样就不是社会主义国家了。我们社会主义国家,是要所有的兄弟民族地区、区域自治的地区都现代化"。① 民族地区在全国发展战略中的地位至关重要。但民族地区的发展又具有诸多特殊性,不平衡问题也有其特殊性。例如,胡晶晶、黄浩指出,"加快城市化的政策有利于平抑东、中部地区的城乡差距,而不利于缩小民族地区的城乡差距……"② 以民族地区为研究对象,将不平衡问题的理论研究与城乡经济的发展实际相结合,通过对民族地区城乡经济发展现状进行分析,有利于系统、客观地了解不平衡问题,有利于将关于我国社会主要矛盾的认识具体化于民族地区的发展实际之中,有利于找到新时代民族地区经济现代化发展的突破口和着力点。综上,本研究对于促进城乡经济协调发展,培育民族地区经济增长新动能,推进以乡村振兴和新型城镇化为两翼支撑的经济现代化发展,满足民族地区"人民日益增长的美好生活需要",实现人的全面发展有着积极的现实意义。

二、相关研究动态

新时代,发展不平衡已经成为阻碍经济可持续发展及人民追求美好生活的主要障碍性因素。发展不平衡被用来概括、统领新时代局部地区经济短缺与发展不足等经济发展问题,这迅速引起了学术界与理论界的高度关注。本书以民族地区城乡经济发展问题为研究对象,以不平衡问题为主要研究内容,着眼于民族地区经济社会发展大计,综合运用民族经济学、发展经济学、区域经济学、城市经济学等学科的理论与方法,对国内外相关问题研究动态进行梳理与综述,以期加深对此问题的认识与了解。

---

① 周恩来:《周恩来选集》(下卷),北京:人民出版社,1984 年,第 266 页。

② 胡晶晶、黄浩:《二元经济结构、政府政策与城乡居民收入差距》,财贸经济,2013 年第 4 期,第 121 – 129 页。

（一）发展不平衡的相关研究综述

不平衡问题的实质是经济发展问题。在许多研究中，不平衡存在多种表达形式，且被赋予的内涵也不尽相同。对发展不平衡进行研究综述，从概念本身出发，了解其在不同学科、不同研究中的内涵对于开展本研究具有积极作用。

1. 国外相关研究动态

国外对于不平衡问题的研究，多集中于不平衡发展战略过程的探讨，对发展不平衡问题的关注点相对较少，主要集中在发展经济学。

在马克思主义方面，依附理论、不平等交换和世界体系理论，以及曼德尔、保罗·巴兰、保罗·斯威齐等研究者力图从马克思主义政治经济学视角阐述资本主义的发展不平衡问题。曼德尔指认了不平衡发展是资本主义存在的前提和结果，对马克思主义发展不平衡思想作出了重要贡献，虽然在原则上强调地理空间上不平衡发展的重要性，但是缺乏将该论点和空间一起整合到强有力的社会理论之中。① 随着马克思主义和地理学融合的趋势的加强，Ray·Hudson 认为：随着人类地理学家和其他领域逐渐重视马克思政治经济学，导致对经济活动、公司和国家战略的场所同不平衡空间发展之间关系的理解在 20 世纪 70 年代的十年间大步向前推进。② Smith 认为：十年光景，资本主义发展不平衡已成为流行话题，这与发展不平衡进程史无前例地在各级空间规模上的呈现具有直接的因果关联。③ 另外，自由主义学派、经济地理学、依附学派，以及罗斯托、阿隆索、斯坦因、威廉姆森等也在地理空间层面深入探讨了不平衡问题。

Richard·Walker、Markusen、Doreen·Massey、哈维等人加强了对区域发展不平衡的研究，系统化构建了地理空间层面的不平衡发展理论。区域发展不平

---

① David Harvey, Spaces of Capital, Edinburgh: Edinburgh University Press Ltd, 2001, p. 119.

② Ray Hudson, "Uneven Development in Capitalist Societies: Changing Spatial Divisions of Labour, Forms of Spatial Organization of Production and Service Provision, and Their Im – pacts on Localities", Transactions of the Institute of British Geographers, New Series, Vol. 13, No. 4 (1988): pp. 484 – 496.

③ Neil Smith, Uneven Development: Naure Capital and the Production of Space, Oxford: Basil Blackwell, 1990, p. 97.

衡研究主要分为两种路向：第一种是以资本主义生产过程为出发点，强调资本扩张、自主发展导致区域发展不平衡，在生产、流通和交换过程中，地理差异不如资本差距导致不平衡问题严重，过分强调资本在区域发展不平衡的作用。第二种是将依附理论和世界体系理论中的发展不平衡观点运用到地理分析。强调剩余价值的空间转移是发展不平衡的主因，在"边缘"生产的剩余价值通过各种形式流入"中心"，并服务于"中心"发展。将焦点放在资本流通、交换领域，轻视资本生产、积累的作用。为回应资本主义发展不平衡的新变化，大卫·哈维加强了对地理空间层面发展不平衡理论的建构。Smith 在前期关于城镇化、地租等问题研究的基础上完成了《发展不平衡：自然、资本与空间的生产》，在不平衡地理发展的理论化道路上做了一次系统的马克思主义尝试，极大丰富了不平衡发展理论的历史地理唯物主义内涵。Edward Waefie Said、Richard Peet、David Smith、Michael Taylor、David Sack 等都给予了高度评价。

由此可见，在发展不平衡问题的过往研究中，地理学与经济学的内容、方法、对象紧密结合，将地理学研究方法与思想运用于对发展不平衡问题的探究中，具有积极的理论与现实意义，具体化了抽象的不平衡发展问题在空间范围的结构，将抽象的理论问题转化为现实问题研究，对于本研究从城镇与乡村视角研究发展不平衡问题具有宝贵的借鉴意义。

"二战"后，亚、非、拉美各国选择了各自不同的经济道路和发展方式，世界上出现了众多发展中国家（地区）。发展中国家普遍存在"低水平均衡陷阱"及"贫困恶性循环"，解决发展问题的关键是"大推进"，纳克斯从外部经济效果出发主张"平衡增长"，即发展中国家各经济部门同时发展的平衡理论，发展中国家摆脱贫困、实现经济增长的途径是工业化，为形成广阔的市场大规模在各经济部门同时进行必要、平衡投资。平衡发展理论带有强烈的理想主义色彩，忽略了发展中国家经济部门之间"联系效应"弱化，初级产品没有后向联系，农业、矿业等前向联系小，全面投资各经济部门寻求平衡增长难度大。发展中国家既缺乏同时投资诸多项目的资本积累，又缺乏项目建成后的生产效率，这些皆是导致平衡增长理论难以付诸发展中国家（地区）经济发展实践的原因。

与"平衡发展理论"针锋相对的是"不平衡发展理论"，这是不平衡第一次被正式用于经济发展战略研究。发展中国家（地区）贫困根源在于资本积累匮乏，要打破"贫困恶性循环"，摆脱"低水平均衡陷阱"，需要加大资本投入。资本如何破解"贫困恶性循环"，以赫希曼、罗斯托等人为代表，主张不平衡发展。不平衡发展认为，过去发展结果是发展中国家（地区）的经济基础，由于发展的不平衡性存在惯性，为使已失去的平衡得以恢复，应该采取不平衡发展战略，率先发展一部分经济回报率高的产业部门，重点开发、利用稀缺资源，辐射、带动其他产业发展，不平衡发展强调主导部门作用。① A. O. 赫希曼从"联系效应"出发，主张"不平衡增长"；刘易斯提出了发展中国家落后的农业部门与先进的工业部门之间存在工资差距，以及农业部门存在无限剩余劳动供给的二元结构；G. 拉尼斯与费景汉在刘易斯二元理论的基础上，建立了复杂的数学模型，为不平衡发展理论提供数理支撑。

　　发展经济学论述的不平衡发展是一种战略选择，采取不平衡发展或是会达到平衡，或是会造成更加严重的不平衡，导致区域、城乡差距及贫富分化悬殊。不平衡发展理论在中国经济发展实践中被充分运用。发展过程中，人们的富裕程度与速度不尽相同，出现了严重的发展不平衡问题。为此，邓小平指出，"在经济政策上，我认为要允许一部分地区，一部分企业、一部分工人农民，由于辛勤努力而收入先多一些，生活先好起来。一部分人生活先好起来，就必然产生极大的示范力量，影响左邻右舍，带动其他地区，其他单位的人们向他们学习。这样，就会使整个国民经济不断地波浪式地向前发展，使全国各族人民都能较快地富裕起来"②，"允许先富"思想的内核正是不平衡发展，起因是发展不平衡。在区域经济发展初期，具有地理区位、资源禀赋优势的地区经济优先发展，产生区域发展差距，但与此同时，发达地区会辐射、带动不发达地区。不发达地区为了摆脱困境会充分发挥比较优势展开与发达地区的经济协作，形成经济良性循环，二者相辅相成，息息相关，逐步破除"贫困恶性循环"与"低水平均衡陷阱"。在经过短暂平衡之后，还会出现新的发展不平衡，但这种

---

① 李忠尚、尹怀邦、方美琪、刘大椿：《软科学大辞典》，沈阳：辽宁人民出版社，1989年6月第1版。
② 邓小平：《邓小平文选》（第2卷），北京：人民出版社，1993年10月第1版，第152页。

发展不平衡不再是低层次的贫与富的差距，而是更具有结构性、累积性的发展问题。

发展经济学所涉及的不平衡发展，通常是一种发挥后发优势、实现赶超的经济发展战略，也可以是经济发展所呈现出的一种差距结果——发展不平衡，是战略选择还是结果呈现，在许多研究中，研究者会将不平衡、非均衡、差距这三个词语混淆使用，虽然它们在日常使用中均可用来表述两个事物之间的不对等关系，但在经济学中，为了确保研究的准确与科学，要在梳理文献与研究成果的基础上，对不平衡进行概念定义，以限定本研究中不平衡的真正内涵。综上看，发展不平衡是经济发展的现实状态，化解不平衡的目的是实现经济现代化发展，不平衡发展只是经济发展的战略选择与手段、措施。

2. 国内相关研究动态

新中国成立后，国内哲学社会科学界关于发展不平衡问题的研究一直没有中断过。改革开放后，随着"让一部分人先富起来"的改革政策的落实，国内发展不平衡问题的研究日渐丰富，涵盖哲学、经济学、地理学、社会学、民族学等诸多学科和专业领域。据初步统计，改革开放至今，在国内哲学社会科学领域，以"经济发展不平衡"为主题发表的文章有 3503 篇。随着改革开放的逐步深入，中国在社会、经济、地理等方面出现了分化，而且有逐步加剧的倾向，导致国内关于发展不平衡问题的研究急剧升温，这种状况与改革开放的进程几乎保持了一致。从中文期刊文献的检索以及著作发表的统计情况看，这一急剧升温时期主要出现在 2000 年以后（参见图 0 - 1）。图 0 - 2分析显示，国内关于发展不平衡问题的研究可概括为如下几个方面：在研究的地理范围上，主要涉及国际范围的发展不平衡和国内各经济带的发展不平衡；在研究内容和对象上，主要涉及发展不平衡的辩证法、思想体系、不平衡关系，国家之间、地区之间等的发展不平衡；在研究的理论层次上，主要涉及纯理论研究、现实分析和对策研究；在研究的方法论上，主要涉及马克思主义方法和西方经济理论的方法，前者主要包括经典马克思主义作家的发展不平衡思想，以及后来的不平等交换、依附理论和世界体系理论；后者主要包括古典政治经济学的发展不平衡思想、新古典经济学的相关理论，如"积累和循环因果论""增长极理论""二元经济结构理论""中心—边缘理论"倒 U 型"等。①

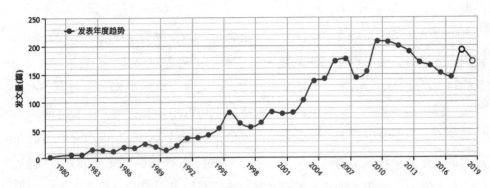

图 0-1　经济发展不平衡研究的总体趋势分析

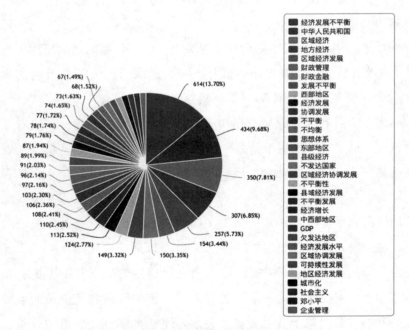

图 0-2　经济发展不平衡相关研究主题分布

改革开放后，学术界及理论界针对我国超越发展不平衡走向中国特色社会主义共同富裕之路所提出的一些政策导向和措施，也富于启发性。特别值得一

---

① 付清松：《发展不平衡——从马克思到尼尔·史密斯》，北京：人民出版社，2015 年 12月第 1 版。

提的是，王绍光、胡鞍钢《中国：发展不平衡的政治经济学》① 代表了一种方向，不但以政治经济学视域批评了西方的（不）平衡发展理论关于经济要素自由流动而自动导致经济发展（不）平衡的假说，提出了自己的思考，而且用中国发展不平衡的大量信息、数据支撑论点，在方法创新和案例研究方面都有突破。另外，叶险明多年前强调从"结构"方面认识资本主义的发展不平衡规律②，为我们从资本自我再生产角度考察发展不平衡提供了支持。

"新形势下……协调是发展平衡和不平衡的统一，由平衡到不平衡再到新的平衡是事物发展的基本规律。平衡是相对的，不平衡是绝对的。强调协调发展不是搞平均主义，而是更注重发展机会公平、更注重资源配置均衡。"③ 化解发展不平衡问题的另一层含义是发展机会均等化，这是从经济社会协调的视角来诠释平衡与不平衡矛盾的内涵。既要实现区域、工农、城乡、结构等经济内容协调发展，又要促进人的全面发展及社会的进步。可见，在社会主要矛盾转化的大背景下，发展不平衡的意义更加宽泛，既要"以经济建设为中心"又要"以人民为中心"，在注重经济增长的同时促进人的全面发展，是发展不平衡问题要研究的全新视角。董振华认为，中国特色社会主义进入新时代，解决"人民日益增长的美好生活需要和不平衡不充分的发展之间的矛盾"，需要牢牢把握发展这个主题。发展不平衡问题具有逻辑必然性。发展不平衡问题是绝对的，平衡是相对的，协调发展是二者的统一。"平衡→不平衡→新的平衡"是发展一般规律。因此，解决发展的不平衡问题并不是搞平均主义，而是解决严重的不平衡即不协调和失衡问题，提升发展质量和经济效益，满足人民与日俱增的对美好生活的需要，实现经济社会进步及人的全面自由发展。④ 卫兴华认为，目前对"发展不平衡"的具体内涵进行阐释的主要是从城乡发展不平衡、区域发

---

① 王绍光、胡鞍钢：《中国：发展不平衡的政治经济学》，北京：中国计划出版社，1999年第1版。

② 叶险明：《关于资本主义历史时代的发展不平衡规律》，社会科学，1999年第4期第6卷，第7-10页。

③ 习近平：《在省部级主要领导干部学习贯彻党的十八届五中全会精神专题研讨班上的讲话》单行本，北京：人民出版社，2016年，第14-15页。

④ 董振华：《如何理解发展的不平衡不充分》，学习时报，2017年12月27日第1版，第1-2页。

展不平衡等方面着笔，应当明确"不平衡"是指社会供给还不能充分满足人民日益增长的美好生活需要，依然存在供给不能满足提高了的需求的不平衡。因此，不能脱离人民的美好生活需要去孤立地谈论城乡、区域发展不平衡，也不宜从生产力落后的角度去解读转化后的社会主要矛盾。① 洪银兴②、胡志高、曹建华③、袁银传、吴桂鸿④皆认为，中国特色社会主义政治经济学的分析以新时代社会主要矛盾为着力点，解决社会经济发展的不平衡问题，解决发展不平衡主要是补短板，补农业现代化的短板、地区发展不平衡的短板、生态环境污染的短板。协调发展就是要补齐短板。蒋永穆、周宇晗认为，经济发展的不平衡是最深层决定社会主要矛盾变化的原因，主要表现在城乡、区域、结构三个方面的发展不平衡，乡村振兴战略是解决城乡发展不平衡的统领，实施区域协调发展战略解决区域不平衡问题，深化供给侧结构性改革解决结构不平衡问题。⑤陈晋⑥、许光建⑦、马拥军⑧等认为，不平衡主要强调经济发展结构问题，主要表现在经济与社会发展方面不平衡，经济发展与资源、环境生态的不平衡，区域之间、城乡之间发展不平衡。所谓平衡发展，并不是要追求绝对平衡，而是要超越片面发展的状况，坚持五大发展理念，实现较为全面的发展，既包括经济的发展不平衡，又包括人的发展不平衡。在对"发展不平衡"的诸多解读与研究中，均认同发展不平衡是指区域、城乡、工农、结构等发展不平衡，这些

---

① 卫兴华：《准确理解"不平衡不充分的发展"》，求是网，2018 年 1 月 22 日，http：//www.qstheory.cn/zhuanqu/bkjx/2018－01/22/c＿1122296940.htm。
② 洪银兴：《中国特色社会主义政治经济学发展的最新成果》，中国社会科学，2018 年第 9 期，第 7 页。
③ 胡志高、曹建华：《公平还是效率：基于我国社会主要矛盾转变的视角》，马克思主义与现实，2018 年第 6 期，第 16－22 页。
④ 袁银传、吴桂鸿：《全面深入理解新时代我国社会主要矛盾的新变化》，思想理论教育，2018 年第 6 期，第 4－8 页。
⑤ 蒋永穆、周宇晗：《着力破解经济发展不平衡不充分的问题》，四川大学学报（哲学社会科学版），2018 年第 1 期（总第 214 期），第 20－28 页。
⑥ 陈晋：《深入理解我国社会主要矛盾的转化》，北京日报，2017 年 11 月 13 日第 21 版，第 1－3 页。
⑦ 许光建：《加快解决发展不平衡不充分问题》，求是网，2018 年 3 月 1 日，http：//www.qstheory.cn/economy/2018－03/01/c＿1122473704.htm。
⑧ 马拥军、陈瑞丰：《如何看待新时代的社会主要矛盾》，江苏行政学院学报，2018 年第 2 期（总第 98 期），第 5－9 页。

是发展不平衡的具体内容，而不能简单等同于概念，概念应该更具有系统性、统领性。

林英陆认为，各个国家（地区）间的经济随着产业调整升级和投资程度扩大不断发展，发展过程存在不平衡特征，表现为发展水平与速度的差距，这是发展不平衡结果的现实表现。① 施琳认为，很多关于不平衡问题的争论都是由于概念不清所导致，从理论上厘清差异、差距、不平衡等概念内涵与关系，对于研究具有积极作用。研究者以平衡的哲学要义为逻辑起点，认为平衡等于均衡，引申至经济学内涵中，认为经济发展过程中，不平衡是绝对的，平衡是相对的。差异，也可称为差别，指的是事物之间形式上或内容上的不同之处；差距，则是指事物之间的差别程度，尤其是指距离某种标准的差别程度。明显的，差异的着重点在于事物之间不同的地方，而差距则是强调这些不同之处到底有多大，即它们相差的程度。因为差异性导致静态的经济发展水平不平衡与动态的经济发展速度不平衡，经济持续发展不平衡最终导致地区差距。② 由此可见，差异是发展不平衡的原因，差距是发展不平衡的结果表现。本人赞同此观点，并将对于差异、差距与发展不平衡关系的论述继承到本研究中，但摒弃了平衡等同于均衡的观点。侯风云、张凤兵认为，"均衡是经济体系中有关变量在一定条件的相互作用下达到的相对静止状态，而平衡是国家之间、一国不同经济部门或地区以大致相近的水平和速度增长"③。平衡是经济发展的理想状态，意义在于为经济程度提供对比参照，观察现实发展差距，进而选取有效的经济政策，使经济运行向理想状态收敛，发展国民经济、提高社会福利水平。由此可见，按照研究者观点，不平衡是国家（地区）之间或经济部门之间的发展以差异化的水平或速度推进。④ 平衡只存在于理想状态下，不平衡才是经济发展的客观现实。"生产力和生产关系之间、生产关系和上层建筑之间的矛盾和不平衡是绝

---

① 林英陆：《发展不平衡理论及我国西部地区经济发展战略研究》，特区经济，1995 年第10 期，第 27 - 28 页。

② 施琳：《差异、差距与发展不平衡——兼论引起我国区域经济发展不平衡的主要因素》，中央民族大学学报（社会科学版），1998 年第 3 期，第 93 - 94 页。

③ 侯风云：《发展不平衡与中国新型城乡二元经济》，理论学刊，2006 年 11 月第 11 期（总第 153 期），第 59 页。

④ 同上。

对的。"①

在现有研究中，对发展不平衡的概念与定义尚不清晰，在不同的研究背景、主题、内容中发展不平衡呈现出多种意思，或代表过程，或演绎结果，或描述状态等，并且往往与差距、差异、非均衡等词混淆使用，易于造成研究含糊、主题不明等后果。在本研究中，对发展不平衡的定义借鉴"不平衡是国家之间、一国不同经济部门（地区）以不同的水平和速度增长"，在研究过程中，正确辨析、区别、界定不平衡与非均衡、平衡与均衡、差距与差异等相关词语的内涵，确保研究的科学性、合理性。

（二）城乡经济发展不平衡相关研究综述

城乡经济发展不平衡，主要表现为城镇与乡村在收入、消费、基础设施、人力资本各个方面的发展差距及工农、城乡二元经济结构方面。对城乡经济发展不平衡的相关研究综述主要包括对城乡发展差距、二元经济结构等问题的已有研究。中国科学院国情分析研究小组②系统研究了中国的能源、资源、环境、人口等发展问题后，提出了现代化持久战、非传统的现代化道路、资源节约型国民经济体系、大力开发人力资源、城乡协调发展等重要观点，并给出了基本战略和主要对策建设。侯风云、张凤兵认为，不平衡是域乡经济发展的常态，城乡差别是不可消除的。统一的市场和要素自由流动是城乡平衡发展的前提，但我国目前尚不具备平衡发展条件，城乡发展不平衡是现阶段的历史必然。世界各国经验表明，城乡发展不平衡是以二者间发展水平、速度的持续差距为表现，是由"不平衡→理想平衡"无限趋向的过程，发展不平衡是现实经济发展的一般规律，城乡差距的出现是城乡经济发展不平衡的必然结果。③ 在城乡问题的研究中，多将城乡差距与城乡发展不平衡含糊而谈，认为差距就是不平衡。梳理、归纳、总结已有的关于城乡差距的研究，主要是从收入、消费等角度，

---

① 张俊国：《论毛泽东关于平衡与不平衡关系问题的思想》，毛泽东思想研究，2009 年 5 月第 3 期第 26 卷，第 84－89 页。

② 中国科学院国情分析研究小组：《城市与乡村——中国城乡矛盾与协调发展研究》，北京：科学出版社，1996 年。

③ 侯风云：《发展不平衡与中国新型城乡二元经济》，理论学刊，2006 年 11 月第 11 期（总第 153 期），第 59－61 页。

对城乡问题与经济关系进行分析。

1. 城乡发展差距

对城乡差距问题研究自改革开放至今从未停止过，主要包括以下几方面内容。

从收入视角看城乡差距：拉尼斯－费景汉模型认为，在边际劳动生产率方面城镇大于乡村，因此城乡收入存在差距，这是导致城乡分化的主要原因。Brueckner（1990）① 与 Boustan 等②从经验研究角度论证了城乡间收入差距对城镇经济的促进作用。蔡昉、杨涛定量分析了改革开放前后中国城乡收入不平衡程度，测度两类因素导致了城乡收入差距，第一类是对生产要素市场干预，导致劳动力禁锢在乡村，资本盘踞在城镇；第二类因素是"城镇偏向"的政府政策，与就业政策和资本配置不同，价格补贴这类政策工具并不直接导致资源配置的扭曲，因而对效率的损害效应较小。③ 李建平、邓翔④定量测度了收入差距对城乡间劳动力流动不平衡的影响。但是，城镇各项生活开支高于乡村，乡村劳动力涌入城镇后因素质技能水平低下只能从事一些城镇经济的简单服务业的体力劳动，当收入的提高无法超过当地房租、物价等生活开支的涨幅时，进城务工人员的短暂"打工"将被城镇经济边缘化，收入差距会导致城乡间劳动力发展差距。⑤ 习近平总书记指出缩小城乡差距，不能只是缩小 GDP 总量、增速差距，更应该缩小居民收入水平、生活水平等方面的差距。城乡间居住成本、生活成本等不一样，仅收入一项指标难以准确反映问题。⑥ 以居民收入视角为切入点探讨城乡经济差距的研究很多，在社会主要矛盾尚未转化的背景下，人

---

① Brueckner JK. Analyzing Third World Urbaniza－tion：A Model with Empirical Evidence ［J］. Economic De－velopment and Cultural Change，1990，38（3）：587－610.

② Boustan LP，Bunten D，Hearey O. Urbanization in the United States，1800－2000 ［R］. NBER Working paper，no19041，2013.

③ 蔡昉、杨涛：《城乡收入差距的政治经济学》，中国社会科学，2000 年第 4 期，第 11－20 页。

④ 李建平、邓翔：《我国劳动力迁移的动因和政策影响分析》，经济学家，2012 年第 10 期，第 58－64 页。

⑤ 许文静、方齐云：《城乡收入差距、市场化与城镇化》，经济问题研究，2018 年第 5 期，第 100－109 页。

⑥ 中共中央文献研究室：《十八大以来重要文献选编（中）》，北京：中央文献出版社，2016 年，第 833 页。

们对"温饱"再到"基本小康"的追求，都要以收入作为实现的手段，故而收入能够很好地反映经济发展水平。但是新时代，经济发展带有复杂性、结构性、累积性等特点，收入单一指标已不再能统领反映经济发展的程度。

从消费视角看城乡差距：国内对城乡消费差距的研究主要集中在城乡消费水平、消费结构、差距原因、对策建议四个方面。臧旭恒在分期、分城乡构建中国消费函数理论模型定量分析城乡居民消费行为后发现，城镇居民消费受国家经济政策影响的敏感程度高，乡村居民则表现出消费短视、预算约束大等特点；① 李海涛对中国城乡居民的消费结构情况进行了比较，阐述了城乡之间食品、衣着、居住、家庭用品、精神文化生活方面的消费结构差异，并定量分析导致我国消费结构差异的原因；② 杨小凯认为城乡消费差距产生的根源在于城乡间产业分工的差异受制于不同的交易效率；③ 周建军、孙倩倩、鞠方提出房价波动、收入差距与消费差距三者之间存在正相关关系，前两者会影响消费差距变动趋势；④ 严先傅研究发现城乡居民的消费心理导致消费差距，城镇居民具有持币购买、观望消费、随用随买等理性消费心理特征，而乡村居民则有盲目的攀比心理、明显的后顾意识、求同的从众行为等，应细分不同消费群体，分类型引导居民消费的政策建议；⑤ 高觉民认为传统宗法体系下，形成了乡村居民的消费惰性及"以农补工、以乡保城"的制度模式，须在土地、户籍、就业、财政等方面作出统一制度安排；⑥ 孔祥利、王张明从缩小城乡收入差距、关注农民工群体消费、完善社会保障体系共三方面，提出了缩小城乡消费结构

---

① 臧旭恒：《新时期我国城乡居民资产选择和消费行为的变化》，南开学报，1995 年第 3 期，第 13－19 页。

② 李海涛：《中国城乡居民消费结构比较》，统计与决策，2003 年第 2 期（总第 158 期），第 38－40 页。

③ 杨小凯：《企业理论的新发展》，经济研究，1994 年第 7 期，第 60－65 页。

④ 周建军、孙倩倩、鞠方：《房价波动、收入差距与消费差距》，消费经济，2018 年 10 月第 5 期第 34 卷，第 23－30 页。

⑤ 严先傅：《我国城乡居民消费行为分化加剧》，经济研究参，2003 年第 62 期（总第 1734 期），第 44－48 页。

⑥ 高觉民：《城乡消费二元结构及其加剧的原因分析》，消费经济，2005 年 2 月第 1 期第 21 卷，第 3－5 页。

差距的对策建议。①

2000 年之后，对于城乡居民收入差距与城乡居民消费差距的研究呈指数式增长，研究内容丰富、研究层次多样。十年间，学术界与理论界从多角度、多方向探讨了城乡经济差距、收入与消费等问题，硕果累累。自 2012 年前后，研究呈现出峰值状态。之后在此方面的研究成果逐年递减，这也说明城乡经济发展的关注点与聚焦问题已悄然发生变化（参见图 0 - 3）。

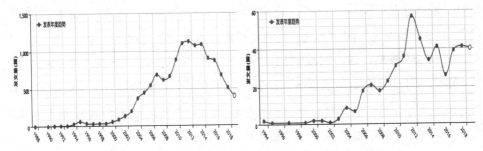

图 0 - 3　城乡居民收入与消费研究的总体趋势分析

从公共服务角度看城乡差距：乡村基本公共服务水平，一是低于本地区城镇，二是低于国家标准。许多研究者从饮用水、教育、医疗和社会保障等方面进行了阐述。李平、陈萍等②根据 Lewis 的二元结构理论和 Lipton 的政府财政支出具有偏向城镇的理论，通过回归分析，考察了城市化和政府财政政策独立或共同对城乡公共服务差距的影响，认为加快城镇化有利于缩小城乡公共服务的差距，而财政支出比例的提高则扩大城乡公共服务的差距。罗震东、韦江绿、张京祥③、华建玲④、谢星全⑤认为，造成城乡差距的原因是城乡财政体制问题、来源渠道单一造成的基本公共服务差距，城镇化是"人的城镇化"，制度性

①　孔祥利、王张明：《我国城乡居民消费差异及对策分析》，经济管理，2013 年第 5 期（总第 509 期），第 1 - 8 页。

②　李平、陈萍：《城市化、财政支出与城乡公共服务差距》，财经问题研究，2014 年第 9 期，第 64 - 71 页。

③　罗震东、韦江绿、张京祥：《城乡基本公共服务设施均等化发展特征分析——基于常州市的调查》，城市发展研究，2010 年第 12 期，第 36 - 41 页。

④　华建玲：《当前城乡公共服务均等化改革障碍及化解路径》知识经济，2014 年第 14 期，第 65 - 66 页。

⑤　谢星全：《财政分权、统筹城乡与公共服务供给》，软科学，2016 年第 10 期，第 31 - 35 页。

瓶颈没有破除，"供给不足"与"享受不均"同时存在，就是乡村地区也存在着显著的差异性与不平衡性。在公共服务供给渠道中，政府主导并不能全部有效覆盖，市场机制没有充分利用。许多研究者以公共服务均等化为抓手致力于解决城乡发展差距，黄健辉、刘金山①、鲁梅②认为，加强多渠道筹集资金，通过重塑农村公共服务机制才会实现公共服务均等化，政府应加大对社会组织的帮助，通过社会组织、志愿者团体、慈善组织等多方参与筹集资金。尹国强③提出，要加强基础建设一体化，完善市、镇、村三级路网，持续加强和扩大教育医疗的受益范围，加快住房保障体系建设，要正视"小政府、大社会"的现实，引入竞争机制，通过财政划拨、专项资助、授权委托等形式，形成政府主导、市场引导和社会参与的服务供给模式。谭彦红④、俞雅乖⑤、徐增辉⑥、汤明、田发⑦等提出，规范财政制度和财政转移支付，提高城乡公共服务均等化。闫军印⑧以需求导向提升城乡公共服务均等化，缩小城乡发展差距。

2. 二元经济结构

对城乡经济发展不平衡问题的研究部分集中于对"二元经济结构"的关注与探讨。荷兰的 J. H. Boeke 最早使用"二元结构"分析经济现象，Boeke 认为"东印度"（印度尼西亚）是典型的"二元结构"社会，一元是资本主义以前的传统农业社会，另一元是资本主义的现代经济部门，两个性质迥异的经济部门

---

① 黄健辉、刘金山：《佛山城乡公共服务均等化的筹资机制研究》，价格月刊，2009 年第 9 期，第 81 – 83 页。

② 鲁梅：《新农村建设背景下农村公共服务供给机制重塑》，安徽农业科学，2011 年第 39 期，344 – 346 页。

③ 尹国强：《东莞推进城乡公共服务均等化的实践与思考》，南方农村，2015 年第 1 期，第 33 – 38 页。

④ 谭彦红：《基本公共服务均等化与缩小城乡差距》，湖北社会科学，2009 年第 9 期，第 43 – 46 页。

⑤ 俞雅乖：《基本公共服务城乡差距的制度成因及均等化路径》，商业时代，2011 年第 24 期，第 12 – 14 页。

⑥ 徐增辉：《制约城乡基本公共服务均等化的深层原因》，经济纵横，2012 年第 2 期，第 66 – 68 页。

⑦ 汤明、田发：《促进城乡公共服务均等化下的财政政策研究》，改革与开放，2015 年第 14 期，第 16 – 17 页。

⑧ 闫军印：《城乡一体化进程中的基本公共服务均等化问题研究——以焦作市为例》，调研世界，2011 年第 7 期，第 57 – 61 页。

中存在截然相反的两种行为模式。因此，单一的"一刀切"式的国民经济政策难以促进"二元结构"下经济社会的有效发展。

自从 J. H. Boeke 提出"二元结构"概念后，国内外研究者开始了对"二元结构"问题的探讨，影响最大的是 Lewis 在《无限劳动供给下的经济发展》中提出的二元经济结构理论，经济部门中并存着现代工业部门与传统农业部门，传统农业部门的边际生产率为零或为负数，工资差距诱使农业剩余劳动力日益向城镇经济中的现代工业部门转移，劳动力在最低工资水平上提供劳动，因而存在无限劳动供给；反之，城镇经济中的现代工业部门是资本密集型产业，单位劳动效率高、利润回报率丰厚，吸引着更多的劳动力、资本等生产要素追寻高报酬，不断投入"生产—产出"的经营循环中，导致传统农业部门的剩余劳动力不断转移到城镇经济，相应提高了传统农业部门的生产效率。当城镇经济的现代工业部门与乡村经济的传统农业部门二者间边际劳动生产率近乎相等时，经济结构的二元性随之消失。Lewis 模型认为，城镇经济中现代工业部门的资本积累扩大了工业再生产活动，在工业化、城镇化扩张过程中，能带来固定比例劳动力就业的增长，这意味着不存在因科学技术进步和生产方式革新导致的劳动力就业机会的下降，资本积累规模越大、速度越快，创造劳动力就业机会增长的可能性越大；Lewis 同样忽视了农业在工业化及经济现代化过程中的重要作用，否认了农业发展与工业生产间的密切关系。上述两点带有研究的片面性，削弱了 Lewis 模型的现实价值。针对 Lewis 模型的缺陷，拉尼斯、费景汉在原有基础上进行了改进说明，农业劳动生产率的提高，是农业剩余劳动力进入现代工业部门就业的先决条件，现代工业部门吸收传统农业部门中边际劳动生产率低于平均产量的剩余劳动力的转移就业，在此工业化发展过程中，完成农业经济现代化改造，并实现对二元经济结构的调整。"二元经济结构"理论是一条从农业向工业转化、用工业化带动农业化发展的道路。但是，这些城乡经济发展理论的共同缺陷在于忽略了人作为最先进、最革命的要素在生产力发展及经济活动中的主体地位，忽视了城乡间劳动力素质技能差异对发展中国家（地区）和经济部门发展的重大影响。

改革开放后，国内学术界和理论界对二元经济结构进行了大量研究，硕果累累，以"二元经济结构"作为主题词进行检索的文献总数为 2602 篇，这些研究为工农、城乡发展提供了理论支持，发挥了积极作用。

二元经济结构与经济增长关系密切，蔡昉认为，二元经济结构抑制了市场机制和工资作用，涓滴效应不易发挥作用，现代工业部门的辐射能力难以惠及传统农业部门，导致城乡居民收入差距存在相对扩张的可能性趋势。[1] 高帆认为二元经济结构抑制了乡村居民消费能力，在经济萧条阶段会通过抑制需求和投资加剧通货紧缩，在经济过热时期会因缺少来自乡村的熨平机制而放大通货膨胀。[2] 刘元春[3]、高帆[4]和王海军、张郁[5]等分别通过模型与数据证明二元经济结构对产业结构升级、经济增长绩效、GDP 增长与增速的重要性，提出未来应从所有制、市场化等方面来调节二元经济结构，促进城乡协调发展。当然，也有对二元经济结构与经济增长之间关系持有不同看法的研究。郎永清认为，"只有总量的高增长率才能导致经济结构的高变换率，因此结构变化并不能成为经济增长的原因，推动经济进步的主要因素是技术革新，人力资本是影响技术进步的主要因素，提高人力资本的平均水平是实现结构调整与经济增长的根本途径"[6]。

针对二元经济结构对城乡发展产生深刻影响，许多研究者提出了破解二元性，促进城乡经济发展的建议与对策。陈宗胜、黎德福[7]、刘艺卓、吕剑[8]认为，农村劳动力转向非农业部门的结果，是现代部门反哺传统部门、促进劳动力转移、推动农业技术进步的结果，也是现代部门均衡发展从而吸纳更多农村

---

① 蔡昉：《城乡收入差距与制度变革的临界点》，中国社会科学，2003 年第 5 期，第 16 – 25 页。

② 高帆：《论二元经济结构的转化趋向》，经济研究，2005 年第 7 期，第 91 – 102 页。

③ 刘元春：《经济制度变革还是产业结构升级——论中国经济增长的核心源泉及其未来改革的重心》，中国工业经济，2003 年 9 月第 9 期（总第 186 期），第 5 – 13 页。

④ 高帆：《分工差异与二元经济结构的形成》，数量经济技术经济研究，2007 年第 7 期，第 3 – 14 页。

⑤ 王海军、张郁：《中国二元经济结构演变与发展趋势预测》，经济纵横，2010 年第 15 期（总第 315 期），第 122 – 124 页。

⑥ 郎永清：《二元经济条件下的结构调整与经济增长》，南开经济研究，2007 年第 2 期，第 128 – 138 页。

⑦ 陈宗胜、黎德福：《内生农业技术进步的二元经济增长模型》，经济研究，2004 年第 11 期，第 16 – 27 页。

⑧ 刘艺卓、吕剑：《二元经济结构下汇率对农产品贸易的影响分析》，山西财经大学学报，2009 年第 2 期，第 47 – 54 页。

剩余劳动力并进一步加速结构转换的结果，解决二元经济结构问题有利于创造我国经济奇迹。张桂文、王旭升认为，要防止通货膨胀、保持经济平稳快速发展，就必须加强宏观经济调控，推进二元经济结构一元化。① 卢燕平认为，消除二元结构，加强城乡联系，可以降低交易成本，促进资本培育，有助于区域经济的增长；而城乡分割则会增加交易成本，不利于区域经济增长。② 袁航、张金山提出目前我国经济正处于两个拐点之间，经济结构二元性特征显著，跨越第二拐点的方法是乡村城镇化与农业现代化，全面部署实施乡村振兴战略，促进乡村经济发展，为我国二元结构的化解及经济可持续发展提供了动力支持。③

在二元经济结构与发展不平衡方面，高帆④、陈俭、段艳⑤、张卫国、祝言抒⑥等研究了城乡经济发展不平衡问题的起点与起因；夏耕⑦、王京晶⑧、潘文轩⑨、罗富民、段豫州⑩、庞金波⑪等研究了城乡经济发展不平衡的影响因素；

---

① 张桂文、王旭升：《二元经济结构转换的收入分配效应》，经济学动态，2008 年第 9 期，第 73 – 76 页。

② 卢燕平：《城乡联系、社会资本与经济增长研究》，社会科学辑刊，2013 年第 4 期，第 87 – 92 页。

③ 袁航、张金山：《乡村振兴：消解二元经济结构的必由之路》，税务与经济，2018 年第 6 期（总第 221 期），第 23 – 28 页。

④ 高帆：《分工差异与二元经济结构的形成》，数量经济技术经济研究，2007 年第 7 期，第 3 – 14 页。

⑤ 陈俭、段艳：《1978 – 2006 年中国农民负担问题研究》，汉江论坛，2010 年第 1 期，第 34 – 38 页。

⑥ 张卫国、祝言抒：《我国二元经济结构转换缓慢的原因分析》，华东经济管理，2010 年第 1 期，第 48 – 53 页。

⑦ 夏耕：《城乡二元经济结构转型的制度分析》，山西财经大学学报，2004 年第 8 期，第 32 – 37 页。

⑧ 王京晶：《FDI 对二元经济结构的影响因素探析》，世界经济研究，2008 年第 7 期第 89 卷，第 68 – 74 页。

⑨ 潘文轩：《城市化与工业化对城乡居民收入差距的影响》，山西财经大学学报，2010 年第 12 期，第 20 – 29 页。

⑩ 罗富民、段豫州：《地理二元经济结构下的区际"以工促农"研究》，农业经济问题，2011 年第 7 期，第 16 – 27 页。

⑪ 庞金波、邓凌霏、师帅：《城乡二元经济结构的测定及影响因素分析》，中国农村经济，2015 年第 36 期第 36 卷，第 214 – 218 页。

田新民、王少国、杨永恒①、任保平②、李承政、邱俊杰③、陈晓华④、宗晓华、陈静漪⑤研究解决城乡经济发展不平衡问题的路径选择。侯冠平⑥将城乡经济发展不平衡问题等同于城乡二元经济问题，忽视了二者间的因果作用与联系。

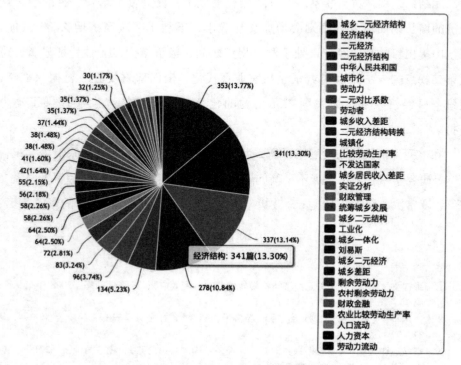

图0-4 城乡二元经济结构相关研究主题分布

① 田新民、王少国、杨永恒：《城乡收入差距变动及其对经济效率的影响》，经济研究，2009年第7期，第107-118页。
② 任保平：《商贸流通体系改革：破解我国一体化难题的战略选择》，理论导刊，2011年第1期，第13-15页。
③ 李承政、邱俊杰：《二元经济下最低工资的就业效应：理论和证据》，经济体制改革，2013年第4期，第15-19页。
④ 陈晓华：《我国城乡二元经济结构转换中的数字鸿沟效应与对策》，农业现代化研究，2014年第35期第1卷，第38-42页。
⑤ 宗晓华、陈静漪：《集权改革、城镇化与义务教育投入的城乡差距——基于刘易斯二元经济结构模型的分析》，清华大学教育研究，2016年第37期第4卷，第61-70页。
⑥ 侯冠平：《我国城乡经济发展不平衡问题探析——兼论物流业与三大产业的发展不平衡关系》，北京：经济管理出版社，2018年9月第1版。

（三）民族地区城乡经济发展不平衡相关研究综述

研究"民族地区城乡经济发展不平衡问题"需要夯实理论基础，最简单的办法是对现有文献与研究资料进行综合评述。在梳理资料过程中，首先使用"民族地区城乡经济发展不平衡"作为关键词进行检索，但检索效果不佳，使用该关键词作为主题的研究尚不存在。之后，换角度采用"民族地区城乡经济"和"民族地区城乡差距"作为检索关键词，得出已有研究的指数分析结果如下图，对民族地区城乡经济的研究始于 2005 年，而对于民族地区城乡差距的研究则始于 2003 年。从中文相关文献量指标看，对于民族地区城乡差距问题的研究体量更高，而且在 2010 年后波动较大。虽然检索情况不佳，但是民族经济学科的许多著作都涉及了民族地区城乡经济问题研究。伴随着西部大开发及现代化进程的推进，民族地区城镇与乡村间的发展不平衡问题日趋突出。

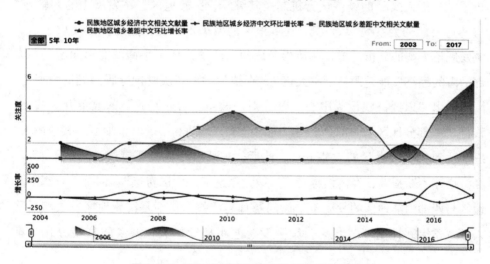

图 0-5 民族地区城乡经济的指数分析结果

自民族经济学科创立伊始，许多研究者就针对不平衡性与差距问题进行了讨论与阐释。李竹青、那日①准确区分了不平衡性与差距的概念内涵：不平衡性是指不同民族或地区之间由于生产力水平及社会发育程度的不同，而呈现出

---

① 李竹青、那日：《中国少数民族经济概论》，北京：中央民族大学出版社，1998 年 10 月第 1 版，第 160-177 页。

的经济发展速度与水平的差异；差距则是不平衡性在经济、社会等领域的一系列表现。孙勇①认为西藏城乡经济存在着特殊非典型二元经济结构。施正一②、李澜、罗莉③界定了"差距"与"差异"的区别："差距"是指事物运动先后的间距，"差异"是指事物的特殊性或不同的内在质的属性与不同的外在表现形式，差距是差异的一种表现形式，但两者不可等同。民族地区差距，是指我国东部地区的发达与民族地区的不发达这一经济发展速度的快慢和水平间的高低距离，缩小与东部地区的经济差距与促进发展是民族地区经济发展主题。

事实上，这一时期的民族经济学研究积极参与国内学术交流，并就一些问题展开学术争鸣，较典型的如"梯度理论"和"反梯度理论"之争，基于"差距"问题的战略研究，经过对不同发展战略的比较，提出了"加速"发展战略，并就如何实施加速战略进行了深入的研究，通过对东西部经济关系的讨论，分析了"外嵌入式"的经济运行机制及其弊端、民族地区经济发展中的"输血"与"造血"的关系等。④ 可见，民族地区的发展不平衡问题研究多集中于对区域发展不平衡的分析。施正一认为民族地区经济发展不平衡的突出问题是与东部沿海的经济发展差距持续扩大化。⑤ 在迫切需要解决吃饱穿暖问题的情况下，国家提出"以经济建设为中心"及"对内改革、对外开放"的改革开放战略，践行"一部分地区、一部分人可以先富起来，带动和帮助其他地区、其他的人，逐步达到共同富裕"的战略方针，此后，东部沿海地区凭借改革开放的春风，经济增速不断提高，经济结构转型升级，创造了"中国奇迹"。但是，东部沿海地区与西部内陆地区的发展不平衡问题日趋严峻，特别是民族地区发展滞后陷入了"贫困恶性循环"状态，城乡发展差距持续扩大，城乡间贫富分化日渐

---

① 孙勇：《西藏：非典型二元结构下的发展改革——新视角讨论和报告》，北京：中国藏学出版社，2000 年 3 月第 1 版。
② 施正一：《民族经济学教程（第二次修订本）》，北京：中央民族大学出版社，2016 年 11 月第 1 版，第 152 页。
③ 李澜、罗莉：《中国少数民族省区经济通论》，太原：山西出版传媒集团·山西经济出版社，2016 年 12 月第 1 版，第 173–174 页。
④ 黄健英等：《民族经济学四十年》，北京：中国经济出版社，2018 年 8 月第 1 版。
⑤ 施正一：《差距·加速与均衡——关于少数民族地区经济发展战略的探索》，黑龙江民族丛刊，1989 年第 3 期（总第 18 期），第 29–45 页。

明显。

　　从收入差距视角：对民族地区城乡经济的研究主要包括以下内容：温军、胡鞍钢[1]从经济发展差距、人类发展差距、社会发展差距三方面，阐述了民族地区当前主要矛盾是城乡居民之间在收入、消费等方面的生活水平差距，及共享教育、医疗、基础设施等方面的公共服务差距，长期以来民族地区经济政策坚持"城镇偏好"，也是造成城乡分化的原因，缩小民族地区城乡间在收入、消费、公共服务水平方面的差距，比缩小与东部地区人均 GDP 差距更有意义。因此，民族地区经济现代化亟待解决的发展问题之一，是如何加速缩小城乡发展差距。李江南、李永波认为，民族地区城乡居民收入差距具有差异性和特殊性，从自然、地理、历史、经济、文化等多因素分析城乡居民收入差距现状与成因，基于此提出化解差距问题的对策建议。[2] 从公共服务差距视角：崔登峰、朱金鹤以新疆的 522 户乡村居民、366 户城镇居民调查数据为基础，通过定性分析得出城乡居民的满意度水平结果——对公共服务的供给水平基本满意，但是缺乏满意评价，对交通、通信等基础设施的满意度评价高于教育、医疗等基本公共服务，城镇满意度评价普遍高于乡村居民，关于社会保障、环境保护、公共文化娱乐方面城乡满意度值及排序差异较大。[3] 李桃、索晓霞认为，在民族地区，公共服务建设存在明显的城乡、区域差距，部分内容脱离城乡居民的实际需要。民族地区的城乡公共服务一体化建设，首先要创新体制与机制，包括完善顶层设计，积极探索特色化发展道路，构建城乡公共服务一体化建设的制度体系，化解公共服务在城乡间分布与配置的非均等化矛盾；其次是拓展新路径，加大财政扶持力度，创新城乡共建模式，吸纳社会资源投入，实现民族地区城乡公共服务建设共同繁荣。[4]

---

[1]　温军、胡鞍钢：《民族与发展：新的现代化追赶》，西南民族学院学报（哲学社会科学版），2003 年 2 月第 2 期总 24 卷，第 1－12 页。

[2]　李江南、李永波：《我国民族地区城乡居民收入差距现状及对策建议》，内蒙古农业科技，2013 年第 1 期，第 1－3 页。

[3]　崔登峰、朱金鹤：《西部边疆民族地区城乡居民基本公共服务满意度研究——基于新疆地区问卷调研数据》，新疆农垦经济，2013 年第 12 期，第 40－49 页。

[4]　李桃、索晓霞：《民族地区公共文化服务城乡一体化初探》，贵州社会科学，2014 年 9 月第 9 期（总第 297 期），第 157－161 页。

民族地区城乡经济发展问题，多集中在差距问题研究，实际上差距与不平衡存在本质区别。对于民族地区城乡经济发展不平衡的研究并不丰富，对民族地区城乡问题的研究多体现在收入、消费、公共服务等某一方面，缺少对城乡问题研究的整体性、系统性、全面性。解决城乡差距的战略停留在城乡统筹、城乡一体化等方面。当前，理论界与学术界还没有形成统一的关于城乡统筹、城乡一体化等词语概念的界定。具有代表性的对城乡发展问题涉及概念作出的界定如下：韦廷柒、邹继业①、安华②提出加快建立城乡经济社会发展一体化体制机制，提出从经济、政治、社会和自然等方面解决民族地区城乡一体化发展中面临的亟待解决的问题；杨军昌、余显亚分析、总结了贵州城乡发展差距现状、不平衡表现并就相关影响因素进行了探析，最后就统筹贵州民族地区城乡社会经济等全面发展的路径与对策进行了思考；③ 王林梅、邓玲④认为民族地区城乡统筹面临着二元经济结构体制等问题，应从民族地区城乡经济发展的体制性结构矛盾入手，加强户籍制度、财税、投融资制度等创新与改革，加快农村集体资产、宅基地、土地、自然资源产权改革，进行城乡统筹。城乡统筹方面的研究，主要集中于破解二元经济结构、构建和谐城乡关系、加速城乡要素流动等方面。城镇与乡村，是两种在结构、功能等方面存在显著差异性的聚落空间，无论是实现统筹还是一体化发展都不是要完全消灭差异，而是在保持二者特质的基础上增强两个差异化聚落空间的协同发展能力，通过城乡协作逐步缩小城乡发展差距，最终实现民族地区城乡经济社会的协调、可持续发展。综上所述，民族地区城乡经济发展不平衡问题研究，既具有理论意义，又具有现实价值；既具有创新点，又具有系统性。

---

① 韦廷柒、邹继业：《民族地区城乡一体化发展：问题与对策——以广西壮族自治区为例》，改革与战略，2010 年第 12 期第 26 卷（总第 208 期），第 98 - 101 页。

② 安华：《民族地区最低生活保障制度城乡一体化研究》，西南民族大学学报（人文社会科学版），2016 年第 3 期，第 158 - 162 页。

③ 杨军昌、余显亚：《贵州民族地区城乡统筹发展问题研究》，贵州民族研究，2007 年第 2 期第 27 卷（总第 114 期），第 69 - 75 页。

④ 王林梅、邓玲：《统筹城乡背景下民族地区跨越式发展的制度创新》，贵州民族研究，2015 年第 5 期第 36 卷（总第 171 期），第 173 - 176 页。

三、主要研究内容

通过理论层面与现实环节的分析，化解民族地区城乡经济发展不平衡问题，加速实现民族地区全面建成小康社会及现代化发展目标，促进人的全面发展与社会进步，是本书的研究目的。从发展不平衡概念出发，通过理论剖析与现实可行性分析，提出科学合理的化解城乡经济发展不平衡的战略构想与现实举措，是本书的研究思路。

（一）主要内容

根据本研究逻辑架构，主要研究内容涉及理论界定、现实分析和战略构想三个层面。

第一，理论界定层面。理论界定是本书的首要环节，主要目的是为化解民族地区城乡经济发展不平衡问题奠定理论基础。根据研究需要，梳理、界定的相关理论主要包括以下内容：不平衡的概念内涵、城乡经济发展不平衡的要义等，包括与"差距""差异""非均衡"等词语的异同；社会主要矛盾中概括的不平衡内核；城乡经济关系呈现不平衡性特征；城乡经济发展不平衡的内容等。

第二，现实分析层面。现实层面的分析是提出战略的依据，主要目的在于战略构建所需要的一般现状的定性分析、发展不平衡程度的定量测度等。主要内容包括：民族地区城乡经济发展不平衡程度度量、导致城乡经济不平衡的影响因子分析、民族地区城乡经济发展不平衡问题的集中表现。

第三，战略构想层面。这是本书的核心章节。在理论和现实层面的定量与定性相结合分析的基础上，作者在第五章提出具体化解城乡经济发展不平衡问题，实现民族地区经济现代化发展的战略举措，主要包括：回顾、反思已有的民族地区经济发展战略，制定城乡经济发展的战略目标、战略原则，构建经济加速与因地制宜相结合的战略举措。

（二）研究路线图

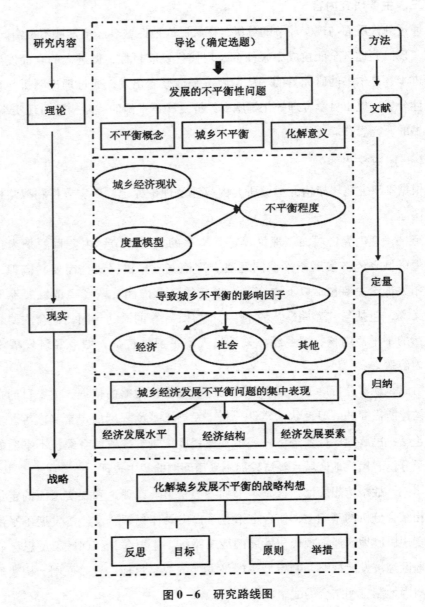

图 0-6　研究路线图

四、主要研究方法

在现代经济学分析范式的基础上，综合运用了民族经济学、发展经济学、区域经济学、产业经济学、城市经济学、民族学等方法。主要包括：科学的理论思维方法、文献分析法、对比分析法、实证分析与规范分析相结合、定量测度与定性分析相结合。

（一）科学的理论思维方法

在研究中考量民族地区工农、城乡间经济联系，"要以系统分析方法和系统综合方法为基本内容的系统辩证的思维方法为指导，去分析、判断、推理"。①系统分析，是指把研究对象置于分析的系统中进行思考，将差异分析方法贯穿其中，并将系统要素分析、系统层次分析、系统动态分析三种方法综合运用。"系统综合，是将系统中的各个层次、结构、发展过程之间的内在关系运用于设计整体系统的综合方法。"②

（二）文献分析法

文献分析法，是指确定选题后，广泛搜集、阅读、整理，包括书籍、期刊、档案、研究报告在内的，与本选题密切相关的国内外文献，并通过对文献的分析与归纳进行分类，提炼出待研究的问题，形成科学认识研究对象和选题的方法。主要用于动态研究、文献综述、概念界定等内容的梳理。在本书的构思与撰写过程中，通过大量阅读文献，对发展不平衡的研究动态和研究文献进行了综述，找到本书的逻辑起点、理论支撑和创新点。

（三）对比分析法

对比分析法，主要应用于定量测量部分，主要包括：城镇与乡村之间、农业经济部门与非农经济部门之间、民族地区与全国水平相比、民族地区内部各省区之间，等等。进行对比分析的主要目的是更直观、清晰地描述城乡经济发展现状，从而进行更深入的原因分析，并为最终战略构想提供分析依据。

（四）实证分析与规范分析相结合的方法

实证分析，是对"民族地区城乡经济发展不平衡问题研究"的相关现实资

---

① 施正一：《理论思维与民族科学》，北京：中央民族大学出版社，1998 年，第 77 – 79 页。

② 曹征海：《和合加速论：当代民族经济发展战略研究》，中央民族大学博士学位论文，2005 年 3 月，第 11 页。

料进行梳理、观察，对相关理论和概念进行阐述、归纳，指明研究对象"是什么""具有什么表现"，说明该研究对象的问题等。化解民族地区城乡经济发展不平衡的战略目标制定、发展理念转变等具有重要的指导意义。但是，仅停留在"是什么"的层面尚不够深刻。在实证研究的同时，必须对要素配置、政策取向、制度安排、战略制定等内容进行规范分析。① 以实证为基础，以规范再深入，将实证与规范两种分析方法相结合，既要分析民族地区城乡经济发展不平衡程度，也要为化解发展不平衡问题提出战略构想。

（五）定量分析与定性分析相结合的方法

民族经济学学科中，多采用定性分析方法。定性分析，是指探寻研究对象的本质内涵，这是研究的关键环节。但是，在追寻研究对象的"质"的过程中，也不能忽略对研究对象"量"的关注，从"量变"到"质变"是事物发展的一般规律。定量分析，是指在科学的理论指导下，运用数学的方法，观察、分析研究对象的数量关系，进而梳理其内部联系和相互作用。对民族地区城乡经济发展不平衡程度与影响因子进行定量测度的基础上对不平衡问题的集中表现进行了定性归纳，定量分析夯实了研究的科学性。

五、创新点与研究难点

研究目的既决定了研究内容与研究方法，又决定了本研究的创新点与难点所在，主要体现在以下方面。

（一）创新点

本书内容的创新之处表现在以下三方面。

第一，选题视角具有新颖性。关于不平衡问题的探讨多停留于理论层面，多从社会主要矛盾转化的角度进行认识。本书将对于不平衡问题的理论探讨与具体的经济发展实际相结合进行分析。当前，不平衡问题已成为制约经济发展的概括性因素，对民族地区经济发展的阻碍与滞后的效果更为显著，在界定不

---

① 规范研究，是把一定的价值判断作为出发点和落脚点，提出研究对象"应该是什么样""不该是什么样"的处理标准，并对政策措施或经济行为的后果做出"好或坏"的评价，并以此为制定经济政策和经济发展战略选择的依据。

平衡的经济学内涵基础上，以城乡经济作为研究切入点，将对不平衡问题的学理性关注应用于民族地区城乡经济发展实际的研究之中，探讨化解城乡经济发展不平衡问题的方法，从城乡经济发展视角出发，寻求实现民族地区经济现代化发展途径。

第二，改进度量标准，扩展研究方法。一方面，已有的对城乡经济不平衡问题的研究多从城乡收入差距、城乡消费差距、城乡二元结构等某个单一角度进行论述，只能反映城乡经济问题在收入、消费或其他某一方面的发展情况，缺乏研究的系统性，难以形成对城乡经济发展问题的全面认识，特别是民族地区又是我国经济发展问题最突出区域，单一视角更是不足以判断民族地区城乡经济的不平衡程度。基于此，在本书中，将定量分析方法引入对民族地区城乡经济不平衡程度的度量，在常用的城乡居民收入与消费、恩格尔系数等传统指标基础上，沿用发展经济学中对二元经济结构测度指标——比较劳动生产率、二元对比系数、二元反差指数度量二元分化程度，加之产业结构偏离度、经济外向度、城乡固定资产投资差距、城乡实际人均人力资本存量等指标，共同构建民族地区城乡经济发展不平衡程度的度量模型，以期从居民生活水平、劳动生产效率、产业结构与就业结构、市场条件与资本状况、人力资源开发转化等多方面衡量民族地区城乡经济发展现状，这是在研究方法与指标选取方面的改进内容之一。另一方面，在前人分析导致民族地区城乡经济发展差距的影响因素时，多采用定性的现象描述方法，在本研究中，为确保分析的真实性、科学性，引入定量分析方法，将定量与定性相结合，采用降维逻辑的主成分分析法，构建导致民族地区城乡经济发展不平衡的评价体系，将经济、社会等领域的统计数据代入 SPSS 统计软件进行降维整合，得出主要的影响因子并按影响程度进行降维排序，为更准确分析民族地区城乡经济发展不平衡原因提供数据支撑。

第三，研究内容兼具系统性、时代性特征。在对不平衡程度及影响因子进行定量分析基础上，为保证研究的系统性与连贯性，整体归纳了不平衡问题在民族地区城乡经济发展过程中的集中体现，主要从经济发展水平、经济结构、经济发展要素三个方面展开论述。这对于民族地区城乡经济发展问题的认识具有创新性的总结归纳，更是将以前的片段式研究整合为系统性研究的努力尝试，以期为民族地区城乡经济现代化发展提供智力支持。另外，本书着力突出经济发展的时代特征与要求，突出"以人为本"发展观对于化解不平衡问题的积极作用，强调人在经济活动中的主体地位，在分析城乡经济发展问题过程中，将注意力聚焦人的发展问题。

（二）研究难点

第一，数据搜集难度大。度量民族地区城乡经济发展不平衡程度时，需要收集民族地区经济、社会、民族等诸多方面的发展资料与统计数据，数据体量庞大，完整搜集全部所需资料与数据的难度较大，现有统计资料支持力度有限，部分数据剥离较为困难。因此，对采集的数据进行归纳、分析、比较、分类的理性认识，运用 SPSS 进行小部分年份估算，补全当年缺失数据。

第二，战略构想不易把握。在定量分析不平衡程度的基础上，提出化解民族地区城乡经济发展不平衡问题的战略构想，这是较为宏观的前瞻性研究，具有战略高度与全局统筹要求，把握难度较大。要以科学的理论思维来把握研究，在对民族地区城乡发展实际及已有经济发展战略进行详细分析的基础上，提出加速发展与因地制宜相结合的化解发展不平衡问题的战略构想及现实举措。

第一章　发展的不平衡性问题

确保经济的平衡、充分发展，是满足人民对美好生活向往与追求的基本前提。新时代，中国社会主要矛盾已经发生了深刻变化。不平衡问题，成为制约民族地区经济振兴、崛起与发展的"瓶颈"，具体表现在城乡、区域、结构等方面。发展的不平衡，是由促进经济增长的许多内外部因素失衡所致。研究民族地区城乡经济发展不平衡问题，逻辑起点在于对"不平衡"作出经济理论的界定与阐释。

第一节　不平衡的概念内涵

国民经济的发展错综复杂，"生产力和生产关系之间、生产关系和上层建筑之间的矛盾和不平衡是绝对的。上层建筑适应生产关系，生产关系适应生产力，或者说它们之间达到平衡，总是相对的。平衡和不平衡这个矛盾的两个侧面，不平衡是绝对的，平衡是相对的。如果只有平衡，没有不平衡，生产力、生产关系、上层建筑就不能发展了，就固定了。"① 通常来说，"平衡"与"不平衡"二者间的经济关系，体现着一个国家（或地区）的国民经济是否实现了协调、可持续发展。

---

① 毛泽东：《毛泽东文集》（第 8 卷），北京：人民出版社，1999 年，第 131 页。

一、不平衡的内涵

提到发展不平衡，首先要了解什么是"平衡"。平衡，主要有两方面含义：一是"两个或两个以上的力作用于一个物体上，各个力相互抵消，使物体成相对静止状态，亦用来泛指平稳、稳定"；二是"对立的两个方面、相关的几个方面在数量或质量上均等或大致均等"。① 平衡，也是哲学名词，毛泽东在《关于正确处理人民内部矛盾的问题》中提到"所谓平衡，就是矛盾的暂时的相对的统一的"。由此可见，平衡表现的是事物所处量变阶段所显现的面貌。在绝对的、永恒的物质运动过程中，所表现的是一种暂时的、相对的静止的平衡状态。在这一状态下，对立着的各方面在数量抑或是质量上是相等的或相互抵消的。

不平衡与"平衡"相对，哲学内涵是反映事物发展过程中矛盾诸方面的力量对比关系，矛盾既分主次，又分主次要方面，是对立面的相互排斥引起的矛盾诸方面的差别性的表现，在事物处于质变状态中呈现尤为显著。唯物辩证法认为，不平衡与平衡是对立的统一，是事物矛盾运动的两种状态。② 事实上，伴随着事物的运动与发展，平衡中包含着不平衡的因素，在不平衡中也存在着平衡的因素，二者虽对立统一，但在一定条件下又可以相互转化。当各种矛盾或矛盾诸方面在一定条件下势均力敌处于平衡状态时，由于矛盾诸方在斗争中各自力量变化不均，就必然打破原来的平衡，取而代之的是不平衡。而不平衡在一定条件下又会造成新的平衡。旧的平衡的破坏和新的平衡的建立常常表现为"旧"向"新"的质变。在客观事物的发展过程中，平衡与不平衡相互交替，循环不已，每一循环都进到更高一级程度。

经济学意义上的"平衡"并非"均衡"。均衡，是指在一定条件的相互作用下，经济过程中的相关变量达到相对静止的演化状态。平衡，是指不同的国家（地区）或各经济部门之间的经济增长保持着相近的速度与水平。在各经济要素自由流动的完备的市场经济条件下，初始人均收入水平低的地区更具有经济增长的后发优势，在后发优势助力下，欠发达地区将逐步追赶发达地区，地

---

① 辞海在线，https://cihai. supfree. net。
② 金炳华：《哲学大辞典》，上海：上海辞书出版社，2001 年。

区间经济发展差距不断缩小，长期来说，理想状态下各地区经济将实现平衡的发展，这是"趋同假说"的基本内容。"趋同假说"源于新古典增长模型，该模型认为：经济发展终将趋向稳态①。若经济发展目标相同，那么地区间发展差距产生的根源在于不同的经济基础；随着时间的推移，地区间经济都将趋向于同一稳态偏移，经济差距消失，经济实现趋同；经济增速、效率与初始人均产出成反比，导致经济越偏离稳态的地区的收敛速度越快、后发优势越强劲，所以欠发达地区更具有经济增速与发展效率的比较发展优势。边际报酬递减的内在经济规律，导致发达地区过剩资本为寻求较高的资本利润率流向欠发达地区，欠发达地区的劳动力为寻求较高的劳动报酬向发达地区转移。资本、劳动力等经济要素在地区间的自由流动与配置，会促进地区之间的要素价格逐渐均等化，进一步加强地区间经济发展的平衡性。但是，古典经济增长理论中实现发展的平衡是一个长期过程，且这个"长期"只是个抽象的理论概念，并不是经济运行中的现实状态，仅仅是一系列假设条件下经济发展的理想状态，为经济提供发展标准，将现实经济发展与理想标准进行对比，发现经济发展的实际差距，针对问题制定经济政策，最终实现地区经济发展、居民生活水平提高，让各族人民共享改革发展成果。② 趋同，是一种结果，从概念定义的角度讲，古典经济增长理论依然是从增长的结果来定义平衡或不平衡的。可以理解为结果是趋同的，而增长过程是有差异的。

　　"不平衡"，是指不同国家（地区）或经济部门之间因生产力发展水平及社会发育程度的不同，所呈现出的经济发展速度、水平的差异。③ 缪尔达尔认为，经济初始状态若发生利好（或不利）变化，会相应出现良性（或恶性）的循环累积效应，不断偏离理想的平衡。良性（或恶性）循环作用下产生发达经济地区（或欠发达经济地区），经济差距持续扩大化，形成二元经济结构。资本、劳

① 罗浩：《区域经济平衡发展与发展不平衡的动态演变》，地理与地理信息科学，2006 年 5 月第 3 期第 22 卷，第 65－69 页。

② 侯风云、张凤兵：《发展不平衡与中国新型城乡二元经济》，理论学刊，2006 年第 11 期（总第 153 期），第 59－62 页。

③ 李竹青、那日：《中国少数民族经济概论》，北京：中央民族大学出版社，1998 年，第 160 页。

动力、资源、技术等经济要素在逐利性本质的驱使下，从欠发达地区向发达地区流动，寻求高额的利润回报率，产生了导致发达地区更加先进、欠发达地区更加落后的"回波效应"。具体表现为：一是青壮年劳动力为寻求较高的劳动报酬，流向发达地区，欠发达地区出现"993961部队""空心村"等乡村经济衰败现象；二是资本为寻求高额利润率，由资本回报率低的欠发达地区流回资本回报率高的发达地区，导致欠发达地区经济发展基础薄弱、经济现代化发展的动力不足；三是发达地区先进产业的比较优势与垄断特征，发达地区与欠发达地区之间的经济收益分配难以均等化，导致欠发达地区经济要素流失问题加剧。

由此可见，不平衡既可描绘一个过程、一种手段，又可表现为一种结果、一项目标。主要可从以下三方面对不平衡进行界定与分析。

第一，不平衡表现为在某一时间节点上各地区发展水平的静态差异，相应的定量测度指标可选用各地区某经济变量的绝对值占全国的比率或相对量（如人均量）来进行度量。这里的不平衡，实质上是一种经济发展的结果表现，即经济发展差距。

第二，不平衡表现为某一段时期内，各地区经济发展速度上的不一致及其变化状况，是一个经济发展研究的动态过程，可用地区间经济增长速度的差异来测度。这里所提到的不平衡，可理解为"增长的不平衡"，而经济增长并不等同于经济发展，二者之间相互联系，但又存在着质的差别。

第三，不平衡表现为某一时期内，各地区经济发展水平与经济结构变动的动态差异，相应地可用地区间各产业增长速度和结构变动的差异等来进行衡量。这里的不平衡，笔者将其定义为"发展的不平衡性"，不平衡在这里是表示经济运行中呈现的经济状态。

这样，我们的定义就突破了无论是古典经济学趋同增长理论或是传统的不平衡增长理论从结果或节点来定义平衡或不平衡的范式，不平衡更强调发展所导致的经济的差异性。因此，在研究过程中，发展不平衡与不平衡发展混为一谈。① 鉴于目前国内外学术界关于"不平衡"的词义较为模糊，因此，在"民

---

① 中国地区经济发展课题组：《中国区域经济发展不平衡战略评估与分析》，管理世界，1993年第4期，第176页。

族地区城乡经济发展不平衡问题研究"中所涉及的"不平衡"概念将从第三层次的定义上展开讨论。

二、社会主要矛盾中的不平衡问题

新时代，发展不平衡不充分问题已经成为制约美好生活需要与追求的主要障碍。坚持历史唯物主义和辩证唯物主义的基本观点，从满足"人民日益增长的美好生活需要"入手，发展的不平衡表明"需要"不能得到完全满足。"发展的不平衡性"，既指"五位一体"总体布局中的政治、经济、社会、文化、生态发展的不平衡性、片面性；又包括城乡、区域、结构等方面发展的不平衡性，当然，无论是哲学还是经济学解释，绝对意义的平衡都是不存在的，本书中的"平衡发展"，实质上是要超越片面发展①，在"以人民为中心"的统领下增强经济建设、促进经济发展。改革开放战略部署实施后，对内改革、对外开放，生产力水平加速发展，物质文化生活日渐丰富，对吃饱穿暖的生存性物质需求已不再是基本需求，而扩展为对经济、政治、社会、文化、生态等内容的多维需求，以及马克思、恩格斯所描绘的"每个人的自由发展"②，即人的全面发展。

一方面，经济发展的不平衡性成为阻碍人民追求日益增长的美好生活需要的主要限制因素，而化解发展不平衡问题又是满足人民日益增长的对美好生活向往与追求的关键途径。生产力决定生产关系，是经济发展的客观规律，深刻影响着社会主要矛盾的演进与解决。经济发展是美好生活实现的重要保障，因此，对经济发展的内容与质量的要求与日俱增。"我国稳定解决了十几亿人的温饱问题，总体上实现小康，不久将全面建成小康社会，人民美好生活需要日益广泛，不仅对物质文化生活提出了更高要求，而且在民主、法治、公平、公正、安全、环境等方面的要求日益增长"③。党的十一届三中全会提出将一切工作重

---

① 马拥军、陈瑞丰：《如何看待新时代的社会主要矛盾》，江苏行政学院学报，2018 年第 2 期（总第 98 期），第 5 – 10 页。

② 本书编写组：《马克思恩格斯文集·第 2 卷》，北京：人民出版社，2009 年，第 53 页。

③ 蒋永穆、周宇晗：《着力破解经济发展不平衡不充分的问题》，四川大学学报（哲学社会科学版），2018 年第 1 期（总第 214 期），第 20 – 28 页。

心转移到经济建设上来以后，搭乘着改革开放的春风，经济生产力水平显著提高，稳定解决了人民"衣、食、住、行"等温饱问题后使社会主要矛盾发生了进一步演进，继而全面建成小康社会成为发展的主题，只有提高居民生活水平，满足人民物质需求，才能进一步实现人民在经济、政治、社会、文化、生态等领域与日俱增、日新月异的变化需要。因此，破除发展的不平衡问题，是新时代化解社会主要矛盾的关键一环。

另一方面，在以生产资料公有制为基础的中国特色社会主义社会中，劳动人民当家作主，随着经济社会发展，人民需要持续升级。为此，社会生产的主要目的已不再是满足吃饱穿暖等生存性需求，扩展至在满足人民需要的基础上，追求经济、社会、生态等领域的协调、可持续发展，以及实现人的自由、全面发展这一更高要求的发展目标。[①] 发展为了人民，发展会增加人民的获得感、幸福感，影响人民对美好生活的向往与追求。人是历史的创造者，是第一生产力，以人的全面发展作为研究经济发展不平衡问题的出发点，坚持"以人民为中心"的根本原则，消除人的发展的不平衡性，追求人的自由、全面发展。

综上所述，研究不平衡问题的目的是化解问题、实现长效发展。无论是经济可持续发展，还是人的全面发展，都蕴含于经济发展大系统中，是整体中的两个子系统，"在构成生产力的诸要素中，人处于主导和能动的地位，是生产力中最活跃、最具革命性的因素，人的全面发展是社会发展的基石"。也是一切经济活动的首要因素，人的发展离不开经济发展过程，只有在经济发展的基础上才能实现人的发展。发展不平衡问题具有逻辑必然性，"发展的不平衡问题是绝对的，平衡是相对的，协调发展是平衡和不平衡的统一。由平衡到不平衡再到新的平衡是事物发展的基本规律。因此，解决发展的不平衡问题并不是搞平均主义，而是解决严重的不平衡即不协调和失衡问题。"[②] 可见，不平衡与平衡的统一即为协调发展，"平衡→不平衡→新的平衡"是经济发展规律。因此，解决发展不平衡问题，实质上是解决严重的发展失衡问题。

[①] 吴宣恭：《坚持以人民为中心的发展思想》，经济研究，2017 年第 12 期，第 12 – 14 页。

[②] 董振华：《如何理解发展的不平衡不充分》，学习时报，2017 年 12 月 27 日第 1 版，第 2 页。

三、民族地区经济发展不平衡内容

民族地区经济发展的不平衡性，主要表现在城乡、区域、经济结构三个方面。

第一，城乡经济发展不平衡。

城乡经济发展不平衡，是民族地区经济发展问题的重中之重。习近平总书记指出，"由于欠账过多、基础薄弱，我国城乡发展不平衡不协调的矛盾依然比较突出"①，民族地区城乡经济的发展问题尤甚。城乡经济发展差距较大。测度、衡量城乡经济发展水平的最直接指标是城镇居民人均可支配收入和乡村居民人均可支配收入。2002—2016 年，民族地区的乡村居民人均可支配收入小幅增长，但城镇居民人均可支配收入增速相对更快，城乡收入差距并没有缩小，反而差距在近年来不断拉大，城乡发展不平衡问题仍然较为突出。加之二元结构依旧存在于民族地区城乡经济发展过程中，具体表现为两个方面：一方面，城镇与乡村在多个民生领域存在显著差距，如教育、医疗、就业、社会福利与保障等；另一方面，土地制度亟待改革与创新，"农地的'三权分置'和宅基地有偿退出仍在探索阶段"②。另外，二元结构影响下，城乡之间的资源流动与要素配置失衡，经济要素趋利性特质，导致资本、劳动力等经济要素从乡村向城镇单向转移的趋势明显。例如，城乡的主要生产要素之一的资本，其属性是追求高额的利润率和回报率，也是因为资本这一属性，而城镇经济较于乡村经济更能吸引资本，为此乡村资本逐渐外流，而其他的金融衍生品也更多地倾向于城镇，因此就形成了包括乡村资本在内的资源、要素等加剧流失的严重发展问题。乡村资源、要素等经济发展条件的恶化，会进一步加深城乡间的二元结构，加剧经济发展的不平衡性，成为制约城乡协调发展的瓶颈。

---

① 《习近平在中共中央政治局第二十二次集体学习时强调　健全城乡发展一体化体制机制让广大农民共享改革发展成果》，新华网，2015 年 5 月 1 日，http：//www. xinhuanet. com/politics/2015 – 05/01/c_ 1115153876. htm。

② 蒋永穆、周宇晗：《着力破解经济发展不平衡不充分的问题》，四川大学学报（哲学社会科学版），2018 年第 1 期（总第 214 期），第 20 – 21 页。

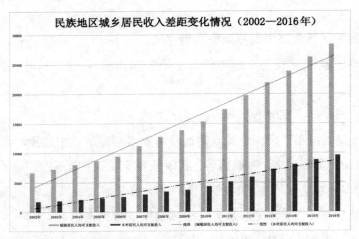

图 1 - 1　民族地区城乡居民收入差距变动情况（2002—2016 年）
（数据来源：根据民族地区各省区历年统计年鉴整理、计算所得）

第二，区域经济发展不平衡。

随着改革开放战略和西部大开发战略的深入实施，民族地区经济快速发展，但区域发展不平衡格局并未得到化解，区域发展差距显著。一方面，在经济总量与人均指标方面，民族地区与东部地区差距明显，实现区域经济协调发展任重道远（参见图 1 -2）。另一方面，民族地区协同发展与经济合作机制尚不健全，经济过程中的产业重复、分工不明等问题突出。一是投资不足问题，例如，2016 年，民族地区全社会固定资产投资在全国占比为 19.7%①，区域间协同发展与合作推动经济增长能力不足。二是分工合作不明确，导致民族地区产业结构趋同，不利于区域间产业的协调发展与产业结构的优化升级。三是区域间经济合作与协同发展壁垒尚未完全打破，经济矛盾仍然存在。民族地区与外部区域之间的经济发展不平衡问题的根源，在于民族地区内部的经济发展问题，能激发民族地区经济发展活力、促进民族地区经济可持续发展的内生动力；在于化解民族地区内部差距，实现城乡经济协调发展，以城乡经济协调促进民族地区经济、社会发展。

---

① 根据民族地区八省区 2016 年统计年鉴整理、计算所得。

图 1-2 民族地区与东部地区生产总值比较（2000—2016 年）

（数据来源：根据民族地区各省区历年统计年鉴整理、计算所得）

第三，经济结构发展不平衡。

习近平主席指出，"我们认识到，为了从根本上解决经济的长远发展问题，必须坚定推动结构改革"[1]。近年来，民族地区持续推进着结构的调整、优化与升级完善，但经济结构中依然存在不少问题，而经济结构不平衡也仍然制约着民族地区经济、社会的发展与繁荣。一方面，原有的经济基础、增长方式、需求状况奠定了民族地区经济结构基础，其与当前经济现代化发展要求存在一定程度的脱节，使得经济结构的不平衡性特征突出。民族地区以重工业为主的第二产业经历了快速发展阶段，当前，传统行业产能利用率低，技术使用贡献率低，导致产能过剩、效益堪忧，低端产品过剩与高端产品短缺之间矛盾突出，经济结构存在不平衡问题。第三产业中的新兴行业发展也相对滞后，教育、医疗、养老、环保等领域供给不足。另一方面，非经济结构发展的不平衡性。一是劳动力结构的不平衡，民族地区大多数劳动力的受教育程度不高，高技能、专业型、创新型人才略显不足，人才同质化现象明显，劳动力过剩问题突出。二是分配结构不平衡，在初次分配中劳动报酬比重仍需提高，初次分配中的公平问题亟待解决，税收等手段的调节力度有待强化。民族地区贫富分化显著，

---

① 《习近平出席二十国集团领导人第八次峰会并发表重要讲话》，人民网，2013 年 9 月 6 日，http：//cpc. people. com. cn/n/2013/0906/c64094 - 22826175. html。

尚未完全摆脱贫困，中等收入群体进一步扩大，距离橄榄形收入分配格局形成依旧遥远。① 将经济结构发展不平衡问题的研究与城乡经济发展问题紧密结合，只有在城乡空间范围内探讨经济结构，将城乡经济关系与三产结构调整有机联系，才能促进民族地区产业结构优化升级，真正实现民族地区城乡经济协调发展。

第二节　城乡经济发展的不平衡性是核心矛盾

中国具有典型的城镇工业经济与传统农业经济并存的二元经济特征，民族地区是二元经济结构最突出的区域。西部大开发战略实施后，民族地区在原有的工业基础之上，凭借资源禀赋的优势，快速发展以重工业为支柱的第二产业，拉动了地区经济的高速增长。但是，工业的快速发展并没能带动农业现代化的同步推进，民族地区农业生产仍然固守着较为落后的生产方式与效率，对地区经济的贡献率较低。城镇的日渐繁荣对比着乡村的衰弱，城乡经济关系日趋紧张，城乡经济发展的不平衡性特征显著。在正确认识城乡经济关系基础上深刻理解民族地区城乡经济发展不平衡的内涵与表现，对于化解该问题、实现城乡经济协调发展具有积极意义。

一、城乡经济关系

城乡关系，是社会生产力发展与社会大分工的产物，广泛存在于城镇和乡村之间的相互作用、影响、制约的普遍联系与互动关系，是一定社会条件下，经济关系、社会关系、政治关系等诸多要素在城镇和乡村两者关系上的集中反映。自城镇产生以后，城乡关系便随之产生。民族地区城乡关系的良性互动与和谐社会的构建，以及城乡经济、社会的协调发展，都离不开城镇与工业的辐射、带动，亦离不开乡村与农业的促进、支持。城乡之间，城镇与乡村的经济

---

① 蒋永穆、周宇晗：《着力破解经济发展不平衡不充分的问题》，四川大学学报（哲学社会科学版），2018 年第 1 期（总第 214 期），第 22 - 24 页。

部门之间只有建立起相互联系、依赖、补充和促进的发展关系，民族地区城乡关系才能真正走向协调发展之路。

英文中，虽然经常使用"Connection"（关联）、"Relationship"（关系）、"Linkage"（联系）、"Interaction"（互动）等词语表示城乡关系中的"关系"一词。但实际上，"城乡关系"是将城镇与乡村看作通过商品、人口、资本、技术等要素流动而相互之间紧密联系、相互依赖的两个共生的系统，"城乡关系"主要指城乡之间要素流动与功能耦合的一种状态。城乡关系包括的内容相当广泛，如城乡经济关系、城乡产业关系、城乡结构关系、城乡社会关系、城乡文化关系等。

城乡关系，缘起于城镇与乡村之间的差异性与互补性，伴着城镇化的全过程。工业革命之前，社会生产力低下，交通通信能力有限，各国均以农业生产为主要经济来源，此时，城乡经济的基本特征是居住在城镇的人口用最初级的工业产品换取农产品，以满足其基本的生产、生活需要。工业革命之后，欧洲国家的人口聚集在城市，在这一时期，之前的城乡平衡被打破，乡村对城市的市场、基础设施、公共服务、经济环境等要素的依赖与日俱增。20世纪后叶，不仅世界上大部分的发达国家拥有较高数量的城镇人口，广大发展中国家也正经历着快速城镇化过程。在此过程中，同一地区的农业生产与非农生产同步发展，城乡关系更为密切。

本书中的"城乡关系"特指"城乡经济关系"，主要是指西部大开发之后的民族地区的城镇和乡村在发展过程中所具有的特殊性，以及在特殊性这一约束条件下，通过城镇与乡村二者之间的相互联动、相互制约的经济发展关系及与空间结构演变的相互作用，包括如何最终实现市场经济条件下城乡相互依托、优势互补、以城带乡、以乡促城的区域协调发展目标的内在机理、运行机制等关系。从不同的角度，城乡关系有不同的分类，主要包括商品、人口、货币、信息等要素在城乡间流动的空间关系；抑或是城镇与乡村之间经济部门或行业间的关系等。[①] 以往对城镇和乡村的定义，大多基于"乡村以农业生产为基础，城镇则依赖于制造业和服务业"这样的假设。但是，随着人口迁移与流动的日

---

① 陈方：《城乡关系：一个国外文献综述》，中国农村观察，2016年6月，第80页。

益频繁，城镇居民从事农业生产、乡村居民从事非农生产的情况不断增多。城乡兼顾的生产活动，使城乡间形成了可持续且多样化的资源交换条件。传统意义上的乡村发展多是将注意力放在增加农业产出，忽略了农产品深加工、农机设备制造等涉农的非农产业的发展，使部分乡村劳动力丧失了就业机会。因此，研究城镇与乡村之间、农业部门与非农部门之间的关系意义重大。

二、城乡经济关系呈现不平衡性特征

新中国成立后，经济上实施"城镇偏好"的发展策略，治理上采用城乡分割的户籍政策，严重强化了二元分化的城乡结构，表现为两个差异性显著的聚落空间的发展不平衡性特征。而今，中国正处在社会主要矛盾深刻变革的时代，城乡关系发生历史性变化，虽然近年来民族地区经济迅猛增长，但从整体看，工农矛盾、城乡矛盾仍是民族地区经济、社会发展的突出问题。民族地区必须以促进城乡协调发展为基本起点和最终归宿，才能最终实现全面建成小康社会的重要目标，亦能满足民族地区各族人民对美好生活的向往与追求。

（一）不平衡的历史性特征

毛泽东指出："微弱的资本主义经济和严重的半封建经济同时存在，近代式的若干工商亚都市和停滞着的广大农村同时存在，几百万产业工人和几万万旧制度统治下的农民和手工业工人同时存在……若干铁路航路汽车路和普通的独轮车路、只能用脚走的路和用脚还不好走的路同时存在。"① 这是其对旧中国经济的发展不平衡及二元结构特点做出的精辟论述，旧中国这种典型二元结构残余的影响，至今尚难以完全消除。通过考察城乡关系的演变过程，可以发现民族地区的城乡关系历史存在着不平衡的状态。

1. 相对自由开放阶段（1949—1957 年）

新中国成立初期，在全国范围内基本完成了"土改"，生产积极性空前提高，乡村经济逐渐复苏。此时，民族地区的人口实现了城乡间的自由流动，尤其是农民向城镇的自由流动，城乡关系呈现出一种相对自由开放的关系。但是，

---

① 毛泽东：《毛泽东选集》（第 1 卷），北京：人民出版社，1967 年，第 172 页。

新中国成立初期民族地区的城乡发展能力远低于全国平均水平。1950—1952 年国民经济恢复时期,工农、城乡间经济矛盾突出。在高度集中的计划经济体制作用下,"一五"计划时期(1953—1957 年),国家部署了大规模经济建设,以期奠定工业化发展基础。在该阶段,乡村劳动力规模化迁往资源密集型城镇,乡村人口的定向聚集推动了民族地区城镇化发展。与此同时,中央组织、动员各地区支持民族地区、边疆地区建设,也组织、动员城镇人口支援农业建设,发展农业生产。1949—1957 年,民族地区城乡间劳动力流动频繁,城乡关系基本是自由开放的。

2. 逐步制度化分化阶段(1958—1978 年)

1978 年以前,民族地区选择了城镇优先的城乡发展策略,偏向于城镇工业的投资战略,乡村农业的缓慢增长与城镇工业的快速发展等强化了民族地区的城乡二元结构,导致了乡村的技术缺乏,教育、医疗等基础设施条件落后等。1958—1962 年,"大跃进"造成钢铁行业的畸形发展,破坏了经济发展一般规律,延误了工业化、现代化进程,造成国民经济发展失调。1963—1966 年,"三线"建设项目布局扎根西南民族地区,铁路、煤炭、钢铁、机械、电力、化工等现代工业部门开始发展。1971—1972 年,"三五"计划期间,"三线"建设开始向西北民族地区转移布局,民族地区交通运输、信息通信等基础设施条件缓慢改善,便于民族地区资源开发与工业化发展,促使民族地区工农业比例关系有了一定的改善。实施改革开放战略之前,民族地区城乡经济各部门之间及内部比例严重失调,工农业生产效益低下,城乡经济发展困难,居民生活普遍贫困。

3. 城乡关系逐渐缓和(1978 年至今)

1978 年改革开放后,民族地区城乡二元结构变化,城乡关系逐步松动。家庭联产承包责任制的推广与普及使传统农业生产经营方式发生重大变革,乡村生产积极性显著提高,农业生产率的大幅度提高,为民族地区城乡间的经济文化交流奠定了物质保障,乡村劳动力开始不断参与城镇经济的生产经营内容,乡村工业化逐渐形成了新的城乡经济发展浪潮。1991 年,取消了农副产品"统销统购",随行就市、自由交易,城乡关系开始松动。1996—1998 年,民族地区乡村经济开始逐步商品化、市场化,商贸往来、要素流动等使城乡关系开始走向融合发展之路。党的十九大以来，政府转变职能，建设服务型政府，调控经济总量，使国家宏观调控为市场经济提供保障。与此同时，民族地区城镇市场开放程度持续加深，各类商品交换与要素配置的贸易中心与市场平台相继建立，城乡之间的界限与壁垒逐步打破，城乡市场开始活跃、城乡交流逐渐频繁，城乡要素互补支持，为提升城乡协同发展能力、实现城乡协调经济发展创造了必要条件。民族地区市场化的发展，加强了市场调节资源配置的作用，促进了生产要素的自由流动及城乡关系的利好转变。

（二）城乡二元结构特征

二元经济结构，是发展中国家（地区）在城乡经济发展过程中所面临的共同难题。民族地区是我国城乡二元结构更为严峻、分化程度最为深刻的地区，具有许多显著特征。

1. 城乡人口结构性矛盾突出

乡村人口体量大，生活水平低下，典型的劳动力无限供给经济是民族地区城乡发展过程中面临的突出问题。（参见表1-1、表1-2）

表1-1　民族地区城乡人口、劳动力与就业结构的变化（2000—2016年）（单位：%）

年份	人口		劳动力		劳动就业人数		
	城镇	乡村	城镇	乡村	第一产业	第二产业	第三产业
2000	29.74	70.26	25.58	74.56	62.77	12.45	24.91
2001	30.45	69.55	25.37	74.63	63.89	11.82	24.21
2002	31.03	68.97	26.21	73.79	61.99	11.55	25.25
2003	31.86	68.14	27.71	74.25	60.41	12.42	25.76
2004	33.34	66.66	29.63	72.27	58.82	12.43	27.03
2005	34.59	65.41	28.80	71.20	57.74	12.74	27.78
2006	35.32	64.68	29.66	70.34	55.51	13.85	28.76
2007	36.37	63.63	31.55	68.45	54.32	14.70	28.82
2008	37.42	62.58	32.22	67.78	53.07	15.09	29.39
2009	38.33	61.67	33.47	66.70	51.64	15.87	30.02
2010	40.30	59.70	34.10	65.90	52.12	15.30	30.79

年份	人口		劳动力		劳动就业人数		
	城镇	乡村	城镇	乡村	第一产业	第二产业	第三产业
2011	41.56	58.44	36.11	63.90	50.59	15.90	31.67
2012	42.73	57.27	38.72	61.28	50.09	16.61	33.30
2013	43.82	56.18	40.31	59.70	48.64	16.99	34.37
2014	45.31	54.69	41.50	58.50	47.14	17.34	35.52
2015	46.65	53.35	43.54	56.46	50.98	14.77	34.25
2016	48.03	51.97	44.08	55.92	45.04	16.83	38.14

（数据来源：根据民族地区各省区历年统计年鉴整理、计算所得）

根据世界城市化的普遍规律，城镇化一般超前或同步于工业化。世界银行以人均国民总收入（以下简称"人均 GNI"）作为经济发展水平的评判指标将世界各国分成四组。"人均 GNI ＜ 1045 美元"为低收入国家；"1045 美元 ≤ 人均 GNI ≤ 4125 美元"为中等偏下收入国家；"4126 美元 ≤ 人均 GNI ≤ 12735 美元"为中等偏上收入国家；"人均 GNI ≥ 12736 美元"为高收入国家。1998 年，我国成为中等偏下收入国家；2014 年，我国人均国民收入约为 7600 美元，正式步入中等偏上收入国家行列。

2016 年，民族地区工业化率（指工业净产值占国内生产总值的比重）为 43.22%，超过全国 39.8% 的水平，而城镇化率 48.03%（指城镇人口占总人口比重）却低于全国 57.35% 的城镇化水平。一方面，我国工业增长已步入后工业化发展阶段，在 GDP 构成中，以工业为核心的第二产业比重下降，以现代服务业为核心的第三产业比重逐步上升，所以全国工业化水平总体呈现下降趋势；另一方面，此时的民族地区正处于工业化发展带动经济增长的关键时期，工业化率占比较高，也由此造成全国工业化水平小幅低于民族地区的数值表现。根据世界各国发展经验，城镇化水平通常高于工业化水平，2016 年，我国城镇化率（57.35%）明显高于工业化率（39.8%），城镇化促进了第二产业的增长，与此同时，民族地区城镇化率（48.03%）与工业化率（43.22%）保持着较为稳定的波动状态，工业增长推动了农村人口及农业劳动力向城镇的规模转移，是工业化带动了城镇化。（参见表1-2）但是，2000—2016年，民族地区城镇化与工业化的偏差系数①一直为负值，从2000年的 - 0.4678偏离至2016年的 - 0.8460（参见表1-2），城镇化水平滞后，民族地区尚处于工业化初级阶段，工业化发展并没能有效带动城镇化发展。西部大开发战略实施后，民族地区工业化、城镇化加速发展，经济结构不断调整、优化、升级，工业辐射、带动乡镇企业逐渐兴起，城乡劳动力结构发生重大变化，但是，滞留于农业部门的乡村劳动力比重过大的结构性矛盾仍然很突出。

表1-2　民族地区城镇化、工业化发展水平比较（2000—2016年）

年份	城镇化率		工业化率		偏差系数	
	民族地区	全国	民族地区	全国	民族地区	全国
2000	0.2974	0.3622	0.3642	0.4550	- 0.4678	- 0.6646
2001	0.3045	0.3766	0.3616	0.4480	- 0.4770	- 0.6822
2002	0.3103	0.3909	0.3604	0.4450	- 0.4852	- 0.7043
2003	0.3186	0.4053	0.3809	0.4560	- 0.5146	- 0.7450
2004	0.3334	0.4176	0.3941	0.4590	- 0.5503	- 0.7719
2005	0.3459	0.4299	0.4085	0.4700	- 0.5848	- 0.8111
2006	0.3532	0.4434	0.4298	0.4760	- 0.6193	- 0.8462
2007	0.3637	0.4589	0.4352	0.4690	- 0.6440	- 0.8642
2008	0.3742	0.4699	0.4443	0.4690	- 0.6734	- 0.8849
2009	0.3833	0.4834	0.4367	0.4590	- 0.6805	- 0.8935
2010	0.4030	0.4995	0.4532	0.4640	- 0.7370	- 0.9319
2011	0.4156	0.5127	0.4636	0.4640	- 0.7748	- 0.9565
2012	0.4273	0.5257	0.4602	0.4530	- 0.7916	- 0.9611
2013	0.4382	0.5373	0.4532	0.4400	- 0.8013	- 0.9595
2014	0.4531	0.5477	0.4525	0.4310	- 0.8276	- 0.9626
2015	0.4665	0.5610	0.4373	0.4090	- 0.8290	- 0.9492
2016	0.4803	0.5735	0.4322	0.3980	- 0.8460	- 0.9527

（数据来源：根据民族地区各省区历年统计年鉴整理、计算所得）

---

① 城镇化与工业化的偏差系数 $= \dfrac{城镇化率}{工业化率} - 1$

2. 互相独立、性质不同的城乡经济类型

城镇经济与乡村经济，是两种具有截然不同的经济目标、经营环境、经济行为、运行机制等特征的经济类型，二者之间既有经济联系，又有因资源分配和利益分享产生的矛盾。西部大开发之后，国家政策大力倾斜，通过宏观调控配置资源，集合东、中部的优势力量投入民族地区建设中，特别是大型国有企业对民族地区的支援与建设，经济投入与建设主要集中在资源、劳动力等要素密集地区，城镇国有单位固定资产投资占城镇固定资产投资的比例较高，更是带动了民族地区城镇经济的振兴与发展。另外，个人投资在内的农村固定资产投资占全社会固定资产的比重相对较小。在多数情况下，城乡经济关系是以牺牲农业利润及乡村利益为代价支持民族地区城镇建设与产业发展。城乡经济关系实质上存在着剥夺与被剥夺的关系。

3. 发展失衡导致城乡差距日趋扩大

西部大开发战略实施后，民族地区城镇经济加速发展，影响、辐射乡村经济逐渐复苏，城乡间经济联系不断增强，城乡经济矛盾有所减缓。但是，由于民族地区乡村经济基础起点低，乡村生产力水平不足，农业生产效率低下，导致乡村依旧是发展的落后一极，城乡经济发展的不平衡性突出，城乡差距呈现扩大化趋势。通常，乡村劳动生产率与城镇劳动生产率之间的差距越大，则城乡的二元结构越为显著，城乡二元分化程度越为严重。2000—2016 年，民族地区乡村劳动生产率逐年递减，城镇劳动生产率"先上升，后下降"，呈现出"倒 U 形"变动趋势。而城乡二元结构比率亦呈现出先上升后下降的"倒 U 形"轨迹（参见图 1 – 3）。城乡经济发展呈现不平衡性特征，是农业与非农部门之间劳动生产率差异过大的结果。从 2000—2016 年的城乡关系来看，民族地区城乡差距依旧存在，且有扩大的趋势。

可见，民族地区的城乡关系具有不平衡、不协调的重要特征。民族地区城乡二元分化现象不仅包括城乡间的经济分化，更重要的是城乡间人的发展的分化及发展不平衡状态，这些都是深刻影响人民对美好生活向往与追求的重要因素。

图1-3　民族地区城乡二元结构比率变动曲线
（数据来源：根据民族地区各省区历年统计年鉴整理、计算所得）

三、城乡经济发展不平衡定义

在西部大开发之前，民族地区生产力水平整体落后的环境下，城镇与乡村间的生产力发展处于一种低水平的"平衡"状态。西部大开发之后，民族地区生产力发生了"质"的增长，相对于城乡间生产力整体协调的发展要求而言，新时代民族地区城乡间生产力发展日益失衡，城镇工业部门日益繁盛，乡村传统农业日益衰落。

民族地区城乡经济发展平衡，主要是指城镇与乡村及其内部各产业部门间以大概相近（或相同）的速度与水平实现民族地区自身的经济发展。① 城乡间若要实现经济发展的平衡，需要具备的前提条件：一是在城乡间形成统一的市场，二是实现生产要素在城乡间的自由流动。但是，民族地区的现实是仍存在着较为严重的市场分割，资本、技术、资源、劳动力等生产要素在城乡间的自由流动受到严重制约。资本追求高额回报的特性导致多数资本流向城镇，投入到利润率较高的工业生产；城乡公共基础设施的差异与企业追求利润最大化的理性选择共同作用，导致城乡间技术的交流、推广与使用存在壁垒；城乡分割

---

① 侯风云、张凤兵：《发展不平衡与中国新型城乡二元经济》，理论学刊，2006年第11期（总第153期），第59-62页。

的户籍制度限制了城乡间劳动力的自由流动与合理配置。民族地区城乡发展的现实基础、经济条件等因素与理想状态的发展条件存在着相当大的差距。

当不具备平衡发展的前提条件时，民族地区城乡经济发展必然是不平衡的。世界各国的经济发展历程与经验均表明，城乡经济发展多数呈现以发展水平、速度的持续差距为特征的不平衡性特征，而民族地区城乡间的平衡发展仅存在于理想状态之中，无论过去、现在还是将来，民族地区都不可能实现完全的城乡发展平衡，城乡经济发展不平衡才是民族地区经济发展的客观现实与一般规律。客观认识民族地区城乡经济发展不平衡问题，分析民族地区城乡经济发展不平衡可能带来的积极影响或消极作用，实现民族地区的城乡经济由发展不平衡向发展平衡的无限收敛，虽不能达到理想中的发展平衡，但可防止城乡差距的持续扩大，防止城乡发展陷入失衡的非良性关系状态，进而实现民族地区城乡经济发展的不平衡与理想的发展平衡的统一，即实现民族地区城乡经济协调发展目标。

生产力与生产关系共同推进了经济和社会的发展，生产关系要适应生产力发展水平。历史经验表明，生产力的发展主要解决人生存、生活所依赖的物质保障问题，在实现经济起飞与增长的同时，并不能同步促进人的协调发展。西部大开发战略实施后，民族地区生产力水平的提高更多的是解决物的发展问题，难以同步实现人的发展，若要实现人的发展和经济发展相协调，必然要重构生产关系。民族地区实现"以人民为中心"的城乡协调发展，就是要在新时代建立中国特色社会主义生产关系，要在社会生产中建立平等的劳动关系、分配关系、交换关系、消费关系，在实现按劳分配的主体地位的同时要兼顾和统筹其他生产要素分配对人的发展的作用。[①]

国家在民族地区实行"重工业优先"的经济发展战略，民族地区乡村的落后面貌未得到根本改善，长期的二元经济结构与带有倾向性的经济发展政策使民族地区的乡村居民与历史发展机遇擦肩而过。城乡间人的发展的不平衡与经济发展不平衡问题紧密相关，主要包括城乡收入分配、社会保障服务、土地所

---

① 普荣：《坚持以人民为中心发展理念下的中国城乡统筹发展路径及机制》，改革与战略，2018 年第 2 期第 34 卷（总第 294 期），第 42 – 45 页。

有权收益、教育资源配置等问题。收入分配方面，从事传统农业生产的人口收入水平较低，在满足生活基本需要方面付出更多成本；社会保障方面，长期差异化的城乡发展政策使得民族地区在过去几十年中绝大部分的农民被摈弃于国家社保体系之外，近年来，尽管已实现农村养老保险、合作医疗的全覆盖，但尚存在保障能力不足等问题；土地产权方面，土地是维系农民生存的基础，但民族地区土地产权不明，所有权地位虚置，造成农民权益难以保障；教育方面，民族地区乡村的教育基础过于薄弱，导致乡村适龄儿童受教育成本提高，受教育机会不均，在城镇与乡村，逐渐形成了"代际"间的发展不平衡问题。民族地区诸多经济、社会问题的形成均是城乡发展不平衡所致，严重损害了民族地区人的发展权益。可见，民族地区城乡经济发展不平衡问题，所要解决的另一个问题，即"以人民为中心"的发展问题。

四、城乡经济发展不平衡内容

民族地区搭乘西部大开发的发展机遇，经济起飞、增速惊人，经济总量不断增加，经济社会的各项事业不断提升。然而，在不断取得进步的同时，民族地区经济发展不平衡和人的发展不平衡问题逐步凸显：一方面，粗放型的经济增长模式主要依赖对资源的掠夺式开发，加剧了生态环境的破坏与恶化，资源的承载能力日益下降，经济、社会发展与生态失衡情况愈加突出，民族地区经济发展的可持续性受到挑战；另一方面，民族地区城乡间的收入水平与贫富差距并没有随着经济的快速增长得以缩小、弥补，反而呈现出发展失衡日益扩大的态势，"贫富差距扩大"这一经济增长的结果加剧了城乡经济矛盾，严重背离了"发展为了人民，发展成果由人民共享"的本质和目的。传统的城乡统筹模式和西方经济理论更多地将注意力集中在缩小城乡收入差距，忽略了经济主体——人的发展，难以支撑民族地区走"以人民为中心"的经济发展道路。可见，民族地区城乡经济发展不平衡内容如下。

（一）城乡对国民经济的贡献非均衡

投资、消费和进出口是拉动国民经济增长的"三驾马车"，在支出法民族地区生产总值构成中可直观看出城镇与乡村对国民经济发展的贡献程度存在差异。

如表 1-3 所示，民族地区的投资与消费存在明显的城乡差距，2000—2016 年乡村居民消费逐年下降，2000 年时乡村居民消费占民族地区生产总值的比重为 19.62%，到 2016 年该指标下降至 11.57%。同一时间段内，城镇居民消费占民族地区生产总值比重稳定在"23.24% ~ 27.57%"的大范围内上下浮动，城镇居民消费一直高于乡村居民消费在国民经济发展中的份额。在民族地区全社会固定资产投资中，乡村投资不断增长对改善乡村生产生活条件，促进乡村振兴与经济发展意义重大，但乡村投资占比却呈现逐年下降趋势，2000 年乡村固定资产投资占比 9.55%，2016 年该比重下降至 2.00%；与此同时，城镇固定资产投资比重从 90.07% 增加至 98%（根据表 1-4 计算）。固定资产投资的差异体现了城乡间的经济发展差距。固定资产投资是拉动经济增长要素中的重要一环，"倍数效应"直接推动经济增长。乡村固定资产投资主要依赖于民间资本、自筹资金等内生积累，在一定程度上增加了乡村经济发展成本。近年来，乡村居民日益增长的对教育、医疗、就业、社会保障等公共服务的需求都仰赖大量资金支持才能实现，虽然国家初步开放了农村金融市场，但银行对城镇经济的偏好长期存在，这也加剧了乡村固定资产投资的流失。2000—2016 年，在固定资产投资规模与速度方面，乡村不及城镇对国民经济发展贡献程度高，主导经济发展的是消费与投资行为更加活跃的城镇经济，乡村对民族地区经济发展的贡献程度较低，民族地区城乡经济发展不平衡问题突出。

表 1-3　民族地区分城乡的居民消费与固定资产投资概况　（单位：亿元）

年份	支出法地区生产总值	乡村居民消费	城镇居民消费	全社会固定资产投资	乡村固定资产投资	城镇固定资产投资
2002	10513.42	2062.79	2870.51	5317.63	507.68	4789.6
2003	12098.85	2125.73	3162.29	6773.12	620.54	6130.7
2004	14666.92	2171.33	4015.84	8447.82	693.54	7732.07
2005	17366.2	2527.2	4735.25	10540.22	787.41	9726.51
2006	20727.95	2720.76	5401.49	12771.1	964.37	11773.95
2007	25484.27	3111.23	6378.38	15731.73	1241.97	14446.61
2008	31571.48	3524.51	7723.08	18572.49	1394.22	17110.31

年份	支出法地区生产总值	乡村居民消费	城镇居民消费	全社会固定资产投资	乡村固定资产投资	城镇固定资产投资
2009	34734.83	3809.58	8794.25	23869.97	1885.32	21875.85
2010	42053.2	4302.09	10158.48	29309.98	2293.3	26869.41
2011	51664.24	5202.85	12006.84	34599.79	951.4	33648.38
2012	58518.51	5924.15	14114.07	42346.6	1103.35	41243.29
2013	64772.17	6513.9	16183.79	52026.87	1322	50704.87
2014	70773.09	7698.76	17976.21	61592.33	1408.98	60183.35
2015	74436.37	8434.18	19825.24	64469.16	1356.21	63112.95
2016	79553.08	9200.84	21932.83	71553.18	1434.41	70118.77

（数据来源：根据民族地区各省区历年统计年鉴整理、计算所得）

（二）城乡产业布局的不平衡

民族地区乡村经济主要包括以农牧业生产为核心的第一产业，城镇经济则涵盖了工业生产活动为主的第二、三产业，乡村经济总体落后于城镇经济，既表现为农业部门与非农部门相比处于弱势，又表现为非农产业结构中的城乡不平衡。民族地区是重要的农牧业主产区和生产生活资料供应区，西部大开发战略开启了民族地区工业化、现代化进程，但传统农牧业生产经营活动却未能同步现代化，民族地区以家庭为单位的农牧业产值增长缓慢，农产品加工业发展遭遇着国内市场与国际市场的双重冲击。长期以来，民族地区一直延续着城乡二元发展结构的形态。2000—2016 年，农业部门增加值比重逐年下降，非农部门增加值比重持续攀升。2000 年，农业部门增加值占民族地区生产总值的比重为23.24%（参见图1－4），到2016 年，该比重下降至13.36%（参见图1－4），年均降幅约为0.62%；与此同时，非农部门增加值比重从2000 年的76.76%上升至2016 年的86.64%（参见表1－4），年均增幅约为0.62%，"挤出效应"显著。特别是西部大开发战略在民族地区部署实施后，依托资源禀赋、区位优势、生态环境等要素条件，以能源、矿产等为支柱的重工业率先发展，城镇经济增速惊人，一度诞生了工业化、现代化的"内蒙古奇迹"等发展壮举，改变了民族地区城镇经济增长乏力的困境，以重工业为支柱的第二产业呈现出上升状态，对民族地区经济起飞与增长的贡献突出；以服务业为核心的第三产业在民族地区经济发展过程中保持稳态，2000—2016 年年均涨幅 0.32%。第二、三产业构成了城镇的全部经济内容，其快速崛起为城镇经济注入了新的活力，助推了民族地区城镇发展，集约化、城镇化、现代化特征显著。产业布局的不平衡导致民族地区城乡差距不断扩大，城乡问题与矛盾日渐凸显。

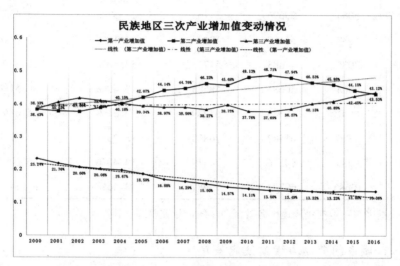

图 1-4 民族地区三次产业增加值变动情况（2000—2016 年）

（数据来源：根据民族地区各省区历年统计年鉴整理、计算所得）

表 1-4 民族地区农业部门与非农部门的产值情况　（单位：亿元）

年份	农业部门 （G_1）	非农部门 （G_2）	民族地区 生产总值（G）	农业部门 产值占比（$\frac{G_1}{G}$）	非农部门 产值占比（$\frac{G_2}{G}$）
2000	2022	6678	8700	23.24%	76.76%
2001	2074	7459	9533	21.76%	78.24%
2002	2166	8347	10513	20.60%	79.40%
2003	2430	9669	12099	20.08%	79.92%
2004	2885	11782	14667	19.67%	80.33%
2005	3228	14138	17366	18.59%	81.41%

年份	农业部门（G_1）	非农部门（G_2）	民族地区生产总值（G）	农业部门产值占比（$\frac{G_1}{G}$）	非农部门产值占比（$\frac{G_2}{G}$）
2006	3500	17228	20728	16.88%	83.12%
2007	4152	21344	25496	16.29%	83.71%
2008	4898	26692	31589	15.50%	84.50%
2009	5064	29696	34761	14.57%	85.43%
2010	5938	36157	42094	14.11%	85.89%
2011	7035	44683	51718	13.60%	86.40%
2012	7904	50681	58585	13.49%	86.51%
2013	8691	56548	65239	13.32%	86.68%
2014	9376	61482	70858	13.23%	86.77%
2015	9983	64536	74519	13.40%	86.60%
2016	10685	69304	79987	13.36%	86.64%

（数据来源：根据民族地区各省区历年统计年鉴整理、计算所得）

（三）城乡间劳动力素质技能差异

在经济发展进程中，以农牧业为主的乡村经济扮演着民族地区劳动力就业的"蓄水池"角色。在民族地区农地、牧场资源相对固定的前提下，农牧业边际劳动生产效率低下，庞大的剩余劳动力群体滞留在农牧业生产经营活动中，很难向以非农非牧产业为主的城镇经济转移。另外，由于受农牧业资源稀缺性及"靠天吃饭"脆弱性特征影响所致，传统的以家庭为单位的农牧业生产经营能力受限，乡村经济对民族地区的经济贡献率持续下降，2000—2016年农牧业劳动力总数保持总体稳定（参见表1-5），最多的劳动人口却导致了低效的经济效益，这是民族地区以农牧业生产经营活动为核心内容的乡村经济的内生发展困境。

西部大开发战略部署实施后，民族地区城镇经济一直坚持能源、矿产等资本密集型企业为主的重工业发展模式，随着工业化、现代化进程的不断加快，资本密集型发展条件下的科技创新与技术进步推动着生产效率与经济效益的大幅提高。但在此过程中，第二产业对劳动力的需求逐渐被科技进步所"稀释"，科技进步使城镇经济开始逐渐由资本密集向技术密集转型，对劳动力素质技能提出了更高要求，由此导致第二产业劳动力就业增长缓慢，吸纳农牧业转移劳动力就业的空间不足，民族地区第二产业的就业比重一直处于较低水平（参见图1-5）。

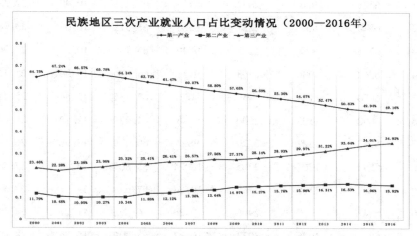

图1-5　民族地区三次产业就业人口占比变动情况（2000—2016年）
（数据来源：根据民族地区各省区历年统计年鉴整理、计算所得）

2000—2016年，第三产业劳动力占比从23.46%增加至34.92%（参见表1-5），年均涨幅约为0.72%，保持稳定增长趋势。西部大开发战略后，第三产业在国民经济构成中的比重总体增加，就业人数在劳动力就业份额中的比重亦逐年增加，以现代服务业为核心的第三产业逐渐成长为民族地区国民经济的支柱部门之一。虽然2000—2016年第三产业增长较快，但发展过程中的劳动力结构性问题突出，在第二产业劳动力占比小幅稳定增长的同时，第一产业向外溢出的剩余劳动力多数被吸纳至第三产业，受制于传统农牧业生产经营模式下劳动力素质技能低下的影响，溢出的劳动力多数集中在住宿餐饮、仓储运输、建筑等劳动密集型城镇工作岗位。劳动力素质技能较低，增加了就业的不稳定性风险，乡村劳动力就业状况存在流动频繁的特征。

表 1 –5　民族地区三次产业劳动力就业情况

年份	劳动力数量（万人）				三次产业劳动力占比		
	第一产业	第二产业	第三产业	劳动力总数	第一产业占比	第二产业占比	第三产业占比
2000	5922	1078	2145	9145	64.75%	11.79%	23.46%
2001	6328	986	2097	9412	67.24%	10.48%	22.28%
2002	6340	957	2227	9524	66.57%	10.05%	23.38%
2003	6275	979	2285	9540	65.78%	10.27%	23.96%
2004	6262	1006	2465	9733	64.34%	10.34%	25.32%
2005	6070	1148	2459	9676	62.73%	11.86%	25.41%
2006	6052	1193	2600	9844	61.47%	12.12%	26.41%
2007	5943	1322	2629	9893	60.07%	13.36%	26.57%
2008	5895	1367	2763	10024	58.80%	13.64%	27.56%
2009	5872	1525	2788	10184	57.65%	14.97%	27.37%
2010	5843	1577	2906	10326	56.59%	15.27%	28.14%
2011	5875	1675	3073	10623	55.30%	15.76%	28.93%
2012	5758	1699	3191	10649	54.07%	15.96%	29.97%
2013	5737	1783	3414	10934	52.47%	16.31%	31.22%
2014	5681	1847	3648	11176	50.83%	16.53%	32.64%
2015	5636	1812	3838	11286	49.94%	16.06%	34.01%
2016	5658	1832	4019	11509	49.16%	15.92%	34.92%

（数据来源：根据民族地区各省区 2000—2017 年统计年鉴整理、计算所得）

　　城镇中的就业偏向性强，农民工权益保障力度低，是导致农民工就业稳定性差的另一情况。民族地区乡村劳动力多选择在农闲时进城务工，在农忙时返回乡村经济生产，特别是老龄化趋势的农民工由于素质技能水平的制约逐渐被城镇经济所淘汰，而生理弱势也使其被摒弃在高强度体力劳动外，不得已只能返乡重拾农牧业生产劳动，但农牧业生产对体力的较高要求也限制了劳动力的发展。接受过良好教育、素质技能较高的城镇人口多从事着技术密集型、资本密集型等劳动回报率较高的工作。因此，劳动力的城乡差异既存在于三次产业间，又存在于非农经济部门中。另外，长期存在的民族地区城乡二元结构将劳动力分割为城乡两部分。民族地区城镇经济偏向重工业发展模式，对劳动力的使用与配置多由市场决定。乡村劳动力多以自发流动、转移为主，带有一定的盲目性，转移成本与收入状况存在事实上的不对等，权益难以得到有效保障。素质技能与文化程度决定了劳动力就业的机遇与平台，长期存在的城乡二元结构是造成城乡劳动力失衡的因素之一，城乡间就业结构失衡是民族地区城乡经济发展不平衡的重要内容。

（四）城乡金融发展分配不均衡

资本流动，是指为了寻求更优良的投资环境、获取更高额的利润回报，资本在一国（地区）范围内流动或从一国（地区）转移至他国（地区）。[1] 资本流动是一国（地区）内部不同部门间相互联系、发生作用的主要表现形式，在一定程度上反映了商品、服务等在一国（地区）的发育程度，资本流动能加快资本流入地区的经济增长，反之也能延缓资本流失地区的经济发展。

资本在城乡间的流动方向、规模、速度、比例等直接影响着城乡间经济协调发展程度，近年来国家对乡村经济发展的重视程度不断提升，各类金融机构对乡村的金融支持力度也不断增强，但相较于城镇经济的资本丰裕度与金融支持力度，乡村经济发展所获取的资本规模、比例、渠道等仍处于滞后水平，民族地区金融资本流出乡村的数量远超流入农牧业及乡村经济的资本数量，这说明乡村获取资本要素的难度较大。一方面，21 世纪伊始，不断提高的基准利率客观增加了乡村借贷成本；另一方面，近年来，商业银行对乡村振兴与经济发展的金融支持主要集中于大型农牧产品加工企业，弱化了对一般性乡村生产经营的小额贷款力度，但与此同时，商业银行却在加大吸纳乡村存款力度，资本的逐利性使金融机构更加偏好高额回报率的城镇经济，乡村向银行等金融机构借贷、融资的难度增加，银行借贷不足以支撑乡村居民的生产生活开销，这些均为民族地区民间金融与借贷行为的出现提供了契机。以内蒙古为例，经调研发现，常年闭塞的家庭式生产经营模式使劳动力缺乏现代金融知识，"重消费、轻积累"，储蓄意识淡薄，通常采取多渠道借贷缓解资金短缺带来的生产生活危

---

① 刘炳英主编、本书编写组：《马克思主义原理辞典》，杭州：浙江人民出版社，1988 年版，第 237 页。

机，由此导致民间借贷乱象丛生，许多家庭债台高筑、入不敷出，陷入了贫困恶性循环。

此外，除却像伊利、蒙牛等大型农牧产品现代化加工企业外，受制于发展规模、生产经营水平等方面限制，银行较高的信贷门槛与利息导致的资本匮乏成为民族地区农牧产品加工企业发展面临的难题，资本支持力度差，企业经营常处于"失血"状态。由此可见，城镇与乡村在资本市场化方面的差异，也是民族地区城乡经济发展不平衡的重要现实。

（五）城乡技术进步的显著差距

技术进步是推动经济增长的根本要素，技术进步有两种方式：技术引进和自主创新。① 引进式技术进步是发展中国家（地区）发挥"后发优势"实现技术追赶，获得经济高速增长的重要方式。在民族地区，技术进步集中在城镇的工业经济部门，乡村的农牧业技术进步相对缓慢，造成城乡技术进步存在显著差距，形成了城乡之间生产力结构的不平衡。"劳动生产力是随着科学和技术的不断进步而不断发展的。"② 虽然，技术进步是农牧业生产力发展的必备条件，但是，与工业经济部门相比，农牧业技术进步具有缓慢性、复杂性等特点。农牧业的自然属性使得科学技术实际运用于生产过程困难重重。马克思在分析农业落后于工业的原因时指出："力学，在 18 世纪已经在一定程度上臻于完善，……化学、地质学和生理学，只是在 19 世纪，特别是在 19 世纪的近几十年，才发展起来。"③ 正是由于现代农牧业科学技术的进步仰赖于一系列更为复杂的理论科学和应用技术的发展，在这个意义上"农民的劳动，比受分工支配的制造业工人的劳动，具有更大的脑力性质"④。这也决定了农牧业经济部门的技术进步比工业生产部门要缓慢许多。"按照事物的性质，植物性物质和动物性

---

① 龙少波、黄林、胡国良：《技术引进、金融发展与城乡居民收入差距》，经济问题，2015 年第 5 期，第 32 - 37 页。

② 马克思、恩格斯：《马克思恩格斯全集·第 23 卷》，北京：人民出版社，2016 年，第 664 页。

③ 马克思、恩格斯：《马克思恩格斯全集·第 26 卷》，北京：人民出版社，2016 年，第 116 页。

④ 马克思、恩格斯：《马克思恩格斯全集·第 26 卷》，北京：人民出版社，2016 年，第 259 页。

物质不能以像机器和其他固定资本、煤炭、矿石等等那样的规模突然增加，因为前二者的成长和生产必须服从一定的有机界规律，要经过一段自然的时间间隔，而后面这些东西在一个工业发达的国家，只要有相应的自然条件，在最短时间内就能增长起来。"① 民族地区的技术进步主要是通过"后发优势"承接从东部发达地区转移的相对成熟的生产线和配套设备进行工业品的生产、制造、加工，从而实现工业产值的迅速增长，以承载工业生产为核心的城镇经济获得更高的增长效益。近年来，虽然乡村在农牧业耕、种、收、育、养等方面的综合机械化水平不断提高，推动了民族地区农机总动力的快速增长，但相对于城镇而言，乡村现代科技普及速度迟缓，技术进步推动乡村经济增长效果滞后，城乡技术进步的显著差距扩大并加剧着城乡经济发展的不平衡问题。②

第三节　化解民族地区城乡经济发展不平衡的意义

缩小城乡经济差距，增加乡村居民收入，促进城乡经济协调发展，实现民族地区经济现代化，是化解城乡经济发展不平衡问题的必然要求，最根本目的是让城乡居民共享改革发展成果，实现民族地区城乡间人的全面发展。

一、实现城乡经济、社会与人的协调发展

民族地区城镇与乡村间经济差距大，化解长期存在的发展不平衡问题，关键在于在城乡统一市场内配置资源，促进城乡间生产要素自由流动，解决乡村经济中生产要素匮乏难题，进一步缩小民族地区城乡差距。发展经济学家认为，经济发展过程中存在着一种要素、资源的供给、需求的循环状态，导致富裕的国家（或地区）更加富裕，反之，落后的国家（或地区）会更加凋敝，呈现出一种贫困的恶性循环。民族地区城乡经济亦不能逃脱这种发展困境，"低收入→

---

① 马克思、恩格斯：《马克思恩格斯全集·第25卷》，北京：人民出版社，2016年，第135页。

② 刘志强：《农业技术滞后、农产品价格上涨与城乡收入差距》，经济经纬，2014年7月第4期第31卷，第40–41页。

低储蓄能力→低资本形成→低生产率→低产出→低收入"的供给恶性循环，"低收入→低购买力→投资引诱不足→低资本形成→低生产率→低产出→低收入"的需求恶性循环，在这种增长机制下会导致民族地区的城镇经济聚集着更多的资源与要素、发展更加繁荣，而乡村经济与之相反更加走向衰颓。另外，劳动力、资本、技术等生产要素的经济行为都是逐利的，在市场经济作用下，生产要素追求更高效的投资回报率，这是经济发展所依赖的劳动力、资本等由乡村单边流向城镇的重要原因，也是导致城乡经济发展长期不平衡的影响因素。

　　化解城乡经济发展不平衡，是实现民族地区乡村振兴及城乡经济良性循环的关键。长期的发展不平衡，导致城乡居民收入差距过大，已经造成了严重的贫富差距、分配不公、城乡分化问题，已不仅仅是经济问题，同时还衍生为复杂的社会问题，亟待解决。以加快乡村居民收入增收为切入点，破除产业、制度等制约城乡协同发展的要素壁垒，缩小城乡居民生产生活差距，极大调动乡村劳动力的生产积极性，促进乡村经济增长、社会稳定和人的全面发展，是实现民族地区乡村振兴及经济现代化发展的基础。同时，化解城乡经济发展不平衡问题，亦是实现民族地区城乡经济良性循环与可持续发展的必然要求。城镇与乡村是经济社会发展不可分割的整体。正确处理民族地区城乡关系，不仅有利于乡村经济的发展，也为城镇经济进一步发展提供了物质保障和广阔市场。从民族地区城乡发展实际看，经年累月的发展不平衡已成为制约城乡经济良性循环和可持续发展的重要因素，突出表现为人力资源向人力资本转化的制约，以及生产要素配置和城乡统一市场形成制约等。一方面，落后的乡村经济使民族地区市场得不到充分开发，制约了城镇经济向乡村的延伸，限制了城镇经济的增长，市场局限亦阻滞了城镇资本、技术等生产要素对乡村市场的追逐，限制了要素的工农、城乡间转移配置，进一步造成了乡村的资本匮乏、技术滞后、现代化发展能力不足等问题，使乡村经济陷入恶性循环陷阱，更显凋敝。另一方面，大量劳动力滞留于传统农牧业生产活动及经济落后的乡村，长此以往劳动力素质技能得不到提升，经济发展中最急需的、有一定劳动技能和知识水平的劳动力供给不足，以现代工业为核心的城镇经济中熟练技术工人短缺、有效劳动力不足的现象严峻，增加了城镇经济发展的劳动力成本，降低了现代工业生产的增长动力与效益。从事传统产业的乡村劳动力转移困难，既不利于乡村经济降低成本、增加人均收益、实现振兴发展，又不利于城镇经济扩大生产规模、实现集约化专业化经营，最重要的是制约了劳动力知识素质与职业技能的提高，损害了劳动力的自身经济利益，阻碍了劳动力追求人的全面发展的进程。

二、提升民族经济的内生发展动力

地大物博是民族地区得天独厚的发展优势，与此同时，兼具"少"（少数民族地区）、"边"（西部边疆地区）、"穷"（欠发达地区）、"弱"（生态环境脆弱）、"富"（自然禀赋充裕）的发展特征。少数民族集中分布、民族自治地区面积广阔，民族文化璀璨多样，这种独特、复杂的多民族经济、社会、人文环境，是民族地区发展中最为特殊的影响因素。多元化、多层次、各具特色的发展环境，客观上决定了散居城乡的不同民族的价值取向、竞争意识、适应市场经济能力、应对经济风险能力、接受技术创新和制度变革能力存在差异，因此各民族的适应性、积极性、创新性呈现出异质性，不但使民族地区对外经济交往时面临语言文字、民族习惯、宗教习俗等差异，民族地区各民族之间经济交往也面临同样问题，这些都是影响民族地区经济发展及各民族共同繁荣的关键因素。另外，凭借辽阔的土地、复杂的自然环境、充裕的资源禀赋、丰富的生物资源、灿烂的历史文化、独特的民族风情，民族地区成为我国自然资源和民族文化资源最富集地区，为发展民族特色经济创造了良好的条件。

如何将资源优势转化为经济效益，是民族地区经济发展的重要课题。现代经济增长理论及其发展轨迹说明，发展主要是靠内生力量，靠培育内生发展动力。"内生发展动力，是指能够促进民族地区城乡经济、社会、人等诸方面和谐、平衡、长效发展的一种内涵式发展能力，主要由民族地区城乡间的要素与资源带动发展，是着眼于自身不断壮大、优化的发展，基础是满足城乡自身需要，促进民族地区充分发展。"发展不平衡导致了日趋严峻的城乡分化，城乡间发展优势被割裂，难以形成城乡统一市场，缺乏对劳动力、资本、技术等生产要素及矿产、能源、生物等资源禀赋的统筹配置与开发，城镇与乡村被迫成为彼此独立的两个系统。城镇雄厚的资本、先进的技术不能反哺乡村，城镇集聚所产生的规模效应也难以辐射、带动乡村共同发展；乡村的人力资源浪费现象严重，难以助力城镇现代经济发展，各类农畜产品沦为工业生产原材料，丧失了高附加值与经济收益，秀美壮丽的自然风光、灿烂的历史人文景观、独特的民族风情风貌等乡村资源不能得到高效开发与利用，或是粗放式开发经营，或是沦为产业链末端，乡村经济内生发展动力不足。城镇与乡村发展的层次不一、模式迥异，但是因为发展存在多样性与差异性，产生了城乡之间经济互补的必要性与可能性，经济互补性是构成城乡自我发展能力的共同经济基础。随着生产与消费结构日趋多样化，社会化大生产程度逐渐提高，无论是城镇经济或乡村经济，都难以完全满足全部居民日益增长的对美好生活的需要，也难以提供经济发展所需要的全部生产要素。因此，生产和消费的发展产生了城乡经济联系与民族经济交往的必要性。

城镇与乡村在空间上构成了整个民族地区，吸纳了各民族人民在城乡空间范围内生产生活。民族经济，既包括民族地区经济，又包括各少数民族人的经济。若要实现民族地区经济现代化发展，促进各民族人民共同发展繁荣，加强城乡经济联系就成为带动民族经济发展的动力。为此，解决城乡问题就是解决民族发展问题，化解城乡经济发展不平衡问题就成为提升民族经济内生发展动力的重要保障。

三、实现民族地区经济跨越式发展

经济高速增长并没能真正扭转民族地区乡村的落后面貌。虽然近年来乡村居民收入有所提高，但与城镇相比略显缓慢，乡村居民长效增收机制滞后。乡村振兴与农牧业现代化是推进民族地区经济发展的基础。乡村振兴有许多现实的矛盾和问题需要解决。农民问题，最关键的就是作为"三农"主体的人的发展问题。农民既是消费者又是生产经营者，乡村居民收入增长缓慢，导致农民生产成本投资不足、生活条件改善困难，影响着农民素质技能的提高，使劳动力处于人力资源的初始状态，既阻碍了农业向集约化、规模化、机械化生产模式转型，又限制了乡村经济现代化发展进程的推进。乡村振兴，依赖于国民经济的协调、可持续发展，扩大有效需求，拉动经济增长。民族地区乡村人口众多，化解城乡失衡，缩小城乡差距，促进乡村消费能力提升，带动乡村庞大的消费群体，对开拓乡村市场具有积极意义，通过乡村购买力的提高来释放乡村市场的巨大潜力，缓解经济下行压力，实现民族地区经济增长。

2014 年，中央民族工作会议强调，新中国成立以来，少数民族和民族地区得到了很大发展，但一些民族地区群众困难多，困难群众多，同全国一道实现全面建设小康社会目标难度较大，必须加快发展，实现跨越式发展。化解城乡经济发展不平衡问题，是实现民族地区经济跨越式发展的基础。加强包括交通、通信在内的基础设施建设，打通对内交往、对外联系的"大通道"，增强网络信息化通信水平。创新扶贫开发新思路，提高扶贫效果的可持续性。加速民族地区城镇化建设与农牧业现代化发展紧密结合，充分发挥民族地区的自然资源禀赋、地理区位优势、特色民族资源等发展条件，激发民族地区发展潜力，促进民族地区经济可持续发展。[①] 发展是执政兴国的第一要务，是解决各种问题的关键。经济协调、可持续发展及人民生活水平的提高，是化解城乡矛盾、维护团结稳定、实现人民幸福的基本途径。经济发展是物质文明建设的重要抓手，化解城乡发展不平衡难题，打破民族地区城乡间的发展壁垒，构建城乡经济发展的统一系统，整体推动民族地区经济跨越式发展，促进各民族共同发展繁荣，让城乡居民共享改革发展的胜利果实。

本章小结

本章奠定了"民族地区城乡经济发展不平衡问题研究"的理论基础，关键在于提出发展的不平衡性问题，厘清发展不平衡的概念内涵，从不平衡的概念本身及其在社会主要矛盾中的意义出发，分析民族地区经济发展不平衡内容主要包括城乡、区域、经济结构三方面。本研究以城乡经济关系作为切入点分析不平衡问题，明确民族地区城乡经济关系的不平衡性主要表现在历史特征与二元结构中，具体化为对地区经济贡献的不平衡、产业结构不平衡、劳动力素质技能不平衡、资本配置不平衡、技术进步程度不平衡等主要方面。事实上，这些具体化的城乡经济发展不平衡内容，也就是民族地区城镇经济与乡村经济在

---

① 《中央民族工作会议暨国务院第六次全国民族团结进步表彰大会在京举行》，新华网，2014 年 9 月 29 日，http://www.xinhuanet.com/politics/2014-09/29/c_1112683008.htm。

发展过程中所呈现的严重的发展问题，长期的城乡经济发展不平衡会导致严重后果。因此，化解民族地区城乡经济发展不平衡问题具有积极的现实意义，既有利于实现经济、社会和人的协调发展，又有利于提升民族经济的内生发展动力，更加有利于民族地区实现经济跨越式发展，为中华民族的伟大复兴及社会主义现代化强国的建设贡献力量。

第二章　民族地区城乡经济发展不平衡程度度量

城镇与乡村，是维持人类生存和发展的空间载体。威廉·阿瑟·刘易斯（William·Arthur·Lewis）、费景汉（John C. H. Fei）、古斯塔夫·拉尼斯（Gustav·Ranis）、托达罗（Todarot）等发展经济学家普遍承认，在发展中国家初期发展过程中，其经济活动存在两个劳动生产率差别显著的经济部门，传统农业部门劳动生产率低下，现代工业部门劳动生产率相对较高[1]。工业化发展使现代工业部门日益振兴、繁荣，促使乡村剩余劳动力逐渐脱离传统农业生产，向工业生产为核心的城镇不断转移、流动，逐步形成了工农城乡二元的典型经济特征[2]，是社会生产方式与相关制度相互作用的必然结果[3]，更重要的是发展不平衡一直影响着经济发展全过程。解决城乡经济发展不平衡问题，对于促进民族地区经济繁荣、社会稳定，实现人的自由、全面发展，具有重要的理论价值和现实意义。

---

[1] 张应禄、陈志钢：《城乡二元经济结构：测定、变动趋势及政策选择》，农业经济问题，2011 年第 32 期第 11 卷，第 84 - 93 页。

[2] ［美］威廉·阿瑟·刘易斯：《二元经济论》，施炜等译，北京：北京经济学院出版社，1989 年，第 101 - 150 页。

[3] 刘耀森：《重庆城乡二元经济结构的演化历程与发展趋势——兼与浙江省的比较析》，地域研究与开发，2010 年第 29 期第 4 卷，第 38 - 41 页。

第一节 对民族地区城乡经济发展状态关注

民族地区自然资源丰裕、要素禀赋突出，但是，因为经济基础、发展战略、市场环境等多方面的差异，其城镇与乡村在收入、消费、恩格尔系数等指标方面差距巨大，是观察城乡经济发展状态的切入点与着力点，是民族地区城乡经济发展不平衡的重要表现。

一、城乡收入差距比较

城乡收入差距①，是反映城乡经济发展不平衡的重要指标之一。根据对民族八省区城乡收入比的均值进行划分，可以将民族地区分为三个层次。

第一层次：城乡收入差距水平维持在 3.00~3.30（参见表 2-1）之间，在这个区间范围内的民族省区主要是内蒙古 3.03、新疆 3.07、宁夏 3.15。从城乡收入比均值看，全国保持在 3.10，在民族地区，只有内蒙古和新疆低于全国平均水平，反映出内蒙古与新疆在收入层面的城乡差距相对较小，城乡发展相对均衡。西部大开发后，内蒙古凭借着丰富的矿产资源，迅速实现了工业化，经济高速增长，创造了"内蒙古奇迹"，以重工业为核心的第二产业成为内蒙古经济发展的支柱，工业发展推进了城镇化进程的加快，劳动力从传统农业部门逐渐流入现代工业部门，工业部门较高的劳动回报率，提高了劳动力的收入水平，加之内蒙古地广人稀，农牧业人均收入相对较高，故而城乡收入差距较小。新疆一、二、三产的结构比重为 17.1：37.3：45.6②，工业化程度不高，以畜牧业为主的第一产业增加值增长较快，占国民经济的分量较重，对国民经济的贡献率很高，故此城乡收入差距相对较小。2016 年，宁夏三次产业对经济增长的

---

① 城乡收入差距的比较系数 = $\dfrac{城镇居民人均可支配收入}{乡村居民人均可支配收入（农村居民家庭人均纯收入）}$

② 新疆维吾尔自治区统计局国民经济综合统计处：《新疆维吾尔自治区 2016 年国民经济和社会发展统计公报》，2017 年，http://www.xjtj.gov.cn/tjfw/dh_ tjgb/201712/t20171213_ 548562.html。

贡献率分别为 4.5%、45.5%、50.0%①，第三产业增加值的占比反映了宁夏工业化、现代化的发展程度较高，在此过程中，从事传统农业的劳动力数量已经微乎其微，更多的农业从业人员走向第二、三产业，收入水平大幅度提高，这些都必然会缩小宁夏的城乡收入差距。

第二层次：城乡收入差距水平维持在 3.30~3.60（参见表 2-1）之间，在这个区间范围内主要包括两个民族省区：广西 3.47、青海 3.52，均高于全国3.10 的平均值。广西壮族自治区的第一、二、三产业增加值占地区生产总值的比重分别为 15.3%、45.1% 和 39.6%，对经济增长的贡献率分别为 7.2%、47.0% 和 45.8%。② 近年来，广西经济、社会发展较快，工业化水平逐渐提高，成为民族地区经济较为活跃的地区之一，但这并不是省区的整体活跃，而是部分城镇具有较为积极的发展活力，工业化、城镇化发展带动了劳动力的产业间转移，而劳动力的产业间转移又提高了劳动力的收入水平，为此，广西的城乡收入差距保持着一个较为稳定的水平。青海省 2016 年第一产业增加值占全省地区生产总值的比重为 8.6%，第二产业增加值比重为 48.6%，第三产业增加值比重为 42.8%③，青海以工业为核心的第二产业对经济的贡献率比重较高，工业化水平不断提升，劳动力由第一产业逐渐流向第二产业，现代工业部门比传统农业部门的劳动力回报率更高，所以对于青海而言，城乡收入差距水平保持在民族八省区中的中等位置。

第三层次：在民族八省区中，城乡收入差距水平的均值保持在 3.60 以上的省区按顺序分别是西藏 3.86、贵州 3.99、云南 4.04，远高于全国 3.10 的平均水平（参见表 2-1）。无论是西藏自治区，还是贵州、云南这两个多民族省，曾经的经济基础都是以农业的生产方式为核心，第一产业在国民经济中所占比重较高，从事农业生产的劳动力数量较多，因此出现了较大的城乡收入差距问题。

---

① 宁夏回族自治区统计局：《宁夏回族自治区 2016 年国民经济和社会发展统计公报》，2016 年，http：//www.nxtj.gov.cn/tjgb/2016tjgb/201704/t20170419_76589.html。

② 广西壮族自治区统计局、国家统计局广西调查总队：《2016 年广西壮族自治区国民经济和社会发展统计公报》，2016 年，http：//www.gxtj.gov.cn/tjsj/tjgb/ndgmjjhshfz/201704/t20170417_132997.html。

③ 青海省统计局、国家统计局青海调查总队：《青海省 2016 年国民经济和社会发展统计公报》，2016 年，http：//www.qhtjj.gov.cn/tjData/yearBulletin/201702/t20170228_46913.html。

虽然近年来贵州、云南、西藏等省区不断推进工业化进程，产业结构逐步调整，经济发展出现了新的增长点与带动力，现代工业部门不断发育，城镇化程度逐步提高，城镇居民生活水平大幅改善。但是，由于经济基础薄弱、产业结构陈旧、市场环境相对闭塞等因素与条件的制约，西藏、贵州、云南三省区的传统农业部门难以实现与工业部门相同步的现代化发展进程，而传统农业部门较低的劳动回报率导致了农业就业人口收入水平的滞后，农村居民人均可支配收入依旧落后于城镇水平。在缩小城乡收入差距方面，西藏、贵州、云南三省区，还有待进一步加强和改善。

　　总体而言，2002—2016 年的十五年时间里，民族地区的城乡收入差距水平呈现出总体下降的趋势，但相较于东部省区维持在 2.10～2.90 及全国保持在 3.10 这一平均水平而言，民族地区在城乡收入方面还存在着很大的差距。城乡收入差距，在很大程度上反映出一个地区城乡发展水平。显著的城乡收入差距，是民族地区城乡二元严重分化的表现，也直观反映出城乡两个差异性显著的聚落空间的发展不平衡状态。缩小城乡收入差距，化解发展不平衡问题，力求更好地实现民族地区城乡经济协调发展。

表 2–1　民族地区城乡收入差距比较（2002—2016 年）

年份	全国	内蒙古	广西	贵州	云南	西藏	青海	宁夏	新疆
2002	3.1	2.90	3.63	3.99	4.50	5.52	3.70	3.16	3.70
2003	3.2	3.09	3.72	4.20	4.50	5.18	3.76	3.20	3.41
2004	3.2	3.12	3.77	4.25	4.76	4.89	3.74	3.11	3.34
2005	3.2	3.06	3.72	4.34	4.54	4.54	3.75	3.23	3.22
2006	3.3	3.10	3.57	4.59	4.47	3.67	3.82	3.32	3.24
2007	3.3	3.13	3.78	4.50	4.36	3.99	3.83	3.41	3.24
2008	3.3	3.10	3.83	4.20	4.27	3.93	3.80	3.51	3.26
2009	3.3	3.21	3.88	4.28	4.28	3.84	3.79	3.46	3.16
2010	3.2	3.20	3.76	4.07	4.06	3.62	3.59	3.28	2.94
2011	3.1	3.07	3.60	3.98	3.93	3.30	3.39	3.25	2.85
2012	3.1	3.04	3.54	3.93	3.89	3.15	3.27	3.21	2.80

年份	全国	内蒙古	广西	贵州	云南	西藏	青海	宁夏	新疆
2013	2.8	2.89	2.91	3.49	3.34	3.11	3.15	2.83	2.69
2014	2.7	2.84	2.84	3.38	3.26	2.99	3.06	2.77	2.66
2015	2.7	2.84	2.79	3.33	3.20	3.09	3.09	2.76	2.79
2016	2.7	2.84	2.73	3.31	3.17	3.06	3.09	2.76	2.80
均值	3.10	3.03	3.47	3.99	4.04	3.86	3.52	3.15	3.07
排名	—	1	4	7	8	6	5	3	2

（数据来源：根据民族地区各省区历年统计年鉴整理、计算所得）

二、城乡消费水平对比

消费水平，主要指在某一时期内，单位消费者及其家庭的生活消费需要的数量与质量，及所获得满足的程度。民族地区，是我国经济发展相对落后的区域，消费水平也相对滞后。虽然近年来民族地区城乡居民消费水平有明显提升，但是城乡消费水平仍存在较大的差距。

第一层次：民族地区城乡消费水平对比系数[①]在 3.00 以下，主要包括内蒙古 2.71、青海 2.76、宁夏 2.84、广西 2.88（参见表 2 - 2），四省区的城乡间消费水平对比系数均小于全国 3.28 的平均值，在消费方面，城乡间发展不平衡状态略好于全国平均情况。四省区的城乡消费水平与东部省区中的天津、海南、广东保持着相同的水平[②]，但天津、海南、广东三地却是东部省区中城乡消费水平差距最大的地区，可见，四省区城乡消费水平差距与东部省区尚存在明显差距。四省区城乡消费水平差距低于全国与城镇经济的相对滞后及农牧业从业人员人均收入相对较高有关。在拉动消费方面，四省区皆存在较大的发展空间，也是促进城乡经济协调发展的重要内容。以内蒙古为例，2016 年内蒙古城镇常住居民人均生活消费支出 22744 元，比上年增长 4.0%，农村牧区常住居民人均

---

① 城乡消费水平对比系数 = $\dfrac{\text{城镇居民人均消费支出（城镇居民家庭人均现金消费支出）}}{\text{农村居民人均消费支出（农村居民家庭平均每人消费支出）}}$

② 颜雅英：《东部省域城乡经济一体化水平实证研究》，东南学术，2018 年第 2 期，第 112 - 118 页。

生活消费支出 11463 元，比上年增长 7.8%。① 同年，全国城镇居民人均消费支出 24445 元，比 2015 年增长 5.9%；农村居民人均消费支出 10955 元，比上年增长 8.1%。② 可见，城镇消费水平低于全国平均水平，而农村消费水平高于全国平均水平，且农村居民消费水平的增长速度超过了城镇居民消费水平的增长速度，是内蒙古城乡消费水平对比系数保持较低水平的原因之一。尽管如此，2017 年内蒙古城乡消费水平对比系数依旧达到 1.94，在消费方面，内蒙古城镇与农村间尚有差距，绝对差距不容忽视。

第二层次：民族地区城乡消费水平对比系数保持在 3.00 ~ 4.00 之间，主要包括新疆 3.04、云南 3.31、贵州 3.50（参见表 2 - 2），其中新疆小于全国均值 3.28，云、贵两省均高于全国平均值，但三省区的城乡消费水平差距远高于东部地区。在消费水平方面，三省的农村居民人均消费水平相对较低，而城镇居民人均消费水平相对较高，城镇居民对于物质、文化的获得感与满足感也相对较高。消费水平也是衡量"人民日益增长的美好生活需要"的重要指标。城乡消费水平差距扩大，是城乡经济发展不平衡的结果与表现，直接反映出城乡经济、社会发展的失衡状态。以云南省为例，2016 年云南城镇常住居民人均生活消费支出 18622 元，农村常住居民人均生活消费支出 7331 元，分别比上年增长了 5.4%、7.3%③，云南城乡消费水平对比系数为 2.54，城乡消费水平提高很快，且农村居民消费水平的增长速度超越了城镇居民消费水平的增长速度。虽然如此，在消费方面，云南仍存在着显著的城乡经济不平衡。

第三层次：民族地区城乡消费水平对比系数在 4.00 以上的是西藏 4.23（参见表 2 - 2）。2017 年西藏城镇居民人均消费支出 21088 元，农村居民人均消费

---

① 内蒙古自治区统计局、国家统计局内蒙古调查总队：《内蒙古自治区 2016 年国民经济和社会发展统计公报》，2017 年 3 月 7 日，http：//inews. nmgnews. com. cn/system/2017/03/07/012287862. shtml。

② 中华人民共和国国家统计局：《中华人民共和国 2016 年国民经济和社会发展统计公报》，2017 年 2 月 28 日，http：//www. stats. gov. cn/tjsj/zxfb/201702/t20170228_ 1467424. html。

③ 云南省统计局、国家统计局云南调查总队：《云南省 2016 年国民经济和社会发展统计公报》，2017 年 5 月，http：//www. stats. yn. gov. cn/tjsj/tjgb/201706/t20170606_ 675141. html。

支出6691元，分别比上年增长8.5%、10.2%①。西藏2016年城乡消费水平对比系数为3.20，相较于2002年的6.95大幅度下降。虽然近年来经济发展带动西藏消费水平的提升，但是受经济基础差、发展起点低等因素限制，在消费方面，西藏仍处于民族地区的落后位置，在全国范围内也是最为落后的。另外，西藏的工业化、城镇化进程缓慢，现代工业体系尚不健全，劳动力的产业间转移受到限制，劳动力收入水平相对较低，特别是从事传统农业生产的居民收入更是低于城镇居民收入，造成了西藏城乡间的消费差距显著，城乡经济发展不平衡问题突出。

表2-2 民族地区城乡消费水平对比（2002—2016年）

年份	全国	内蒙古	广西	贵州	云南	西藏	青海	宁夏	新疆
2002	3.6	2.95	3.21	4.04	4.22	6.95	3.64	3.60	3.99
2003	3.5	3.06	3.29	4.18	4.29	7.81	3.45	3.26	3.78
2004	3.5	2.99	3.34	4.24	4.35	5.67	3.44	3.02	3.42
2005	3.5	2.83	2.99	3.97	3.91	5.00	3.16	3.06	3.23
2006	3.5	2.77	2.81	4.21	3.36	3.09	3.00	3.21	3.31
2007	3.5	2.85	2.97	4.05	3.00	3.40	3.07	3.09	3.35
2008	3.5	2.99	3.23	3.86	3.04	3.78	2.83	3.09	3.22
2009	3.4	3.12	3.20	3.74	3.49	3.77	2.74	3.07	3.16
2010	3.5	3.14	3.33	3.53	3.26	3.63	2.55	2.82	2.95
2011	3.2	2.88	3.05	3.29	3.06	3.79	2.41	2.73	2.69
2012	3.1	2.78	2.89	3.23	3.04	3.77	2.31	2.63	2.62
2013	3.0	2.12	2.40	2.60	2.83	3.33	2.16	2.35	2.37
2014	2.9	2.09	2.25	2.56	2.70	3.25	2.12	2.24	2.40
2015	2.8	2.06	2.15	2.55	2.59	3.05	2.24	2.26	2.52
2016	2.7	1.98	2.07	2.55	2.54	3.20	2.26	2.23	2.56
均值	3.28	2.71	2.88	3.50	3.31	4.23	2.76	2.84	3.04
排名	–	1	4	7	6	8	2	3	5

（数据来源：根据民族地区各省区历年统计年鉴整理、计算所得）

---

① 西藏自治区统计局、国家统计局西藏调查总队：《2017年西藏自治区国民经济和社会发展统计公报》，2018年，http://www.xzsnw.com/xw/xzzw/138847.html。

三、城乡恩格尔系数比较

19世纪中叶，德国经济学家、统计学家恩斯特·恩格尔在对比利时不同收入的家庭的消费情况进行调查的基础上，研究了收入增加对消费需求支出构成的影响，提出了带有规律性的恩格尔定律。恩格尔定律的主要内容，是指一个家庭（个人）收入越少，用于购买生存性食物的支出在家庭（个人）收入中所占的比重就越大。对一个国家而言，一国越穷，在每个国民的平均支出中，用来购买食物的费用所占的比例就越高。[1] 恩格尔系数（Engel's Coefficient），主要是指食物支出部分的消费占生活消费总支出的比重[2]，其统计意义在于通过计算食物消费支出占总支出的比重大小，来近似衡量人们生活水平的高低，进而间接反映地区经济的发展水平。[3] 恩格尔系数水平的高低是衡量民族地区城乡居民生活水平的重要指标，也可以映射出民族地区城乡经济的发展现状。

根据联合国粮农组织所提供的标准，恩格尔系数" >0.6"表示绝对贫困，处于"0.5~0.6"之间表示温饱，在"0.4~0.5"之间表示小康，"0.3~0.4"表示富裕，"0.3"以下表示最富裕。[4] 由此可见，恩格尔系数越小，表明人民的生活越富裕；系数越大，代表人民的生活水平越有待提高。城乡居民恩格尔系数差异度与城乡间的发展不平衡也存在着一定的关联度，其计算公式是：

$$恩格尔系数\ R = \left(\frac{食物消费支出}{总消费支出}\right) \times 100\%$$

在对民族地区统计数据进行翻阅、整理的基础上，根据恩格尔系数的计算公式得出表2-3，参照上述的评价标准，具体展开对民族地区恩格尔系数及城乡居民生活水平的比较研究。

---

① 余臻：《中国恩格尔系数对居民生活质量解释力的量化分析》，财政监督，2013年第4期，第70-73页。

② 唐国芬：《我国西部城乡一体化与东部的差距——以重庆和上海为例》，重庆工商大学学报，2007年第2期，第85-87页。

③ 古杰、周素红、闫小培、郑重：《中国农村居民生活水平的时空变化过程及其影响因素》，经济地理，2013年10月第10期第33卷，第124-131页。

④ 潘万伦：《从恩格尔系数看小康水平》，改革与战略，1986年第6期，第73-74页。

表 2-3　民族地区城乡恩格尔系数比较（2002—2016 年）

年份	明细	全国	内蒙古	广西	贵州	云南	西藏	青海	宁夏	新疆
2002	城镇	0.38	0.32	0.41	0.39	0.42	0.41	0.37	0.35	0.34
	农村	0.46	0.43	0.52	0.58	0.56	0.64	0.48	0.45	0.49
2003	城镇	0.37	0.31	0.40	0.40	0.42	0.44	0.37	0.36	0.36
	农村	0.46	0.41	0.51	0.57	0.53	0.65	0.50	0.42	0.46
2004	城镇	0.38	0.33	0.42	0.41	0.42	0.46	0.36	0.37	0.36
	农村	0.47	0.43	0.54	0.58	0.54	0.64	0.49	0.42	0.45
2005	城镇	0.37	0.31	0.41	0.40	0.43	0.44	0.36	0.35	0.36
	农村	0.46	0.43	0.51	0.53	0.55	0.69	0.45	0.44	0.42
2006	城镇	0.36	0.30	0.42	0.39	0.42	0.50	0.36	0.34	0.35
	农村	0.43	0.39	0.50	0.52	0.49	0.48	0.43	0.41	0.40
2007	城镇	0.36	0.30	0.42	0.40	0.45	0.51	0.37	0.35	0.35
	农村	0.43	0.39	0.50	0.52	0.47	0.49	0.44	0.40	0.40
2008	城镇	0.38	0.33	0.42	0.43	0.47	0.51	0.40	0.35	0.37
	农村	0.44	0.41	0.53	0.52	0.50	0.52	0.42	0.42	0.43
2009	城镇	0.37	0.30	0.40	0.42	0.44	0.51	0.40	0.33	0.36
	农村	0.41	0.40	0.49	0.45	0.48	0.50	0.36	0.42	0.42
2010	城镇	0.36	0.30	0.38	0.40	0.41	0.50	0.39	0.33	0.36
	农村	0.41	0.38	0.48	0.46	0.47	0.50	0.38	0.38	0.40
2011	城镇	0.36	0.31	0.39	0.40	0.39	0.50	0.39	0.35	0.38
	农村	0.40	0.38	0.44	0.48	0.47	0.51	0.38	0.37	0.36
2012	城镇	0.36	0.31	0.39	0.40	0.39	0.49	0.38	0.34	0.38
	农村	0.39	0.37	0.42	0.45	0.46	0.54	0.35	0.35	0.36
2013	城镇	0.35	0.32	0.38	0.36	0.39	0.43	0.30	0.31	0.35
	农村	0.38	0.36	0.40	0.43	0.40	0.47	0.33	0.33	0.34
2014	城镇	0.30	0.29	0.35	0.35	0.31	0.46	0.30	0.28	0.32
	农村	0.34	0.31	0.37	0.42	0.36	0.53	0.32	0.30	0.35

年份	明细	全国	内蒙古	广西	贵州	云南	西藏	青海	宁夏	新疆
2015	城镇	0.30	0.28	0.34	0.34	–①	0.43	0.29	0.26	0.32
	农村	0.33	0.29	0.35	0.40	–②	0.52	0.30	0.29	0.34
2016	城镇	0.29	0.28	0.34	0.33	0.30	0.45	0.29	0.24	0.29
	农村	0.32	0.29	0.35	0.39	0.35	0.52	0.29	0.26	0.32
均值	城镇	0.35	0.3069	0.3925	0.3874	0.4037	0.4691	0.3557	0.3272	0.3514
	农村	0.41	0.3779	0.4609	0.4856	0.4724	0.5459	0.3946	0.3778	0.3945
排名	城镇	–	1	6	5	7	8	4	2	3
	农村	–	2	5	7	6	8	4	1	3
城乡均值差异程度		0.06	0.0710	0.0683	0.0982	0.0686	0.0768	0.0389	0.0507	0.0431
城乡均值差异程度排名			6	4	8	5	7	1	3	2

（数据来源：根据民族地区各省区历年统计年鉴整理、计算所得）

1978 年，我国农村家庭的恩格尔系数约为 0.68，城镇家庭约为 0.59，均值超过 0.6 这一判断水平，我国处于贫困级别。在该阶段，"人民日益增长的物质文化需要同落后的社会生产之间的矛盾"成为社会主要矛盾，解决温饱问题，就成为我国经济建设与发展的目标。2016 年，我国恩格尔系数为 0.301，处于富裕阶段，其中城镇为 0.293，农村为 0.322。③ 从全国来看，城乡居民生活水平的差距虽然存在，但较为缓和。实现"美好生活需要"的主要途径就是着力解决好城乡经济发展不平衡问题。根据恩格尔系数的定义与评价标准，民族地区均处于 0.3～0.6 的大范围之内，已摆脱了绝对贫困的状态，但也尚未有达到最富裕程度的民族省区，距离全国的城乡居民生活水平还存在一定差距。总体

---

① 注：因 2015 年云南省的统计资料中未对城镇居民人均消费支出构成数据进行统计，故而空缺。

② 注：因 2015 年云南省的统计资料中未对农村居民人均消费支出构成数据进行统计，故而空缺。

③ 中华人民共和国国家统计局：《中华人民共和国 2016 年国民经济和社会发展统计公报》，2017 年 2 月 28 日，http：//www.stats.gov.cn/tjsj/zxfb/201702/t20170228_1467424.html。

来看，民族地区城乡居民的恩格尔系数在波动中不断下降，农村居民与城镇居民的生活消费水平也在稳步上升，民族地区城乡居民生活水平的差距虽然存在，但是在逐步缩小。

一方面，城乡居民恩格尔系数皆处于 0.3~0.4 范围内的民族省区分别是内蒙古、青海、宁夏、新疆，四省区的城镇与农村的恩格尔系数较低，均已步入了相对富裕的城乡发展阶段，城乡居民的物质、文化生活较为丰富，生活水平与质量很高。广西与贵州，城镇居民恩格尔系数的均值分别为 0.3925、0.3874，城镇居民用于生存性的食物消费水平占总消费支出的比重较低，用于非物质领域支出较多，城镇居民生活质量较高；但是，两省区的农村居民恩格尔系数分别为 0.4609、0.4856，农村经济发展尚处于小康水平，虽已满足了基本的衣食住行需求，但基本生理需求占总支出的比重相对较高，没能达到相对富裕的发展水平，城镇与乡村的二元状态有待进一步改善。云南省城镇与农村居民的恩格尔系数分别为 0.4037、0.4724，城乡发展均处在 0.4~0.5 的小康水平范围内，相较于其他民族省区，云南省城乡居民对于生存性食物的需求与支出比例相对较高，在非物质领域支出较少，根据恩格尔定律所阐述的观点，在每个国民的平均支出中用来购买食物的费用所占的比例越高，则该地区经济越不发达。西藏自治区的城乡居民恩格尔系数中，城镇为 0.4691，农村为 0.5459，城镇处于小康阶段，而农村尚处于温饱阶段，在西藏农村居民的现金消费支出中，相当多一部分用于对生存性食物的购买与消费，以满足其基本的生理需求，城乡间经济发展失衡，农村经济滞后于城镇，缩小城乡差距任重道远。

另一方面，从城乡恩格尔系数均值的差异程度分析，民族地区的大部分区域在 2002—2016 年逐渐步入相对富裕阶段，民族地区的恩格尔系数水平在十五年间有所下降，城乡居民生活水平逐步改善，生活质量逐步提高，在满足"吃饱"这一基本生理性需求的基础上，开始追求更高层次的物质、精神需要。从图 2-1 可以看出，均值差异程度排在"0.03~0.05"的第一梯队省区有青海 0.0389、新疆 0.0431，二者的城乡恩格尔系数均值的差异程度在民族八省区排名第一、第二，这表明青海与新疆的城乡间区域差距相对较小，城镇经济与农村经济在相对均衡的状态下稳定发展。城乡差异程度排在"0.05~0.07"第二梯队的民族省区是宁夏、广西、云南，分别为 0.0507、0.0683、0.0686，借力西部大开发战略的发展机遇，三省凭借突出的区位优势与充裕的资源禀赋实现了经济的较快增长，但是城乡恩格尔系数方面还有较大的提升空间，在工业化、城镇化发展的过程中，农村经济现代化同步推进，这对于实现城乡经济协调发展意义重大。内蒙古0.0710、西藏0.0768，分别排在城乡恩格尔系数均值差异程度的第六、七名，处于"0.07～0.09"的第二梯队。内蒙古的城镇与农村居民恩格尔系数均值均位列民族地区榜首，但城乡居民恩格尔系数差异程度却排名倒数，这说明内蒙古的城乡发展虽处于相对富裕阶段，但农村居民与城镇居民在生活水平方面的差距还很大，城乡经济发展不平衡问题突出。贵州0.0982是民族地区中唯一超过"0.9"范围的省份，城镇经济已处于相对富裕阶段，农村的发展也已属小康水平，但相比较而言，农村居民的生活质量与水平却远不及城镇居民，城乡差距问题显著，城镇与农村的二元分割状况严重，严重的城乡经济不平衡问题成为制约贵州发展的重要瓶颈。

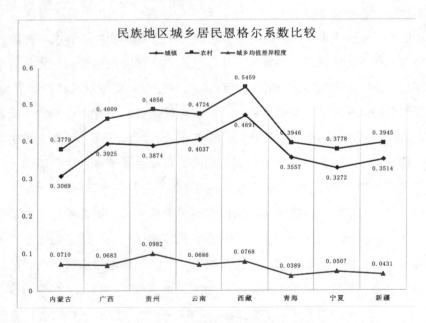

图2-1　民族地区城乡居民恩格尔系数比较
（数据来源：根据民族地区各省区历年统计年鉴整理、计算所得）

第二节　建构城乡不平衡程度度量模型及指标选取

2016 年，民族地区人均地区生产总值（以下简称"人均 GDP"）为 9998 元，但与此同时，全国人均 GDP 水平已达到 53980 元，二者差距巨大，民族地区工业化尚处于初级阶段水平。在市场经济条件下，生产要素为寻求更高回报，导致劳动力、资本等要素由低回报率的乡村流向高回报率的城镇，此过程更易强化工农、城乡间的发展不平衡态势。民族地区城乡经济发展不平衡问题研究，采用定量与定性相结合的分析方法，选取民族地区以现代工业生产为主的城镇经济，及以传统农业生产为主的乡村经济的现实数据与资料，沿用发展经济学对城乡二元经济的测度方法，通过对工农、城乡间的比较劳动生产率、二元对比系数、二元反差指数、产业结构偏离度、市场活跃程度、人力资本存量等指标进行测度，量化民族地区城乡经济发展的不平衡程度。构建定量分析模型，设 G 为总产值（或总收入），G_1 为农业部门产值（或收入），G_2 为非农部门产值（或收入），L_1 为农业劳动力数量，L_2 为非农劳动力数量，据此，$G = G_1 + G_2$，$L = L_1 + L_2$。

一、城乡二元分化程度

城乡二元经济结构，是城乡经济发展不平衡的重要内容。发展经济学中，对城乡二元分化程度的测量，主要采用比较劳动生产率、二元对比系数模型、二元反差指数模型进行深入分析。在研究民族地区城乡经济发展不平衡问题时，沿用发展经济学经典的三个模型与指标对民族地区城乡二元分化程度进行度量与分析。

（一）度量模型说明

1. 比较劳动生产率

"比较劳动生产率，是指一个部门的产值比重同在此部门就业的劳动力比重的比率，它反映该部门 1% 的劳动力所生产的产值在整个国民总产值中的比重。"① 假设，B_1 与 B_2 分别代表农业部门与非农部门的比较劳动生产率，模型内容如下：

$$农业部门：B_1 = \frac{G_1/G}{L_1/L} \tag{1}$$

$$非农部门：B_2 = \frac{G_2/G}{L_2/L} \tag{2}$$

农业经济部门的生产经营活动具有弱质性、脆弱性特征，以农林牧渔为核心的第一产业 "$B_1 < 1$"，以现代工业和现代服务业为支柱的第二、三产业 "$B_2 > 1$"。通常，B_1 与 B_2 之间差距越大，则城乡经济的二元性特征越为显著，城乡之间经济的二元分化程度也越为严重。从时间序列进行考察，当二元经济结构加剧变动时，B_1 逐渐递减，B_2 逐渐递增。当 B_1 与 B_2 的差距达到最大水平后，经济结构二元性开始逐渐减弱，B_1 逐渐从 "<1" 的方向开始向 "1" 收敛，呈上升趋势；B_2 逐渐从 ">1" 的方向开始向 "1" 收敛，呈下降趋势。所以，理论层面上看，B_1 呈现由 "1" 到 "0" 再回到 "1" 的 "U 形" 变动轨迹，B_2 则是由 "1" 到 ">1" 再回到 "1" 的 "倒 U 形" 变动趋势。

2. 二元对比系数

在比较劳动生产率模型基础上，衍生出 "二元对比系数" 模型。二元对比系数，是指 B_1 与 B_2 二者间的比率关系。一般情况下，"$B_1 < 1$"，"$B_2 > 1$"，故此，在理论范畴内，二元对比系数的值处于 "0 ~ 1" 的范围内。发达国家的二元对比系数一般在 "0.52 ~ 0.86" 的范围内，而这个指标在发展中国家的范围基本保持在 "0.31 ~ 0.45" 之间。假设，R_1 表示二元对比系数，则模型为：

$$R_1 = \frac{B_1}{B_2} \tag{3}$$

其中，模型中的 B_1、B_2 为上述内容中的模型（1）、模型（2）。

R_1 与经济结构的二元性强度呈反向变动关系。在一段时间内，R_1 不断下

---

① 段禄峰、张鸿：《城乡一体化视域下的西安市城乡二元经济结构解析》，生态经济，2011 年第 8 期（总第 242 期），第 73 - 80 页。

降，则相应的是经济结构的二元分化特征越明显；R_1 不断上升，则农业部门与非农业部门的差别越小，二元经济结构越趋弱化。当 "$B_1 = 0$" 时，"$R_1 = 0$"，表明此时的城乡经济结构的二元性最为突出，显著的二元经济结构会直接导致城乡二元分化的程度不断加深；当 R_1 攀升至 "1" 的水平时，$B_1 = B_2$，此时二元经济实现了 "一元" 的转变。总体而言，二元对比系数呈现 "U 形" 变动轨迹。

3. 二元反差指数

"二元反差指数，是指以农业为核心的第一产业的产值比重与劳动力比重之差的绝对值与非农业部门的产值比重与劳动力比重之差的绝对值的平均值。"理论上，二元反差指数也处于 "0 ~ 1" 之间的范围。若用 R_2 表示二元反差指数，则 R_2 的计算公式如下：

$$R_2 = \frac{1}{2} \times \left(\left| \frac{G_1}{G} - \frac{L_1}{L} \right| + \left| \frac{G_2}{G} - \frac{L_2}{L} \right| \right) \tag{4}$$

$$= \frac{1}{2} \times \left(\left| \frac{G_1}{G} - \frac{L_1}{L} \right| + \left| \frac{G - G_1}{G} - \frac{L - L_1}{L} \right| \right)$$

$$= \frac{1}{2} \times \left(\left| \frac{G_1}{G} - \frac{L_1}{L} \right| + \left| \left(1 - \frac{G_1}{G} - \left(1 - \frac{L_1}{L} \right) \right) \right| \right)$$

$$= \frac{1}{2} \times \left(\left| \frac{G_1}{G} - \frac{L_1}{L} \right| + \left| \frac{L_1}{L} - \frac{G_1}{G} \right| \right)$$

$$= \left| \frac{G_1}{G} - \frac{L_1}{L} \right|$$

$$\frac{G_1}{G} > \frac{L_1}{L}$$

$$R_2 = \frac{G_1}{G} - \frac{L_1}{L}$$

$$\frac{G_1}{G} = \frac{L_1}{L}$$

$$\frac{G_1}{G} < \frac{L_1}{L}$$

$$R_2 = \frac{L_1}{L} - \frac{G_1}{G}$$

在逻辑层次上，R_2的三项数学意义与二元经济结构的演进过程对应相关。经济发展进程中，在由传统农业经济向现代工业经济转化的第一阶段，传统农业部门是整个社会的绝对经济重心，非农业部门尚处于萌芽状态，因而，农业部门劳动力比重L_1与农业部门产值G_1（或收入）比重均接近于"1"。萌芽状态下的非农业部门的生产力水平明显低于农业部门，因此在这一阶段，农业部门的产值G_1（或收入）比重大于农业部门劳动力L_1比重。随着新兴的非农业部门的逐步发展和完善，其生产力水平越来越接近于农业部门的生产力水平，甚至农业部门的产值G_1（或收入）比重与农业部门劳动力L_1比重相等，这是传统农业经济向现代工业经济转化的第二阶段。在这之后的第三阶段，农业部门的产值G_1（或收入）比重会小于农业部门劳动力L_1比重。

实质上，R_2是一个综合测度指标，用以测度传统农业经济向现代工业经济转变、发展过程中的二元经济结构的变化情况。与R_1相反，R_2越大，则第一产业与第二、三产业的差距越大，城乡经济的二元性特征越为显著；当"$R_2 = 0$"时，城乡二元经济结构消失，城乡经济实现一元化发展。R_2总体呈现"'0' → '1' → '0'"的"倒 U 形"变动趋势。

（二）度量结果分析

在构建城乡二元分化程度度量模型的基础上，将民族地区城镇经济与乡村经济的具体统计数据代入上述模型中①，运用 SPSS 得出测量结果。

从比较劳动生产率（$B_2 - B_1$）、二元对比系数（R_1）、二元反差指数（R_2）的变化趋势分析可以看出，2000—2016 年民族地区城乡二元经济结构水平的演化过程呈现出以下特征，具体参考表 2－4、图 2－2 并进行定性说明。

民族地区在 2000—2002 年，B_1趋于下降，而B_2趋于上升，由此$B_2 - B_1$也相应上升；此时的R_1下降，R_2上升。无论是$B_2 - B_1$，还是R_1、R_2，三项指标中的任何一项均可判断出，在 2000—2002 年的三年时间里，民族地区城乡二元经济结构呈现出不断增强态势。这期间，国家部署实施西部大开发战略，经济发展的重心逐步由东部沿海向西部地区转移，改革开放红利逐渐惠及民族地区。

---

① 在本书中，所采用的数据均为国家及民族地区八省区统计局历年统计年鉴，以及统计资料中所调查、公开的官方统计数据。

西部大开发伊始，经济增长点就集中停留在重工业生产上，改革的重心也由乡村转移向城镇，以农业生产为核心的第一产业的边际效益逐步缩小，而以重工业生产为支柱的非农产业得到较快增长。民族地区的"家庭承包式"农牧业生产方式难以满足市场经济的发展需要，传统农牧业生产过程中的比较劳动生产率低下等问题日益凸显。与此同时，民族地区依托丰裕的自然禀赋条件，借助国家财政的大力支持，加强了能源、矿产等重工业企业的发展，促进了非农部门比较劳动生产率的持续提升，民族地区产业结构的调整逐步向工业化、现代化方向发展。在经济增长过程中，劳动力、资本等生产要素为追求较高的边际效益与高额的资本回报，不断由乡村流向城镇，这符合生产要素的趋利性特征，这些都导致了民族地区 B_1、R_1 的下降及 R_2 的上升。故而，城乡二元经济结构进一步增强①，工农、城乡经济发展不平衡问题日趋严峻。

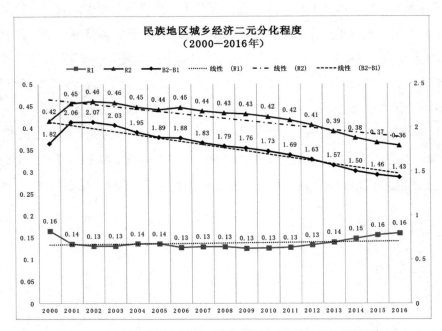

图 2-2　民族地区城乡经济二元分化程度概况（2000—2016 年）
（数据来源：根据民族地区各省区历年统计年鉴整理、计算所得）

---

①　肖琳子、肖卫：《二元经济中农业技术进步对劳动力流动与经济增长的影响——基于中国 1992—2012 年的实证分析》，上海经济研究，2014 年第 6 期，第 23-33 页。

在 2003 年以后，B_1 总体呈"倒 U 形"下降，而 B_2 在 2004 年呈现出整体下降的趋势，通过定量分析可以得出 $B_2 - B_1$ 下降；在 2006—2011 年间 R_1 保持稳态并呈小幅上升，R_2 下降。无论从哪个指标进行判断，在这一时期，民族地区城乡经济的二元性逐步得到缓解与改变，产业结构的调整与优化进一步提升。这期间，政府深刻认识到"农业滞后、优先工业"的非均衡增长模式不具备经济发展的可持续性，城乡经济发展不平衡也是亟待解决的重要问题。[1] 2003 年以后，民族地区 B_2 逐年下降，从"$B_2 > 1$"不断向"1"收敛，B_1 与 B_2 的差距逐步缩小，城乡经济的二元性特征开始缓和。R_1 与经济结构的二元性强度呈反向变动关系，2003—2016 年，R_1 在相对稳定的基础上呈上升趋势，民族地区农业部门与非农部门的差别缓慢缩小，二元经济结构缓慢弱化。但是，我们也可以清楚地看到，民族地区 R_1 距离"1"的"一元"水平还存在较大差距，距离发达国家"$0.52 < R_1 < 0.86$"也存在较大差距，甚至与发展中国家"$0.31 < R_1 < 0.45$"的一般水平也存在着相当的差距。[2] 与 R_1 相反，2003 年之后，民族地区 R_2 不断下降，不断趋向于"0"，说明以农业为核心的第一产业与从事非农生产的第二、三产业间的差距亦不断缩小，城乡间经济的二元性特征逐渐减弱。但这与全国水平仍存在一定差距，例如"我国城乡经济二元反差系数……从 1978 年的 0.42 下降到 2012 年的 0.24……"[3] 2012 年同一时期，民族地区 $R_2 = 0.406$（参见表 2-4），这与改革开放初期的全国水平基本持平，可见民族地区城乡二元经济结构问题严峻，城乡经济发展不平衡问题不容乐观。

① 王颂吉、白永秀：《中国城乡二元经济结构的转化趋向及影响因素——基于产业和空间两种分解方法的测度与分析》，中国软科学，2013 年第 8 期，第 92-103 页。
② 段禄峰：《我国城乡二元经济结构测度研究》，生态经济，2016 年 3 月第 3 期第 32 卷，第 34 页。
③ 段禄峰：《我国城乡二元经济结构测度研究》，生态经济，2016 年 3 月第 3 期第 32 卷，第 35 页。

表2-4 民族地区城乡经济二元分化程度详情（2000—2016年）

年份	G_1	G_2	G	G_1/G	G_2/G	L_1	L_2	L	L_1/L	L_2/L	B_1	B_2	B_2-B_1	R_1	R_2
2000	2022	6678	8700	0.232	0.768	5922	3224	9145	0.648	0.352	0.359	2.178	1.819	0.165	0.415
2001	2074	7459	9533	0.218	0.782	6328	3083	9412	0.672	0.328	0.324	2.388	2.065	0.135	0.455
2002	2166	8347	10513	0.206	0.794	6340	3184	9524	0.666	0.334	0.310	2.375	2.065	0.130	0.460
2003	2430	9669	12099	0.201	0.799	6275	3265	9539	0.658	0.342	0.305	2.335	2.030	0.131	0.457
2004	2885	11782	14667	0.197	0.803	6262	3471	9733	0.643	0.357	0.306	2.253	1.947	0.136	0.447
2005	3228	14138	17366	0.186	0.814	6070	3606	9676	0.627	0.373	0.296	2.184	1.888	0.136	0.441
2006	3500	17228	20728	0.169	0.831	6052	3793	9844	0.615	0.385	0.275	2.157	1.883	0.127	0.446
2007	4152	21344	25496	0.163	0.837	5943	3950	9894	0.601	0.399	0.271	2.097	1.826	0.129	0.438
2008	4898	26692	31589	0.155	0.845	5895	4129	10024	0.588	0.412	0.264	2.051	1.787	0.129	0.433
2009	5064	29696	34761	0.146	0.854	5872	4313	10185	0.576	0.423	0.253	2.018	1.765	0.125	0.431
2010	5938	36157	42094	0.141	0.859	5843	4483	10326	0.566	0.434	0.249	1.979	1.729	0.126	0.425
2011	7035	44683	51718	0.136	0.864	5875	4748	10623	0.553	0.447	0.246	1.933	1.687	0.127	0.417
2012	7904	50681	58585	0.135	0.865	5758	4890	10649	0.541	0.459	0.250	1.884	1.634	0.132	0.406
2013	8691	56548	65239	0.133	0.867	5737	5198	10934	0.525	0.475	0.254	1.823	1.570	0.139	0.391
2014	9376	61482	70858	0.132	0.868	5681	5495	11176	0.508	0.492	0.260	1.765	1.504	0.148	0.376
2015	9983	64536	74519	0.134	0.866	5636	5650	11286	0.499	0.501	0.268	1.730	1.462	0.155	0.365
2016	10685	69304	79987	0.134	0.866	5658	5851	11509	0.492	0.508	0.272	1.704	1.433	0.159	0.358
均值	5414	31554	36968	0.166	0.834	5950	4255	10205	0.587	0.413	0.280	2.050	1.770	0.137	0.421

（数据来源：根据民族地区各省区历年统计年鉴整理、计算所得）

（三）时间序列预测

1. 农业部门比较劳动生产率

应用 SPSS 对数据绘制散点图，并进行初步的回归模型的判定。如图 2 - 3，发现二次回归模型为最优。

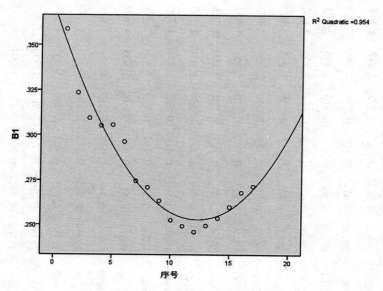

图 2 - 3 农业部门生产比较率散点图

由此，应用 SPSS 进行回归分析。得出以下结果：

表 2 - 5 Model Summary

Model	R	R Square	Adjusted R Square	F	Sig.
1	0.977	0.954	0.947	143.865	0.000

表 2 - 6 Coefficients

Model		Unstandardized Coefficients		Standardized Coefficients	t	Sig.
		B	Std. Error	Beta		
1	（Constant）	0.370	0.006		61.789	0.000
	x	-0.019	0.002	-3.036	-12.413	0.000
	x^2	0.001	0.000	2.285	9.343	0.000

由表 2 - 5，调整后 R^2 为 0.947，即表明回归拟合方程的拟合程度良好；对应的回归方程整体线性显著性检验的 F 值为 148.865，对应的 p 值为 0.000，小于临界值 0.05，即表明该回归方程是线性显著的，具有一定的统计意义。

由表 2 - 6 可知，由纳入回归模型的各变量回归系数的线性显著性 t 检验，对应的 t 值分别为 61.789、- 12.413、9.343，对应的 p 值都为 0.000，小于临界值 0.05，即表明各变量通过了回归系数的线性显著性检验。由上，可以得到回归方程为：

$$B_1 = 0.379 - 0.019x + 0.001 \ x^2$$

由回归方程进行预测，将年份代入以上回归方程，最终在 2032 年比较劳动生产率得到 0.8 以上，达到发达国家水平。

2. 非农业部门比较劳动生产率

应用 SPSS 对 B_2 以及年份绘制散点图，发现二次回归方程的拟合度较高。

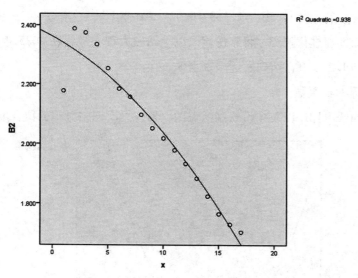

图 2 - 4　非农业部门生产比较率散点图

由此，应用 SPSS 进行回归分析。得出以下结果：

表 2 - 7　**Model Summary**

Model	R	R Square	Adjusted R Square	F	Sig.
1	0.968	0.938	0.929	105.590	0.000

表 2 – 8　**Coefficients**

Model		Unstandardized Coefficients		Standardized Coefficients	t	Sig.
		B	Std. Error	Beta		
1	(Constant)	2. 363	. 049		48. 423	0. 000
	x	– 0. 021	. 012	– 0. 468	– 1. 653	0. 121
	x^2	– 0. 001	. 001	– 0. 507	– 1. 792	0. 095

由表 2 – 7，调整后 R^2 为 0.929，即表明回归拟合方程的拟合程度良好；对应的回归方程整体线性显著性检验的 F 值为 105.590，对应的 p 值为 0.000，小于临界值 0.05，即表明该回归方程是线性显著的，具有一定的统计意义。

由表 2 – 8 可知，由纳入回归模型的各变量回归系数的线性显著性 t 检验，对应的 t 值分别为 48.423、– 1.653、– 1.792，对应的 p 值分别为 0.000、0.121、0.095，除 x 的 p 之外，其他变量对应的 p 值均小于临界值 0.1，即表明除 x 外的其他变量通过了回归系数的线性显著性检验。由上，可得到回归方程为：

$$B_2 = 2.363 - 0.021x - 0.001\ x^2$$

由回归方程进行预测，将年份代入以上回归方程，最终在 2025 年比较劳动生产率得到 1.2 以下，达到发达国家水平。

3. 二元对比系数

应用 SPSS 对 B_2 以及年份绘制散点图，发现二次回归方程的拟合度较高。

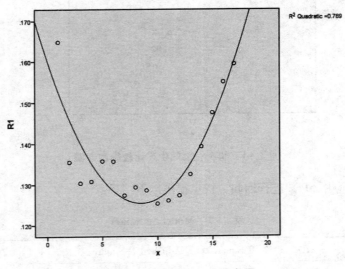

图 2 – 5　二元对比系数散点图

由此，应用 SPSS 进行回归分析。得出以下结果：

表 2 – 9　**Model Summary**

Model	R	R Square	Adjusted R Square	F	Sig.
1	0.888	0.789	0.759	26.220	0.000

表 2 – 10　**Coefficients**

Model		Unstandardized Coefficients		Standardized Coefficients	t	Sig.
		B	Std. Error	Beta		
1	(Constant)	0.160	0.005		32.374	0.000
	x	−0.008	0.001	−3.382	−6.487	0.000
	x^2	0.000483	0.000	3.681	7.063	0.000

由表 2 – 9，调整后 R^2 为 0.759，即表明回归拟合方程的拟合程度较好；对应的回归方程整体线性显著性检验的 F 值为 26.220，对应的 p 值为 0.000，小于临界值 0.05，即表明该回归方程是线性显著的，具有一定的统计意义。

由表 2 – 10 可知，由纳入回归模型的各变量回归系数的线性显著性 t 检验，对应的 t 值分别为 32.374、−6.487、7.063，对应的 p 值都为 0.000，小于临界值 0.05，即表明各变量通过了回归系数的线性显著性检验。由上，我们可以得到回归方程为：

$$R_1 = 0.160 − 0.008x + 0.000483\ x^2$$

由回归方程进行预测，将年份代入以上回归方程，最终在 2042 年二元对比系数在 0.7 左右，达到发达国家水平。

4. 二元反差指数

应用 SPSS 对 B_2 以及年份绘制散点图，发现二次回归方程的拟合度较高。

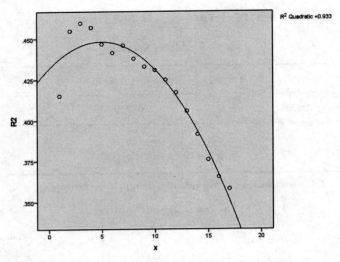

图 2 - 6　二元反差系数散点图

由此，应用 SPSS 进行回归分析。得出以下结果：

表 2 - 11　**Model Summary**

Model	R	R Square	Adjusted R Square	F	Sig.
1	0.966	0.933	0.923	96.821	0.000

表 2 - 12　**Coefficients**

Model		Unstandardized Coefficients		Standardized Coefficients	t	Sig.
		B	Std. Error	Beta		
1	(Constant)	0.432	0.007		59.055	0.000
	x	0.007	0.002	1.046	3.547	0.003
	x^2	-0.001	0.000	-1.950	-6.615	0.000

　　由表 2 - 11，调整后 R^2 为 0.923，即表明回归拟合方程的拟合程度良好；对应的回归方程整体线性显著性检验的 F 值为 96.821，对应的 p 值为 0.000，小于临界值 0.05，即表明该回归方程是线性显著的，具有一定的统计意义。

　　由表 2 - 12 可知，由纳入回归模型的各变量回归系数的线性显著性 t 检验，对应的 t 值分别为 59.055、3.547、- 6.615，对应的 p 值分别为 0.000、0.003、

0.000，小于临界值 0.05，即表明各变量通过了回归系数的线性显著性检验。由上，我们可以得到回归方程为：

$$R_2 = 0.432 + 0.007x - 0.001\,x^2$$

由回归方程进行预测，将年份代入以上回归方程，最终在 2021 年二元反差指数在 0.1 左右，达到发达国家水平。

二、产业结构偏离度

本研究在度量民族地区城乡经济发展不平衡程度的过程中，在已有的对比较劳动生产率（$B_2 - B_1$）、二元对比系数（R_1）、二元反差指数（R_2）进行测度的基础上，加入"产业结构偏离度"模型，对民族地区产业结构与就业结构之间的发展关系进行实证研究，以期从产业结构与就业结构的角度更加清楚地认识民族地区城乡经济发展不平衡问题。

（一）度量模型说明

"产业结构偏离度"，是指第一、二、三次产业的偏离数绝对值之和，是度量产业结构效益的模型。在该模型中，偏离度度量结果越高，就业结构与产值结构越不相对称，产业结构效益越低。假设，d_n 为第 n 次产业的结构偏离度，L_n 为第 n 次产业投入的劳动力占比，G_n 为第 n 次产业产值所占的比例，则产业结构偏离度的计算公式为：

$$d_n = L_n - G_n;\ D = \sum\nolimits_{n=3} |d_n|$$

从产业结构偏离度来看，结构偏离度的绝对值越小，产值结构与就业结构发展越平衡；相反，结构偏离度的绝对值越大，产值结构与就业结构的偏离就越大，发展越不平衡。

一方面，若产业结构偏离度为"正值"，则为"正偏离"，这表明该产业就业结构的比重大于该产业增加值的比重，这也意味着该产业的劳动生产率水平低下，即该产业劳动力向外转移的可能性较低，劳动力产业间自由流动的压力较大。例如，广大发展中国家以农业生产为核心的第一产业，由于劳动生产率低下，生产能力有限，存在着向第二、三产业转移劳动力的必然趋势，但同时，也面临着劳动力向外转移的困境。

另一方面，若产业结构偏离度为"负值"，称之为"负偏离"，这表明该产业的劳动生产率水平较高，该产业因着更高的劳动回报率，必然吸引着劳动力的转移与流动，同样，这样产业也相应地存在着吸收劳动力迁入的压力。由负偏离状态逐渐向"0"的状态偏移时，就说明该产业吸纳劳动力就业的能力在不断增强，伴随着该产业吸纳了越来越多的劳动力从事就业，则该产业持续吸纳就业的能力趋于减弱，就业空间缩小；若负偏离逐渐偏离"0"的状态，则表明该产业吸纳就业的能力在逐步减弱，而从事该产业工作的劳动力就业数量的减少，释放了更多的就业空间，就业空间不断扩张。

西方经济学理论中，若第一、二、三产业之间实现了完全竞争，则劳动力就会向着劳动生产率高、劳动收益高、劳动回报率高的产业进行转移，从而实现劳动力在产业间的自由流动。理论上，只有产业结构偏离度为"0"时，各个产业间的劳动生产率与劳动回报率才能基本持平，劳动力的产业间转移才会呈现相对静止的状态。

（二）度量结果分析

将上述表2-4中对应的民族地区年份数据代入产业结构偏离度模型，通过计算，得出民族地区第一、二、三产业的结构偏离度数据，具体结果如表2-13所示，并根据表2-13绘制图2-7，更直观显示民族地区产业结构效益，以及产业结构与就业结构二者关系。

表2-13　民族地区产业结构偏离度概况（2000—2016年）

年份	第一产业结构偏离度		第二产业结构偏离度		第三产业结构偏离度		产业结构偏离度	
	民族地区	全国	民族地区	全国	民族地区	全国	民族地区	全国
2000	41.5	35.3	−26.5	−23.0	−15.0	−12.3	83.0	70.6
2001	45.5	36.0	−27.2	−22.5	−18.2	−13.5	91.0	72.0
2002	46.0	36.7	−27.5	−23.1	−18.4	−13.6	91.9	73.4
2003	45.7	36.8	−28.6	−24.0	−17.1	−12.7	91.4	73.5
2004	44.7	34.0	−29.8	−23.4	−14.9	−10.6	89.3	68.0

续表

年份	第一产业结构偏离度		第二产业结构偏离度		第三产业结构偏离度		产业结构偏离度	
	民族地区	全国	民族地区	全国	民族地区	全国	民族地区	全国
2005	44.1	33.2	-30.2	-23.2	-13.9	-9.9	88.3	66.3
2006	44.6	32.0	-32.0	-22.4	-12.6	-9.6	89.2	64.0
2007	43.8	30.5	-31.4	-20.1	-12.4	-10.5	87.6	61.1
2008	43.3	29.3	-32.6	-19.7	-10.7	-9.6	86.6	58.6
2009	43.1	28.3	-30.7	-18.1	-12.4	-10.2	86.2	56.6
2010	42.5	27.2	-32.9	-17.7	-9.6	-9.5	85.0	54.4
2011	37.6	25.4	-29.4	-16.9	-8.8	-8.5	83.4	50.8
2012	36.5	24.2	-28.1	-15.0	-8.6	-9.2	81.2	48.4
2013	35.2	22.1	-29.0	-13.9	-8.9	-8.2	78.3	44.2
2014	41.5	20.4	-26.5	-13.2	-8.2	-7.2	75.2	40.8
2015	45.5	19.5	-27.2	-11.6	-8.4	-7.8	73.1	38.9
2016	46.0	19.1	-27.5	-11.1	-10.4	-8.1	74.7	38.3

（数据来源：根据民族地区各省区历年统计年鉴整理、计算所得）

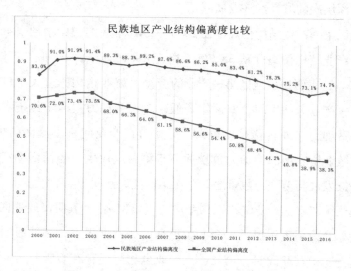

图 2-7　民族地区产业结构偏离度比较图

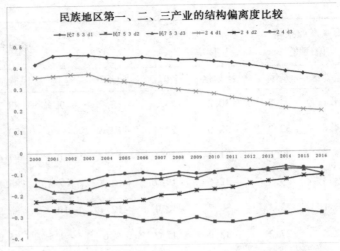

图 2-8　民族地区第一、二、三产业结构偏离度比较图
（数据来源：根据民族地区各省区历年统计年鉴整理、计算所得）

图 2-7 显示，2000—2016 年民族地区产业结构偏离度的绝对值从 83.0% 变动为 74.7%，同一阶段，全国的产业结构偏离度从 70.6% 降至 38.3%，无论是绝对值还是降幅，民族地区产业结构偏离度更高，产业效益更低，就业结构与产业结构二者间不平衡性更显著。与全国产业结构偏离度相比较可见，民族地区在经济发展过程中工农、城乡发展不平衡问题突出，就业结构与产业结构发展失衡是更深层次的城乡经济发展问题。

民族地区第一产业结构偏离度在 2000—2016 年从 41.5% 增加至 46.0%，高于同期全国产业结构偏离度从 35.3% 下降至 19.1%，第一产业"正偏离"，逐渐偏离"0"。这表明民族地区第一产业的劳动力就业结构比重大于该产业增加值比重，第一产业劳动生产效率逐年降低，广大劳动力被困于传统农牧业生产经营活动，劳动力向外转移难度较大，劳动力在产业间自由流动的可能较低。民族地区农牧业所容纳的劳动力数量远高于第一产业生产经营活动需要，第一产业的可持续发展与劳动力数量之间存在结构性失衡问题。

民族地区第二、三产业结构偏离度均为"负偏离"，表明民族地区第二、三产业的劳动生产效率逐年提高，会产生更高的劳动回报率，必然吸引着劳动力的转移与流动，但与此同时，第二、三产业也相应地存在着吸收劳动力迁入的压力。2000—2016 年，民族地区第二产业结构偏离度从 -26.5% 下降至

-27.5%，逐渐偏离"0"的状态，表明第二产业吸纳就业的能力在逐步减弱，从事以重工业为核心的第二产业生产经营活动的劳动力数量逐渐增多。民族地区第三产业结构偏离度从 -15.0% 上升至 -10.4%，负偏离状态逐渐向"0"的状态偏移，说明民族地区第三产业吸纳劳动力就业的能力在不断增强，伴随着该产业吸纳了越来越多的劳动力从事就业，则该产业持续吸纳就业的能力趋于减弱，就业空间缩小。产业结构偏离度，直观反映出民族地区的产业结构与就业结构之间的平衡关系，2000—2016 年，民族地区产业结构偏离度虽呈现小幅下降趋势，但远高于全国的产业结构偏离度，说明相较于全国而言，民族地区产业结构与就业结构的不平衡程度与问题更加突出。

表 2 –14　民族地区分省区的产业结构偏离度比较（2000—2016 年）（单位:%）

年份	内蒙古	广西	贵州	云南	西藏	青海	宁夏	新疆
2000	58.7	68.9	87.2	104.8	84.8	81.2	83.9	73.1
2001	61.3	71.2	115.2	105.7	88.0	89.4	83.2	74.6
2002	63.1	73.9	116.1	106.5	88.6	85.0	82.3	73.9
2003	74.0	72.9	113.9	106.6	84.2	83.4	78.4	66.4
2004	74.6	68.0	113.1	104.1	85.0	76.4	75.4	68.0
2005	77.5	66.6	117.2	100.7	81.7	74.9	73.3	63.9
2006	81.9	66.7	119.6	98.5	82.8	73.8	69.0	68.4
2007	81.6	67.3	117.3	95.8	79.9	67.7	70.2	65.0
2008	79.5	67.9	114.4	91.4	78.7	68.3	70.0	70.7
2009	78.6	72.1	113.0	90.0	80.1	66.1	60.8	63.2
2010	77.6	73.4	109.4	90.2	80.1	65.1	81.5	65.7
2011	76.5	71.8	107.8	87.1	76.1	69.0	81.3	66.3
2012	74.7	73.8	104.2	81.5	69.7	67.4	80.9	63.1
2013	70.1	74.7	100.9	79.5	69.6	62.2	78.9	58.4
2014	66.1	73.1	95.0	76.3	67.5	61.5	74.9	57.6
2015	66.8	70.8	88.1	77.0	63.3	54.3	72.1	54.7
2016	65.7	69.6	109.4	76.1	57.1	53.8	71.0	52.8

（数据来源：根据民族地区各省区历年统计年鉴整理、计算所得）

表 2 - 14 显示，民族地区各省区的产业结构偏离度在 2000—2016 年总体呈现出两种变动趋势。其一，产业结构偏离度整体上升，偏离"0"的方向，在民族地区中主要是内蒙古、广西、贵州三省区，产业结构偏离度绝对值越大，则产业结构与就业结构越不平衡，工农、城乡经济结构失衡问题越为突出，内蒙古与广西产业结构偏离度呈小幅上升趋势，贵州的结构不平衡问题更加严峻。其二，产业结构偏离度整体下降，更加偏向"0"，在民族地区中主要是云南、西藏、青海、宁夏、新疆五省区，产业结构偏离度绝对值越小，则产业结构与就业结构二者间越趋向平衡，但是截至 2016 年，云南 76.1%、西藏 57.1%、青海 53.8%、宁夏 71.0%、新疆 52.8% 均远高于全国 38.3%，说明虽然五省区的产业结构与就业结构之间的相对不平衡状况有所好转，但绝对不平衡问题在经济发展过程中依旧存在，工农业发展与劳动力就业之间的结构失衡是民族地区城乡经济发展的突出问题。

三、市场活跃程度

市场是资本运行的重要载体，"资本"是一种稀缺性生产要素，发展中国家（地区）起飞的先决条件之一就是资本积累达到 10% 以上[1]，可见经济发展的中心问题是如何增加资本积累[2]。资本积累对经济增长起决定性作用，投资既能增加收入，又能增强生产能力。

（一）度量模型说明

市场运行情况的好坏体现着经济发展水平的高低。市场活跃度，可以用来衡量民族地区城乡经济发展基本状况。在定量分析民族地区城乡经济发展不平衡程度的过程中，市场活跃度可以作为一项重要度量指标。在市场活跃度模型中，主要选取两项指标，一是民族地区经济外向度，二是城乡固定资产投资差距。

---

[1] ［美］W. W. 罗斯托：《经济增长阶段：非共产党宣言》，郭熙保、王松茂译，北京：中国社会科学出版社，2001 年，第 8 页。
[2] ［美］威廉·阿瑟·刘易斯：《二元经济论》，施炜等译，北京：北京经济学院出版社，1989 年，第 1 - 47 页。

1. 经济外向度

"经济外向度，是衡量一个国家（地区）开放型经济发展规模和发展水平的宏观指标"①，采用"经济外向度"一方面解释民族地区经济、市场等方面的对外开放水平，另一方面用以说明民族地区投资环境对外资的吸引力程度。假设，E_e 代表经济外向度，T_{ie} 代表一个国家（地区）的进出口总额，FDI 代表外商直接投资，G 代表国内（地区）生产总值，则经济外向度模型如下：

$$E_e = \frac{T_{ie} + FDI}{G} \times 0.5$$

通常，"经济外向度"指标越趋向于"1"，则代表市场开放程度越高，投资环境越具有吸引力，经济发展过程中市场起主导性作用越强。

2. 城乡固定资产投资差距

固定资产投资是社会固定资产再生产的主要手段，外商直接投资反映着一个国家（地区）资本市场及经济发展的活跃程度。资本在城乡间的配置与使用情况，是民族地区城乡经济发展的重要内容。假设，FI_u 代表城镇固定资产投资额，FI_r 代表乡村固定资产投资额，FI_t 代表全社会固定资产投资额，FI 代表城乡固定资产投资差距，则城乡固定资产投资差距模型如下：

$$FI = (FI_u - FI_r) / FI_t$$

通常，该模型计算结果越偏离"1"的方向，意味着一个国家（地区）城乡间固定资产投资平衡性越高；反之，结果越偏向"1"的方向，意味着城乡间固定资产投资的不平衡程度越强。

（二）度量结果分析

将民族地区各省区及全国的进出口总额、城乡固定资产投资额的详细数据代入经济外向度模型与城乡固定资产投资差距模型，得出表 2 - 15 与表 2 - 16 的具体结果，更清晰地显示出民族地区市场活跃程度与城乡间资本配置差异。

---

① 赵文丹：《城市形象的国际化传播策略——对〈人民日报〉（海外版）对沪、津、渝三市的报道分析》，当代传播，2010 年第 6 期，第 104 - 106 页。

表 2 - 15　民族地区经济外向度与城乡固定资产投资差距情况（2002—2016 年）

年份	经济外向度（E$_e$）		城乡固定资产投资差距（FI）	
	民族地区	全国	民族地区	全国
2002	0.1181	0.2264	0.7434	0.7440
2003	0.1280	0.2698	0.7817	0.7668
2004	0.1414	0.3072	0.8149	0.7898
2005	0.1394	0.3240	0.8374	0.8015
2006	0.1435	0.3305	0.8348	0.8085
2007	0.1417	0.3164	0.8214	0.8181
2008	0.1473	0.2884	0.8273	0.8262
2009	0.1261	0.2239	0.8306	0.8303
2010	0.1205	0.2530	0.8302	0.9373
2011	0.1178	0.2510	0.9296	0.9416
2012	0.1168	0.2327	0.9340	0.9475
2013	0.1141	0.2246	0.9371	0.9527
2014	0.1220	0.2105	0.9441	0.9580
2015	0.1288	0.1843	0.9487	0.9630
2016	0.1181	0.1694	0.9520	0.9671

（数据来源：根据民族地区各省区历年统计年鉴整理、计算所得）

从表 2 - 15 看，2002 年全国经济外向度为 0.2264，该指标在 2002—2016 年呈现出先升后降的变动趋势，在 2002—2007 年"经济外向度"结果向"1"偏移，此时国内市场开放程度较高，投资环境具有吸引力，市场主导经济发展的作用强劲。从 2008 年开始，全国经济外向度逐年下降，2015 年开始，该指标已降至 0.2000 以下，2015 年为 0.1843、2016 年为 0.1694，说明投资环境及市场开放程度偏弱化。在此背景下，民族地区经济外向度程度维持着低水平稳态，2002（0.1181）至 2016（0.1181）年在"0.10 ~ 0.15"范围内保持平稳，说明在此时期，民族地区市场开放程度有限，投资环境对外资的吸引力程度不足，对外贸易拉动地区经济增长能力低下。

全国城乡固定资产投资差距（FI）从 2002 年的 0.7440 上升至 2016 年的

0.9671，逐年向"1"的方向偏近，在全国范围看，固定资产投资在城镇与乡村二者之间分布的不平衡程度逐渐增强，城镇经济依靠固定资产投资带动发展的能力更强。民族地区 FI 在 2002—2016 年从 0.7434 增加至 0.9520，固定资产投资差距指标逐年向"1"偏移，说明城乡间固定资产投资的不平衡程度逐年增强，城乡经济发展动力的差距增大。

表 2 – 16　民族地区分省区的城乡固定资产投资差距情况（2002—2016 年）

年份	全国	内蒙古	广西	贵州	云南	西藏	青海	宁夏	新疆
2002	0.7440	0.8239	0.7042	0.7760	0.7040	1.0002	0.8846	0.7095	0.8676
2003	0.7668	0.8866	0.7490	0.8221	0.7310	1.0003	0.8901	0.7544	0.8676
2004	0.7898	0.9224	0.7928	0.8364	0.7599	1.0000	0.9095	0.7768	0.8648
2005	0.8015	0.9431	0.8030	0.8326	0.8178	1.0000	0.9118	0.7984	0.8501
2006	0.8085	0.9513	0.8234	0.8179	0.8410	0.8681	0.9135	0.8195	0.8544
2007	0.8181	0.9560	0.8206	0.8106	0.8268	0.8539	0.8899	0.8231	0.8513
2008	0.8262	0.9582	0.8224	0.8096	0.8542	0.8753	0.8516	0.8416	0.8551
2009	0.8303	0.9622	0.8375	0.7960	0.8676	0.8661	0.8345	0.8616	0.8550
2010	0.9373	0.9631	0.8565	0.7892	0.8741	0.8753	0.7775	0.8629	0.8608
2011	0.9416	0.9784	0.8974	0.9011	0.9166	1.0000	0.9029	0.9324	0.9192
2012	0.9475	0.9788	0.9055	0.9255	0.9291	1.0000	0.9206	0.9391	0.9023
2013	0.9527	0.9796	0.9120	0.9265	0.9305	1.0000	0.9358	0.9447	0.9066
2014	0.9580	0.9825	0.9197	0.9452	0.9261	1.0000	0.9494	0.9497	0.9196
2015	0.9630	0.9747	0.9294	0.9509	0.9361	1.0000	0.9586	0.9549	0.9468
2016	0.9671	0.9753	0.9360	0.9584	0.9433	1.0000	0.9589	0.9551	0.9410

（数据来源：根据民族地区各省区历年统计年鉴整理、计算所得）

截至 2016 年，民族地区城乡固定资产投资差距高于全国平均水平的是内蒙古与西藏两个自治区，内蒙古 0.9753、西藏 1.0000 均高于全国 0.9671，更加偏向于"1"，说明内蒙古、西藏的城乡间固定资产投资差距更为严重，其他省区 FI 指标也逐年偏高，意味着民族地区固定资产投资带动城镇经济发展的可能性远高于乡村，城乡不平衡问题并没有随着民族地区经济的增长得到化解，反而城乡发展不平衡程度逐年加深，问题日趋严峻。

四、实际人均人力资本存量

马克思指出："在构成生产力的诸要素中，人处于主导和能动的地位，是生产力中最活跃、最具革命性的因素，人的全面发展是社会发展的基石。"[1] 人力资本，是一个国家（地区）经济发展的重要因素，是由资本对劳动力的投资和机会成本转化而来，表现为形成劳动力素质技能所耗费的资本费用。在经济相对落后阶段，物质资本起主导作用，其丰裕度关系着经济的增长。迈入经济加速发展阶段，物质资本拉动经济增长的边际效益递减，与此同时，人力资本对经济增长的带动作用不断增强。

西部大开发战略实施后，民族地区城乡经济发展不平衡问题日益突出，人力资本投资机会不均等、溢出效应不相同等情况也更加明显。在就二元分化程度、产业发展状态、市场发育程度等指标对民族地区城乡经济发展不平衡程度进行度量的基础上，将定量测量与定性分析相结合，沿用中央财经大学李海峥教授课题组在《中国人力资本报告 2017》中的测量方法及研究成果，进行更深一步的分析，将"人力资本"作为民族地区经济发展最重要的生产要素进行考量，从而实现对"人"的发展的实证研究，不但可以满足人民对物质文化生活的更高要求，而且可以更好实现人民日益增长的对美好生活的向往与追求。

人力资本反映了一个国家（地区）因劳动力储备和素质技能提升所带来的预期经济效益。为了更加准确地考量民族地区劳动力发展水平对经济的贡献程度，采用《中国人力资本报告 2017》中对实际人均劳动力人力资本存量的指标及成果进行民族地区城乡经济发展水平的衡量与判断。尽管实际人均劳动力人力资本会受年龄要素的影响，但其能够剔除劳动力人口数影响，能够反映一个地区人均劳动力人力资本发展状况。根据《中国人力资本报告 2017》中分省区人力资本比较内容，通过整理得出表 2 – 17，并通过计算得出表 2 – 18，即 2000—2015 年的民族地区分城乡实际人均劳动力人力资本存量详情。

---

[1]　吴殊：《西部地区人力资本积累问题分析与对策》，《中国西部地区城乡协调发展与社会创新国际学术研讨会论文集》，2006 年 10 月 20 日。

表2-17　民族地区分省区分城乡的实际人均劳动力人力资本存量（2000—2015年）

（单位：千元）

年份	内蒙古		广西		贵州		云南		西藏		青海		宁夏		新疆	
	城镇	农村	城镇	农村	城镇	农村	城镇	农村	城镇	农村	城镇	农村	城镇	农村	城镇	农村
2000	79.38	40.02	81.32	35.76	76.17	22.01	82.4	23.72	102.8	21.31	53.64	26.84	73.17	34.57	80.32	29.85
2001	85.78	43.57	84.9	39.12	78.47	23.57	89.19	25.89	109.98	23.14	55.94	28.84	76.82	36.92	82.16	31.67
2002	89.87	44.82	88.45	42.42	82.23	25.51	94.72	28.16	115.2	25.28	57.58	30.33	80.96	40.27	87.1	34.24
2003	97.86	47.07	93.82	45.2	87.99	26.97	100.59	30.64	124.08	27.45	61.3	32.14	86.08	42.99	93.56	37.56
2004	103.72	48.82	96.15	45.87	90.45	27.45	101.36	31.6	130.19	28.87	64.16	32.92	88.93	44.67	97.19	39.4
2005	113.38	51.36	102.45	48.57	96.56	28.73	108.63	33.93	139.89	30.95	68.7	34.31	93.68	47.94	103.12	42.76
2006	122.07	55.06	108.76	53.27	102.85	31.38	114.78	36.18	147.22	32.92	73.49	37.29	100.94	51.94	109.48	46
2007	131.18	58.4	112.79	54.81	106.28	32.14	116.23	36.77	152.55	34.18	76.11	37.88	105.55	53.82	113.84	46.7
2008	139.32	60.23	114.81	55	107.76	32.29	118.03	37.27	154.65	34.92	76.62	36.57	108.81	53.33	115.13	46.12
2009	159.31	66.1	129.54	61.07	122.19	35.67	126.3	40.13	162.42	37.31	82.12	39.11	122.4	57.23	126.64	48.89
2010	176.36	69.23	139.61	63.08	132.32	37.61	129.75	41.44	169.02	39.37	86.43	39.84	131.81	58.99	134.64	49.53
2011	183.07	70.78	142.73	63.83	135.55	39.61	130.87	42.62	167.57	40.51	87.86	40.31	134.6	59.29	136.51	49.63
2012	192.02	74.89	148.14	66.73	138.07	42.82	131.51	45.17	168.92	42.23	91.21	42.1	139.34	62.98	137.66	50.79
2013	204.7	78.81	156.45	70.08	143.02	46.39	132.97	47.81	171.98	43.92	95.03	43.61	145.74	65.37	140.63	52.27
2014	228.9	84.32	170.83	74.04	156.76	50.36	138.75	50.88	178.02	46.24	101.11	45.68	158.64	69.51	152.62	54.08
2015	255.33	89.7	187.84	77.82	168.66	54.51	144.13	54.16	194.65	48.82	106.94	47.75	173.43	73.56	162.4	57.3

（数据来源：根据李海峥教授课题组的《中国人力资本报告2017》，中央财经大学、中国人力资本与劳动经济研究中心，整理所得）

表 2 - 18　民族地区分城乡实际人均劳动力人力资本存量（2000—2015 年）（单位：千元）

年份	实际人均劳动力人力资本		
	城镇	乡村	民族地区
2000	78.65	29.26	44.2275
2001	82.905	31.59	46.95
2002	87.01375	33.87875	49.71125
2003	93.16	36.2525	53.2875
2004	96.51875	37.45	55.34
2005	103.30125	39.81875	59.5025
2006	109.94875	43.005	64.17625
2007	114.31625	44.3375	67.0125
2008	116.89125	44.46625	68.82875
2009	128.865	48.18875	76.76
2010	137.4925	49.88625	82.85
2011	139.845	50.8225	85.01375
2012	143.35875	53.46375	88.90625
2013	148.815	56.0325	93.5
2014	160.70375	59.38875	102.02
2015	174.1725	62.9525	110.935

（数据来源：根据李海峥教授课题组的《中国人力资本报告 2017》整理、计算所得）

　　2000—2015 年，从实际人均劳动力人力资本存量看，全国从 57.46 千元增加至 180.93 千元[1]，民族地区从 44.2275 千元增加至 110.935 千元（参见表 2 - 18），15 年里，全国增长了 3.14 倍，民族地区增长了 2.5 倍。表明西部大开发战略实施后，民族地区开启了工业化、现代化进程，进入了经济起飞的关键阶段，随着各层次教育的普及，人力资本存量持续增加。但是，在人力资本增速方面，民族地区落后于全国水平，因增速差距导致发展不平衡问题难以避免。人力资本蕴藏着巨大的经济潜力，是民族地区经济社会发展的关键要素。根据

---

[1] 李海峥教授课题组：《中国人力资本报告 2017》，中央财经大学、中国人力资本与劳动经济研究中心，2017 年，第 81 - 82 页。

表2-18绘制图2-9，从民族地区分城乡实际人均劳动力人力资本存量的线性趋势线看，2000—2015年城镇人力资本曲线陡峭，上升趋势显著，增长迅速；乡村人力资本趋势线小幅平缓上升，增速相对缓慢；从分城乡实际人均劳动力人力资本存量指标看，城镇从78.7千元增至174.2千元，乡村从29.3千元增至63.0千元，分别增长了2.21倍、2.15倍，城镇增速快于乡村。无论是实际人均劳动力人力资本存量，还是人均劳动力人力资本趋势线分析，城乡间人力资本差距呈现扩大化趋势。城乡间人力资本非均衡增长加深了民族地区城乡经济发展不平衡问题。

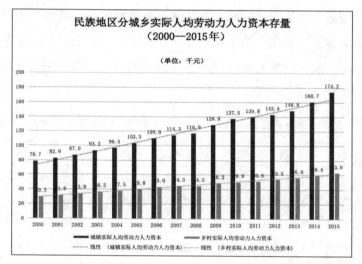

图2-9 民族地区分城乡实际人均劳动力人力资本存量（2000—2015年）
（数据来源：根据李海峥教授课题组的《中国人力资本报告2017》整理、计算所得）

综上所述，人力资本存量是一个国家（地区）重要的生产要素，在很大程度上代表着经济的发展潜力。实际人均劳动力人力资本城乡比，直接反映了民族地区城镇人力资本与乡村人力资本二者之间的差距。城乡比越趋向于"0"，则人力资本的城乡差距越大；城乡比越趋向于"1"，则人力资本的城乡差距越小；城乡比大于"1"，代表乡村人力资本存量高于城镇人力资本存量，乡村劳动力水平超越城镇。2000年西部大开发伊始，民族地区人力资本城乡间差距从大到小分别为：西藏、云南、贵州、新疆、广西、宁夏、青海、内蒙古（参见表2-19）。其中内蒙古、青海、宁夏、广西四省区实际人均劳动力人力资本城乡差距相对较小。内蒙古工业基础相对雄厚,劳动力素质技能相对较高,城镇经济中集中了工业部门,产生了集聚效应,辐射、带动了传统农业部门为其提供物质保障,城乡间分工协作与经济交往相对密切,内蒙古劳动力水平相对较高。广西地处西南,农业精细化水平较高,乡村经济发展状况良好,劳动力水平相对较高,但宁夏、青海与之相反,城镇经济发达程度较低,城乡间人力资本处于一种低水平的均衡状态。2015 年,民族地区人力资本的城乡差距由大到小分别为:西藏、贵州、内蒙古、新疆、云南、广西、宁夏、青海(参见表 2 - 19)。纵观十五年时间里民族地区城乡人力资本的演进历程,随着西部大开发战略的实施与推进,人力资本的城乡差距并没有得到缓解,特别是经济高速增长省区,例如内蒙古、新疆,城乡间人力资本发展不平衡呈现扩大化态势,城乡差距更加显著,加深了城乡经济矛盾,经济发展陷入了恶性循环状态,城乡经济发展不平衡问题日益严峻。

表 2 - 19　民族地区分省区的实际人均劳动力人力资本城乡差距 (2000—2015 年)①

年份	内蒙古	广西	贵州	云南	西藏	青海	宁夏	新疆
2000	0.5042	0.4397	0.2890	0.2879	0.2073	0.5004	0.4725	0.3716
2001	0.5079	0.4608	0.3004	0.2903	0.2104	0.5156	0.4806	0.3855
2002	0.4987	0.4796	0.3102	0.2973	0.2194	0.5267	0.4974	0.3931
2003	0.4810	0.4818	0.3065	0.3046	0.2212	0.5243	0.4994	0.4015
2004	0.4707	0.4771	0.3035	0.3118	0.2218	0.5131	0.5023	0.4054
2005	0.4530	0.4741	0.2975	0.3123	0.2212	0.4994	0.5117	0.4147
2006	0.4511	0.4898	0.3051	0.3152	0.2236	0.5074	0.5146	0.4202
2007	0.4452	0.4859	0.3024	0.3164	0.2241	0.4977	0.5099	0.4102
2008	0.4323	0.4791	0.2996	0.3158	0.2258	0.4773	0.4901	0.4006
2009	0.4149	0.4714	0.2919	0.3177	0.2297	0.4763	0.4676	0.3861
2010	0.3925	0.4518	0.2842	0.3194	0.2329	0.4610	0.4475	0.3679
2011	0.3866	0.4472	0.2922	0.3257	0.2417	0.4588	0.4405	0.3636
2012	0.3900	0.4505	0.3101	0.3435	0.2500	0.4616	0.4520	0.3690

①　人力资本存量的城乡差距(城乡比)=乡村人力资本存量/城镇人力资本存量。

年份	内蒙古	广西	贵州	云南	西藏	青海	宁夏	新疆
2013	0.3850	0.4479	0.3244	0.3596	0.2554	0.4589	0.4485	0.3717
2014	0.3684	0.4334	0.3213	0.3667	0.2597	0.4518	0.4382	0.3543
2015	0.3513	0.4143	0.3232	0.3758	0.2508	0.4465	0.4241	0.3528

（数据来源：根据李海峥教授课题组的《中国人力资本报告2017》整理、计算所得）

本章小结

本章在已有的对民族地区城乡经济发展不平衡的一般性定性研究的基础上，采用定量分析的研究方法，运用 SPSS 统计软件，对民族地区城乡经济发展不平衡程度进行度量。一方面，主要采用城乡收入差距、城乡消费差距、恩格尔系数、比较劳动生产率、二元对比系数、二元反差指数、产业结构偏离度、经济外向度、城乡固定资产投资差距等指标，验证民族地区城乡经济发展不平衡问题依旧严峻，并对不平衡程度进行度量分析，提供数据结果支持。另一方面，引入人力资本存量概念，借鉴《中国人力资本报告2017》中的研究方法与数据成果，在此基础上，将其中分省区的实际人均劳动力人力资本进行整合计算，测算出以民族地区作为研究整体的分城乡的实际人均劳动力人力资本存量，这是民族地区城乡经济发展不平衡问题的另一层次。本章主要从收入、消费、消费构成、城乡二元经济结构、产业结构与就业结构、市场活跃程度、人力资本，共计七个方面，系统度量并得出民族地区城乡经济发展不平衡程度加深的结果。

第三章　民族地区城乡经济发展
不平衡原因分析

自商品经济萌芽孕育了城镇开始，城镇与乡村之间便存在密不可分的经济联系与贸易往来。新时代，市场经济主导的先进城镇经济与自给自足、相对封闭的乡村经济之间的差距，一方面阻滞了农业现代化、市场化进程，另一方面造成了工业生产的物质基础薄弱，工业品市场需求不足，形成城乡分割对立的局面，使得以现代工业生产为主的城镇经济日益发达，而以传统农业生产为核心的乡村经济逐渐衰落，民族地区城乡经济发展不平衡问题日益严峻。探究民族地区城乡经济发展不平衡原因，是化解不平衡问题，实现城乡经济协调发展的重要前提。

第一节　城乡经济发展不平衡的影响因素测度

城乡经济协调发展的实质，是在资源相对稀缺的状态下，通过科学、合理的配置方式促使劳动力、资本等生产要素，在城乡间实施最有效的资源配置与流转活动①。协调发展的本质是通过城乡互通有无与科学配置资源，以城带乡，以乡促城，城乡互补，日益加强城乡间经济交往与合作，谋求城乡共同发展的

---

① 冯云廷：《城市聚集经济一般理论及其对中国城市化问题的应用分析》，大连：东北财经大学出版社，2001 年。

过程。其内在逻辑是：通过发挥城镇经济的增长极功能，推动乡村的工业化、城镇化进程，建立统一的城乡市场，优化城乡资源配置，保证生产要素的有序、合理流动，最终实现城乡经济的协调发展。综上所述，实现经济协调发展目标的基础是科学测量、具体分析民族地区城乡经济不平衡、不协调的影响因素，在统一经济效益、社会效益、生态效益的前提下，力图优化配置城乡资源，持续、协调发展城乡经济，使民族地区各族人民共享改革发展的红利，实现共同富裕、共同繁荣的美好追求。

一、评价指标体系的构建

目前，民族地区城乡经济失衡影响因素的研究多以定性为主，较少采用实证分析的方法。为科学测度、分析民族地区城乡经济失衡发展的影响因素，在选取影响因素的指标及构建评价指标体系的过程中，应遵循客观性、完整性、科学性、可比性、可操作性的原则，明确城乡经济协调发展的目的，是在保持城乡各自比较优势的前提下，加强城乡间经济联系与交往，协调城乡资源配置，实现要素自由流动，走城乡互补、资源共享、共同发展之路。在遵循指标选取原则的基础上，为达到研究目的，构建了"影响城乡经济发展不平衡的评价指标体系"（参见表3-1），主要包括了涵盖能源条件、自然禀赋、经济总量、产业结构、投资结构、城镇发展水平、乡村发展水平、居民生活、信息化程度、教育、医疗数个方面共计16项具体指标。[①]

---

① 聂华林、李泉编著：《中国西部城乡关系概论》，北京：中国社会科学出版社，2006年12月第1版，第98-104页。

表 3 - 1　影响城乡经济发展不平衡的评价指标体系①

目标层	准则层	指标说明	指标层	单位
影响城乡经济发展不平衡的评价指标体系（1.0）	自然禀赋	能源条件	石油储量（Index1）	万吨
			煤炭储量（Index2）	亿吨
	经济因素	经济总量	人均 GDP（Index3）	
		产业结构	非农产业与农业产值比（Index4）	
			二元对比系数（Index5）	
		投资结构	城乡固定资产投资比（Index6）	
			经济外向度（Index7）	%
		城乡发展水平	城镇化水平（Index8）	%
			城乡人口就业率之比（Index9）	
			非农产业从业人员占比（Index10）	%
影响城乡经济发展不平衡的评价指标体系（1.0）	社会条件	居民收入与消费	城乡居民人均可支配收入比（Index11）	
			城乡恩格尔系数比（Index12）	
			城乡居民家庭人均消费比（Index13）	
		信息化程度	城乡居民家庭平均每百户计算机拥有量之比（Index14）	
		教育	城乡居民家庭人均文教娱乐服务消费支出比（Index15）	
		医疗	城乡居民家庭人均医疗保健消费支出比（Index16）	

二、影响因素的指标解释

石油及煤炭储量是判断一个地区资源禀赋及能源密集的重要指标，也是推进工业化进程及选择经济发展方式的重要保障，更是衡量该地区经济发展潜力的物质基础。通常，石油及煤炭等矿产、能源资源充裕的地区，重工业水平较

---

① 王哲、李国成、余茂辉：《安徽省城乡一体化影响因素研究——基于主成分分析》，华东经济管理，2015 年 3 月第 3 期第 29 卷，第 24 - 28 页。

高，以现代工业部门为核心的城镇经济相对发达。所以，该指标是影响民族地区城乡发展的重要内容，较具有代表性。

经济总量——人均GDP（Index3），是一个地区经济发展程度的重要衡量指标。即使城镇经济增速较快，乡村经济的滞后也会拉低该地区的人均GDP数值，因此在城乡经济严重失衡的地区，该指标数值会严重低于城乡经济发展均衡区域的人均GDP数值。故此，人均GDP的高低可从宏观上反映出经济因素对民族地区城乡经济发展不平衡的影响。

产业结构：一是"非农产业与农业产值比（Index4）"，主要指以工业和现代服务业为主的第二产业、第三产业的产值与以农林牧渔业生产为主的第一产业的产值比。农林牧渔业是乡村经济的主要内容，工业、现代服务业主要分布于城镇，该指标反映出一个地区的产业结构。从产业的地理分布分析，该产值比越高说明城乡经济的二元性特征越明显；从居民收入分析，现代工业部门的高收益、高回报带动地区经济的振兴与繁荣，为城乡间劳动力的转移、安置提供了更多就业机会，增加了乡村居民的非农收入，间接缩小了城乡收入差距。二是"二元对比系数（Index5）"，二元对比系数 $= \dfrac{\text{农业产值}/\text{农业就业人口}}{\text{GDP}/\text{就业总人口}} \Big/ \dfrac{\text{非农产值}/\text{非农就业人口}}{\text{GDP}/\text{就业总人口}}$，是第一产业与第二、三产业的比较劳动生产率之比。比较劳动生产率，反映了一个经济部门1%的劳动力生产的产值在国民生产总值中的比重，即该部门产值比重与劳动力比重之比。在理论上，"0 < 二元对比系数 < 1"，二元对比系数越偏离"1"，则工农业二元特征越明显，城乡二元经济结构越明显，城乡经济发展不平衡问题越突出。

投资结构：一是"城乡固定资产投资比（Index6）"，主要指城镇与乡村在人均固定资产投资额这一指标的比例关系。固定资产投资，主要指固定资产的再生产活动。固定资产投资富集区，经济发展相对较快。二是"经济外向度（Index7）"，经济外向度 $= \left(\dfrac{\text{进出口总额}}{\text{GDP}}\right) \times 0.5 + \left(\dfrac{\text{外商直接投资}}{\text{GDP}}\right) \times 0.5$，主要含义是一个地区对外贸易的发展程度所展示出的经济的开放程度，该指标能衡量一个地区资本等生产要素的构成，经济是否具有活力及经济发展的吸引力等。城乡经济外向度的差异程度，也直接影响着城镇经济与乡村经济的发展水平。

城乡发展水平：一是"城镇化水平（Index8）"，通常指城镇常住人口占总人口的比重，反映了乡村人口向城镇流动、聚集的程度，城镇化水平低则城乡经济二元分化程度高。二是"城乡人口就业率之比（Index9）"，城乡人口就业率之比 =（城镇就业人口/城镇总人口）/（乡村就业人口/乡村总人口），人口就业率的差距反映着城镇经济与乡村经济的发展差距，高就业率代表经济的高速增长，城乡就业率差距影响着城乡经济二元分化的程度。三是"非农产业从业人员占比（Index10）"，主要指从事第二、三产业的就业人口占就业总人口的比重，以工业、现代服务业为核心的现代经济部门日益发展、繁荣，吸纳劳动力就业的体能不断提高，第一产业就业人口为寻求更高的劳动回报率，从第一产业向第二、三产业转移，乡村劳动力不断减少，乡村居民收入不断增加，该比值越大，则城乡经济协调发展程度越高；反之，该比值越小，则城乡经济发展不平衡程度越高。

居民收入与消费：一是"城乡居民人均可支配收入比（Index11）"，是城镇居民与乡村居民的人均收入差距，直观体现着城乡二元经济结构，该指标越高则城乡收入差距越大，城乡经济发展不平衡问题越突出。二是"城乡恩格尔系数比（Index12）"，城乡恩格尔系数比 =［（城镇食物消费支出/城镇总消费支出）/（乡村食物消费支出/乡村总消费支出）］×100%，城乡恩格尔系数比越小，则城乡收入与生活水平的差异越明显。三是"城乡居民家庭人均消费比（Index13）"，消费是影响经济发展的重要因素之一，合理消费可刺激经济增长，过少消费会导致经济萎缩，城乡居民家庭人均消费比越大，则城乡经济发展不平衡程度越高。

信息化程度——城乡居民家庭平均每百户计算机拥有量之比（Index14），通常反映出一个地区城乡家庭所拥有的计算机数量，新时代是信息经济的时代，信息的通达度与对称性是影响一个地区经济发展的关键因素，该指标越大则城乡信息化水平越不对称。

教育与医疗：一是"城乡居民家庭人均文教娱乐服务消费支出比（Index15）"，主要指在城镇与居民家庭人均消费活动中，用于文教娱乐等精神活动的消费支出内容的占比，也反映出一个家庭对教育的投入程度，也在一定程度上反映出一个地区人力资源的储备水平与发展潜力。对教育的投入越多，则人力资本的存量会相应提高，对经济增长的贡献率越大。城乡在教育事业的投入差距，体现着人力资本对工农业发展不同程度的贡献率，也反映着城乡人力资源的发展不平衡现状。二是"城乡居民家庭人均医疗保健消费支出比（Index16）"，是指城乡居民用在医疗消费中的开支，反映着城乡社会保障的差距，也是一个地区城乡经济发展水平的客观体现，通常情况下，医疗水平与社会保障程度高的地区，其发展程度与经济实力较为雄厚。

三、导致城乡经济发展不平衡的主成分分析

采用主成分分析方法，运用 SPSS 对实施西部大开发战略后的民族地区经济发展的统计数据进行处理，创新性地采用定量分析与定性说明相结合的方式，对民族地区城乡经济发展不平衡的影响因素进行实证研究。

（一）描述统计量分析及数据的标准化

根据研究需要，模型选取 2000—2016 年的统计数据来测度民族地区城乡二元的影响因素。根据收集的源数据，使用 SPSS 软件做数据的描述统计分析，计算各指标的均值与标准差（参见表 3 - 2）。表 3 - 2 显示，石油储量（万吨）的均值（Mean）和标准差（Std. Deviation）最大，经济外向度的均值（Mean）和标准差（Std. Deviation）最小，且两项指标的数量级相差巨大。各个指标之间的数值也相差明显，需要进行各项指标数据的标准化处理。

表 3 - 2　描述统计量（**Descriptive Statistics**）

	N	Mean	Std. Deviation
石油储量（万吨）（Index1）	17	66273.12	13485.81
煤炭（亿吨）（Index2）	17	2200.40	3284.41
人均 GDP（元）（Index3）	17	4620.98	3140.66
非农产业与农业产业比（Index4）	17	5.26	1.18
二元对比系数（Index5）	17	0.14	0.01
城乡固定资产投资比（Index6）	17	17.71	12.50
经济外向度（Index7）	17	0.13	0.01

续表

	N	Mean	Std. Deviation
城镇化水平（Index8）	17	0.38	0.06
城乡人口就业率之比（Index9）	17	0.44	0.14
非农产业从业人员占比（Index10）	17	0.41	0.06
城乡居民人均收入比（Index11）	17	3.51	0.34
城乡恩格尔系数比（Index12）	17	0.84	0.08
城乡居民家庭人均消费比（Index13）	17	3.18	0.57
城乡居民家庭平均每百户计算机拥有量之比（Index14）	17	40.59	25.35
城乡居民家庭人均文教娱乐服务消费支出比（Index15）	17	4.27	1.73
城乡居民家庭人均医疗保健消费支出比（Index16）	17	3.21	1.15
Valid N（listwise）	17	66273.12	13485.81

（二）检验数据是否适合做主成分分析

主成分分析法（也称"主分量分析"），旨在利用降维的思想，把多指标转化为少数几个综合指标（主成分），其中每个主成分都能够反映原始变量的大部分信息，且所含信息互不重复。这种方法在引进多方面变量的同时，可将复杂因素归结为几个主成分，使问题简单化处理，同时得到更加科学、有效的数据信息与分析结果。

运用 SPSS 可计算出上述十六个指标之间的相关系数矩阵，结果表明，这些指标之间并不是完全独立、相互割裂的，指标彼此间具有一定关联，甚至部分指标间的关联度还很强，这充分表明选取的指标与数据适合采用主成分分析法，具有进行降维分析的可行性。

对 2000—2016 年十六项指标数据进行 KMO 检验和 Bartlett 球检验，可以得出表 3-3 所示数据。根据表 3-3 KMO 检验和 Bartlett 球检验可得出，KMO 的值 0.604 > 0.5，说明十六个变量之间存在相关性，适合采用主成分分析法进行影响要素的分析。Bartlett 球检验的卡方值为 630.363，Sig 取值为 0.000，巴特利度球形度检验结果 P＜0.05，说明十六项变量之间亦不是相互独立的，适合运用主成分分析法。用两种检验方法所测量的结果均已表明，此模型适合做主成分分析。

表3-3 KMO 检验和 Bartlett 球检验

取样足够度的 Kaiser – Meyer – Olkin 度量。		0.604
	近似卡方	630.363
Bartlett 的球形度检验	df	120
	Sig.	0.000

（三）主成分分析法及选取主成分

表3-4是主成分信息表，从中可以看出前三个主成分的初始特征值分别为10.524、2.195、1.317，累计提取前三个主成分，累计方差贡献率达到了87.727%，即数据中约87.727%的总方差可以由这三个潜在因子进行解释说明。图3-1也显示前三个因子的特征值较大，连接形成了一条陡峭的折线图，故此选取前三个主成分进行影响因素分析。

表3-4 解释的总方差

成分	初始特征值			提取平方和载入		
	合计	方差的%	累计%	合计	方差的%	累计%
1	10.524	65.777	65.777	10.524	65.777	65.777
2	2.195	13.718	79.495	2.195	13.718	79.495
3	1.317	8.232	87.727	1.317	8.232	87.727
4	1.081	6.756	94.483			
5	0.492	3.072	97.555			
6	0.239	1.492	99.046			
7	0.061	0.380	99.427			
8	0.032	0.200	99.627			
9	0.022	0.136	99.763			
10	0.019	0.118	99.881			
11	0.011	0.070	99.951			
12	0.005	0.028	99.980			

成分	初始特征值			提取平方和载入		
	合计	方差的%	累计%	合计	方差的%	累计%
13	0.002	0.014	99.994			
14	0.001	0.005	99.999			
15	8.005E−005	0.001	100.000			
16	5.825E−009	3.640E−008	100.000			

提取方法：主成分分析法。

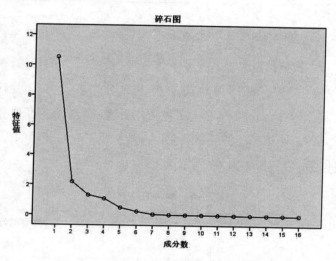

图3−1　碎石图

　　表3−5主要描述公因子方差（也称"变量共同度表"），表中给出了提取主成分前后的各变量的共同度，是衡量主成分的相对重要性的指标。每一个指标变量的共性方差基本都在0.9左右的范围内浮动，趋向于"1"，说明提取出来的三个主成分因子能够很好地反映原指标变量的大部分信息。

表3−5　变量共同度表

	初始	提取
石油储量（万吨）（Index1）	1.000	0.972
煤炭（亿吨）（Index2）	1.000	0.828
人均GDP（元）（Index3）	1.000	0.995

	初始	提取
非农产业与农业产业比（Index4）	1.000	0.995
二元对比系数（Index5）	1.000	0.814
城乡固定资产投资比（Index6）	1.000	0.933
经济外向度（Index7）	1.000	0.715
城镇化水平（Index8）	1.000	0.996
城乡人口就业率之比（Index9）	1.000	0.982
非农产业从业人员占比（Index10）	1.000	0.988
城乡居民人均收入比（Index11）	1.000	0.941
城乡恩格尔系数比（Index12）	1.000	0.974
城乡居民家庭人均消费比（Index13）	1.000	0.959
城乡居民家庭平均每百户计算机拥有量之比（Index14）	1.000	0.816
城乡居民家庭人均文教娱乐服务消费支出比（Index15）	1.000	0.897
城乡居民家庭人均医疗保健消费支出比（Index16）	1.000	0.634

提取方法：主成分分析法。

（四）计算因子载荷矩阵

运用 SPSS 软件进行分析，可得出选取的三个主成分的因子载荷矩阵（参见表 3-6）。

表 3-6　成分矩阵表[a]①

	成分		
	1	2	3
人均 GDP（元）（Index3）	0.997	0.029	-0.022
城镇化水平（Index8）	0.994	-0.005	0.093
非农产业从业人员占比（Index10）	0.991	-0.024	0.063
城乡人口就业率之比（Index9）	0.986	0.081	0.049
城乡居民家庭人均消费比（Index13）	-0.968	0.013	-0.150

---

① "a"：表示已提取了三个主成分。

	成分		
	1	2	3
城乡居民人均收入比（Index11）	−0.954	−0.148	0.087
石油储量（万吨）（Index1）	0.951	−0.212	0.149
城乡固定资产投资比（Index6）	0.946	0.184	−0.062
非农产业与农业产业比（Index4）	0.944	−0.274	0.171
城乡恩格尔系数比（Index12）	0.864	−0.381	0.286
城乡居民家庭平均每百户计算机拥有量之比（Index14）	−0.821	0.258	0.273
城乡居民家庭人均文教娱乐服务消费支出比（Index15）	0.130	0.852	0.392
二元对比系数（Index5）	0.320	0.704	−0.465
煤炭（亿吨）（Index2）	0.570	0.700	−0.110
经济外向度（Index7）	−0.364	0.170	0.744
城乡居民家庭人均医疗保健消费支出比（Index16）	−0.226	0.241	0.353

提取方法：主成分分析法。

（五）因子载荷矩阵的标准化

由于表 3−6 矩阵中的特征向量不是标准化正交向量，因此不能很好地解释主成分，需要进行因子旋转，将特征向量转化为标准化正交向量。因此，采用具备 Kaiser 标准化的正交旋转法，将表 3−7 所示的成分转换矩阵进行因子旋转，旋转在 4 次迭代后收敛，得到如表 3−8 所示旋转后的因子载荷矩阵。在表 3−8 中，三个主成分对应的特征向量都是标准化正交向量。

表 3−7　成分转换矩阵

成分	1	2	3
1	0.938	0.282	−0.203
2	−0.180	0.893	0.412
3	0.298	−0.350	0.888

提取方法：主成分分析法。

旋转方法：具有 Kaiser 标准化的正交旋转法。

表 3 - 8　旋转成分矩阵表[a]

	成分		
	1	2	3
人均 GDP（元）（Index3）	0.985	- 0.038	- 0.153
非农产业与农业产业比（Index4）	0.975	0.027	- 0.148
二元对比系数（Index5）	0.964	- 0.196	- 0.079
城乡固定资产投资比（Index6）	0.960	0.243	- 0.121
经济外向度（Index7）	- 0.954	- 0.210	0.069
城镇化水平（Index8）	0.953	0.236	- 0.155
城乡人口就业率之比（Index9）	0.925	0.334	- 0.123
非农产业从业人员占比（Index10）	0.923	0.315	- 0.210
城乡居民人均收入比（Index11）	- 0.211	0.842	0.210
城乡恩格尔系数比（Index12）	0.336	0.836	- 0.171
城乡居民家庭人均消费比（Index13）	- 0.211	0.735	0.516
城乡居民家庭平均每百户计算机拥有量之比（Index14）	0.035	0.881	- 0.188
城乡居民家庭人均文教娱乐服务消费支出比（Index15）	0.376	0.825	0.075
城乡居民家庭人均医疗保健消费支出比（Index16）	- 0.150	0.812	0.211
石油储量（万吨）（Index1）	0.086	0.561	0.673
煤炭（亿吨）（Index2）	- 0.151	0.028	0.559

提取方法：主成分分析法。

旋转方法：具有 Kaiser 标准化的正交旋转法。

表 3 - 8 旋转成分矩阵表显示，经过主成分分析旋转，共计得到三个主成分，分别总结为经济因素、社会条件、自然禀赋。经济影响因素——主成分 1，涵盖了人均 GDP、非农产业与农业产业比、二元对比系数、城乡固定资产投资比、经济外向度、城镇化水平、城乡人口就业率之比、非农产业从业人员占比，共计八项指标，基于此，降维得出的主成分 1 科学解释了影响民族地区城乡经济发展不平衡的经济要素。基础设施及社会条件——主成分 2，包括城乡居民人均收入比、城乡恩格尔系数比、城乡居民家庭人均消费比、城乡居民家庭平均每百户计算机拥有量之比、城乡居民家庭人均文教娱乐服务消费支出比、城乡

居民家庭人均医疗保健消费支出比，共计六项指标，并降维得出主成分2，从社会要素的角度解释民族地区城乡经济发展不平衡问题。自然禀赋——主成分3，主要指石油储量及煤炭储量两项指标通过降维、旋转得出主成分3，用于说明影响民族地区城乡经济不平衡、不协调发展的自然影响因素。总言之，采用主成分分析法，运用SPSS统计软件对民族地区城乡经济的发展数据进行实证研究，测度导致民族地区城乡经济失衡的影响因素，在定量分析的基础上，进一步运用科学的理论思维对导致民族地区城乡经济发展不平衡的各种因素做出定性研究与说明。

第二节　主成分1——经济因素与发展惯性分析

分析民族地区城乡经济发展不平衡的影响因素，从SPSS计算得出的表3-8旋转成分矩阵（也称因子载荷矩阵）入手，从每个主成分的构成指标及指标所代表的含义来进行分析。主成分1由八项指标共同组合构成，每个指标都有不同的权重系数，有的系数较大，有的系数较小，主要包括人均GDP、非农产业与农业产业比、二元对比系数、城乡固定资产投资比、经济外向度、城镇化水平、城乡人口就业率之比、非农产业从业人员占比。主成分1，是一个综合性经济指标，其经济内涵与意义也具有综合性特征，综合分析主成分1所包含的八项指标的含义，可将之归纳为如下几个影响因子。

一、城乡经济实力的动态差距

人均GDP是主成分1的主要经济指标，用以衡量经济发展水平。民族地区城乡间经济发展差距，来源于城镇与乡村各自不同的经济阶段与发展水平。城乡经济发展实力的差距，既是城乡经济发展不平衡的影响因子，又是其现实表现。在本研究中，采用"静态不平衡差"[1] 概念，将2000—2016年民族地区城

---

① 假设 R 为小值，P 为大值，静态不平衡差 $= (1 - \dfrac{R}{P}) \times 100$，其经济学内涵是"在某一时间点，不发达地区与发达地区经济实力上的差距"。

乡 GDP、城乡人均 GDP 的具体数据带入"静态不平衡差"模型，得出表 3-9
结果。2000 年，民族地区乡村 GDP 为 2022 亿元，城镇 GDP 为 6678 亿元，城乡
GDP 静态不平衡差为 69.7249，城乡经济总量差距较大。国家部署西部大开发战
略后，民族地区搭乘新的发展机遇，充分发挥矿产、能源、区位等特殊优势，
经济、社会得到较快发展，经济体量不断扩大，但发展过程中，乡村经济基础
薄弱，城乡经济实力悬殊等问题日趋凸显，成为导致民族地区城乡经济发展不
平衡的基础性因素。

表 3-9　民族地区城乡经济实力的动态差距过程（2000—2016 年）

年份	乡村 GDP（亿元）	城镇 GDP（亿元）	城乡 GDP 静态不平衡差	乡村 GDP 增速	城镇 GDP 增速	乡村人均 GDP（元/人）	城镇人均 GDP（元/人）	城乡人均 GDP 静态不平衡差
2000	2022	6678	69.7249	2.58%	11.69%	1550.48	12697.80	87.7894
2001	2074	7459	72.1927	4.44%	11.91%	1588.66	13747.75	88.4442
2002	2166	8347	74.0483	12.17%	15.84%	1655.77	14993.70	88.9569
2003	2430	9669	74.8695	18.74%	21.85%	1859.23	16847.97	88.9646
2004	2885	11782	75.5109	11.89%	20.00%	2243.65	19292.67	88.3705
2005	3228	14138	77.1669	8.41%	21.86%	2605.86	22491.27	88.4139
2006	3500	17228	79.6865	18.64%	23.89%	2847.34	26492.82	89.2524
2007	4152	21344	80.5469	17.96%	25.05%	3425.82	31527.47	89.1339
2008	4898	26692	81.6510	3.40%	11.26%	4104.29	37801.60	89.1425
2009	5064	29696	82.9467	17.25%	21.75%	4297.55	40814.21	89.4705
2010	5938	36157	83.5780	18.47%	23.58%	5258.29	47876.92	89.0171
2011	7035	44683	84.2568	12.37%	13.42%	6354.04	56726.20	88.7988
2012	7904	50681	84.4036	9.96%	11.58%	7285.82	61595.44	88.1715
2013	8691	56548	84.6302	7.88%	8.73%	8116.63	66495.79	87.7938
2014	9376	61482	84.7497	6.47%	4.97%	8922.94	69589.32	87.1777
2015	9983	64536	84.5311	7.03%	7.39%	9654.81	70308.76	86.2680
2016	10685	69304	84.5827	-	-	10524.82	72729.50	85.5288

（数据来源：根据民族地区各省区历年统计年鉴整理、计算所得）

一方面，民族地区乡村 GDP 总量从 2000 年的 2022 亿元增长为 2016 年的 10685 亿元，乡村经济总量翻了近 5.3 倍，城镇经济在同一时间段内从 6678 亿元扩张了近 10.4 倍，增加至 69304 亿元，城乡 GDP 静态不平衡差从 69.7249 扩大到 84.5827；2000—2016 年，乡村人均 GDP 从 1550.48 元增加至 10524.82 元，增长了近 6.8 倍，城镇人均 GDP 从 12697.8 元增加至 72729.5 元，增长了 5.7 倍，城乡人均 GDP 静态不平衡差始终保持在"87.00～90.00"的范围内浮动，未出现明显减少。乡村经济发展起点低下，发展能力不足，导致民族地区乡村经济难以实现与城镇 GDP 总量及人均 GDP 相同步的高增长率，而较低的人均GDP 水平及过低的经济增长率都会引起乡村经济发展过程的持续滞钝。另外，民族地区城镇经济中多是以能源为依托的资本密集型的国有企业，与乡村经济的劳动密集型特征耦合度较低，形成了一种特殊的城乡二元分割状态，降低了资本、劳动力等生产要素的活跃程度，使各种生产要素涌入、聚集在回报率更高的城镇经济部门，加剧了民族地区城乡经济发展不平衡的过程。

图 3-2　民族地区城镇生产总值与乡村生产总值的增速对比（2000—2015 年）

（数据来源：根据民族地区各省区历年统计年鉴整理、计算所得）

另一方面，民族地区乡村 GDP 的增速过缓也是影响城乡经济发展不平衡的重要因素。从图 3-2 可以清晰地看出，2000—2015 年，民族地区城镇 GDP 的增长速度整体领先于乡村。乡村经济起点低、基础差的历史条件，只有通过提高农业劳动生产率，提升乡村经济的发展增速，才能追赶城镇经济的发展步伐、缩小城乡间的经济发展差距，改变城乡经济发展不平衡的现状。但目前，无论是乡村经济总量，还是乡村经济增速，都不能与城镇经济比肩，更难以实现超越式追赶发展，反观十数年来，西部大开发战略为民族地区的城镇经济带来了全新的发展机遇，城镇经济已经迈进了起飞后发展阶段。城镇经济日益繁荣，乡村发展相对迟缓，城乡经济实力的动态差距一直存在，深刻影响着民族地区城乡经济的发展不平衡，且逐渐呈现出扩大的态势。

二、不平衡产业发展模式的选择

在影响城乡经济发展不平衡的评价指标体系的构建过程中，选取了非农产业与农业产业的比值、二元对比系数两个指标对影响城乡经济发展的因素进行测度，得出结果表 3-8 分别为 0.975 和 0.964，结果趋向于"1"，关联度较高，说明产业结构的发展状态、调整、升级等内容都与民族地区城乡经济发展活动密切相关，产生作用。

表 3-10　民族地区产业结构基本情况（2000—2016 年）

| 年份 | 第一产业 | | 第二产业 | | 第三产业 | |
	产值（亿元）	劳动力（万人）	产值（亿元）	劳动力（万人）	产值（亿元）	劳动力（万人）
2000	2021.90	5921.78	3334.67	1078.42	3343.76	2145.27
2001	2074.13	6328.42	3595.30	986.12	3863.64	2097.34
2002	2166.23	6340.03	3951.95	957.25	4395.22	2227.07
2003	2429.87	6274.92	4701.97	979.33	4967.02	2285.43
2004	2885.23	6262.19	5888.06	1006.08	5893.63	2464.56
2005	3228.14	6069.51	7305.45	1147.55	6832.56	2458.50
2006	3499.66	6051.72	9149.78	1192.82	8078.50	2599.74
2007	4152.09	5943.14	11410.95	1321.72	9933.15	2628.61
2008	4897.65	5894.50	14603.21	1366.98	12088.50	2762.50
2009	5064.23	5871.64	15877.44	1524.77	13818.98	2787.79

年份	第一产业		第二产业		第三产业	
	产值 (亿元)	劳动力 (万人)	产值 (亿元)	劳动力 (万人)	产值 (亿元)	劳动力 (万人)
2010	5937.66	5843.31	20261.74	1577.25	15894.91	2905.62
2011	7034.56	5874.97	25193.26	1674.56	19489.97	3073.48
2012	7904.39	5758.16	28083.68	1699.08	22597.05	3191.27
2013	8691.29	5736.82	30354.44	1783.41	26193.58	3414.19
2014	9376.23	5680.68	32510.05	1847.06	28972.11	3648.02
2015	9983.07	5635.94	32903.10	1812.31	31633.31	3838.00
2016	10684.80	5657.94	34488.25	1831.88	34815.69	4018.74

（数据来源：根据民族地区各省区历年统计年鉴整理、计算所得）

"产业结构，是指国民经济各个产业部门之间和各个产业部门内部的组织与构成的情况以及它们之间存在的相互连接、相互制约和互为条件的关系，即各个产业部门质的组合和量的比例。"[1] 美国建国初，农业劳动生产率低下，19世纪末，美国采用机械农具取代畜力农具，着力推广机械化种植与生产，农业生产力水平提高后，农业所需劳动力数量锐减，剩余劳动力开始向其他产业转移。[2] 历史经验表明，新兴产业代替传统产业是经济发展的历史必然。但是，一些国家（地区）在农业生产效率尚未达到先进水平条件下，推行快速的发展不平衡产业模式，人为助力发展，跨越了发展的历史周期，力求在更短时间且实现产业结构的升级。为了提高经济增长速度与效率，民族地区采取了依托资源禀赋优先发展重工业的不平衡产业发展模式。2000年西部大开发战略实施伊始，以农林牧渔生产为主的民族地区农业生产部门的产值为2021.9亿元，占当年民族地区地区生产总值（以下简称"GDP"）的23.24%，而以工业、现代服务业为主的非农生产部门的产值为6678.43亿元，占当年该地区GDP的

---

[1] 施正一：《民族经济学教程（第二次修订本）》，北京：中央民族大学出版社，2016年11月第1版，第196页。

[2] 夏锦文：《平衡与不平衡视角下的产业发展研究》，南京：河海大学博士学位论文，第三章（3.2），第41-47页。

76.76%，农业部门与非农部门在产值方面的差距为0.31（参见表3-10）；截至2016年年底，民族地区农业生产部门的产值为10684.8亿元，占同年该地区GDP的13.36%，非农生产部门的产值增加至69303.94亿元，占比86.64%（参见图3-3），二者之间差距为0.15，该比值越趋近于"0"，表明以工业为主的现代经济部门发展速度与水平遥遥领先于传统农业部门，工农业生产部门间的发展差距日趋扩大。2000—2016年，重工业优先的不平衡产业发展政策加剧了民族地区工农业的二元性特征，也加剧了民族地区城乡经济的发展不平衡状态。

"劳动密集型产业→资本密集型产业→技术密集型产业"，是产业结构的演进过程。一般而言，民族地区的经济增长需逐次通过上述三阶段才能走向现代化。英国经济学家克拉克根据费歇尔的三次产业革命的划分标准，在威廉·配第关于国民收入与劳动力流动直接关系学说的基础上提出"配第—克拉克定律"，该理论指出，随着经济发展，人均国民收入水平相应提高，劳动力总是倾向于流入高收入的产业，逐渐从第一产业向第二、三产业转移，最终第一产业劳动力减少，第二、三产业劳动力增加。2000年，民族地区农业生产部门劳动力占比为64.75%，而从事工业及现代服务业的劳动力比例仅为35.25%，但35.25%的劳动力却创造了76.76%的社会产值（参见图3-3）。人均GDP水平落后于城镇，劳动力大面积滞留于农业生产，种种因素造成了民族地区乡村经济起点低、基础差的先天不足的城乡二元现状。2016年，民族地区近半数（49.16%）的农业人口创造了13.36%的地区产值，而半数（50.84%）的非农人口创造了86.64%的地区产值（参见图3-3），与此同时，全国第一产业就业人口仅占27.7%。民族地区较高的农业人口基本从事自给自足的种植、畜牧生产，经济环境保守封闭，产业结构单一落后，乡村工商业发展水平低下，制约着农业现代化实现与发展，传统的农业生产生活方式既难以适应市场经济的发展要求，又难以实现劳动力、资本等生产要素的有效配置与流动。另外，民族地区城镇经济跨越了劳动密集型产业阶段，直接依托矿产、能源等比较优势发展资本密集型产业，这种跨越式的不平衡产业发展模式割裂了第一、二、三产业之间的紧密联系，造成了严重的产业断层，使存在于产业间劳动力转移的自然连续性特征被打破，人为构筑了阻碍城乡间生产要素自由流动的壁垒，城镇与乡村各自发展的状态被迫延续。以上所述不仅是局限民族地区产业结构调整与优化的瓶颈，更是导致民族地区城乡经济发展不平衡的原因。

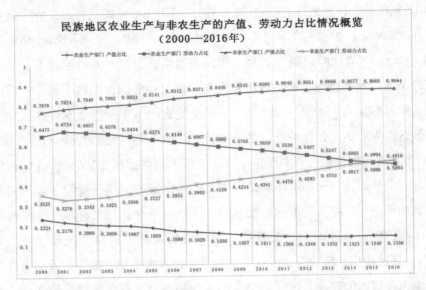

图 3 – 3　民族地区农业生产与非农生产的产值及劳动力占比情况（2000—2016 年）
（数据来源：根据民族地区各省区历年统计年鉴整理、计算所得）

三、投资环境与效率的城乡分化

影响城乡经济发展不平衡的评价指标体系中，选取了城乡固定资产投资比、经济外向度两项投资指标进行城乡经济发展不平衡的影响因素测度。萨缪尔森认为"资本"是一种稀缺性生产性资源，是人们从事生产活动的投入要素之一。经济发展的中心问题是资本形成率的提高①，发展中国家（地区）起飞的先决条件之一就是资本积累达到10％以上②。"哈罗德—多马"模型，也强调资本积累对经济增长起决定性作用，认为投资既能增加收入，又能增强生产能力。固定资产投资是社会固定资产再生产的主要手段，外商直接投资反映着一个国家（地区）资本市场及经济发展的活跃程度。资本在城镇与乡村间的流动与配置，是影响民族地区经济增长及发展差距的关键因素。

---

① ［美］威廉·阿瑟·刘易斯：《二元经济论》，施炜等译，北京：北京经济学院出版社，1989 年，第 1 – 47 页。
② ［美］W. W. 罗斯托：《经济增长阶段：非共产党宣言》，郭熙保、王松茂译，北京：中国社会科学出版社，2001 年，第 8 页。

表 3 –11　民族地区市场活跃程度简表（2002—2016 年）

年份	进出口总额（百万美元）	外商直接投资（百万美元）	经济外向度	城镇固定资产投资额（亿人民币）	农村固定资产投资额（亿人民币）	城乡固定资产投资差距
2002	11244.36	25266.00	0.1181	3723.70	548.12	0.7434
2003	15591.32	29973.00	0.1280	4922.10	603.06	0.7817
2004	20571.96	40420.00	0.1414	6493.69	662.43	0.8149
2005	25730.61	45465.00	0.1394	8612.02	762.14	0.8374
2006	31991.43	55500.00	0.1435	10709.31	964.13	0.8348
2007	44361.63	61894.00	0.1417	13446.06	1318.14	0.8214
2008	60669.19	76172.00	0.1473	16915.31	1598.86	0.8273
2009	47519.79	81400.00	0.1261	22416.10	2074.19	0.8306
2010	63760.70	85373.00	0.1205	28336.14	2628.45	0.8302
2011	83590.83	95654.00	0.1178	35709.44	1302.08	0.9296
2012	100357.11	100889.00	0.1168	44523.61	1519.19	0.9340
2013	113916.96	105073.00	0.1141	55291.26	1796.22	0.9371
2014	132564.28	121743.00	0.1220	66597.52	1913.80	0.9441
2015	126791.36	155421.00	0.1288	71321.88	1879.07	0.9487
2016	108071.07	169683.00	0.1181	79883.03	1963.04	0.9520

（数据来源：根据民族地区各省区历年统计年鉴整理、计算所得）

民族地区城乡固定资产投资比从 2002 年的 6.7936 扩大到 2016 年的 40.6935（参见表 3 –11），城乡间固定资产投资差距逐年拉大，投资结构失衡问题日趋严峻，对民族地区城乡经济的协调发展产生着消极影响。西部大开发战略实施以来，民族地区依托矿产、能源等资源优势，大力发展以资本密集型重工业为支柱的第二产业，更多的固定资产投资源源不断涌入现代工业部门，在城镇产生聚集效应，形成充裕的资本积累，带动了城镇经济的快速发展和居民生活水平的提高。同时，政府推行"重工业优先"的发展不平衡策略，在投资、财政、税收、金融、价格等方面进一步偏向城镇，采用行政手段保证、支持城镇经济的振兴与繁荣。但是，在民族地区的广大乡村，农林牧渔生产占据主导位置，第一产业不但投资收益较低，而且发展所需的资金规模远小于工业生产活动，同时人为地压低了农产品价格，为工业生产提供廉价的原材料，从农业中获取工业发展所需要的原始资本积累。另外，乡村缺乏现代信用制度，居民诚信意识淡薄，缺乏资本吸引力，而金融机构吸收的乡村存款，为了追求更高的资本回报率，加剧流向了城镇的工业生产部门，民族地区广大乡村陷入了投资匮乏的窘境。① 在各方面因素综合作用下，资本从农业向工业转移，从乡村向城镇流动，最终工业化发展所需的资本又以固定资产投资的形式回流到城镇经济，致使乡村经济增速缓慢，城乡差距不断扩大，资本追逐高额回报率的偏好严重影响着民族地区城乡经济的发展过程。

经济外向度，是衡量一个国家（地区）开放型经济发展规模和发展水平的宏观指标，区别于"外贸依存度"的单一概念解释，采用"经济外向度"一方面解释民族地区经济、市场等方面的对外开放水平，另一方面用以说明民族地区投资环境对外资的吸引力程度。市场条件、外资优惠待遇、地域性优惠政策、银行政策、财政体系等因素，均会对外资在民族地区城乡间的流动与配置产生深刻影响②，其中，市场条件发挥主导作用。"经济外向度"指标越向"1"靠拢，则代表民族地区市场开放程度越高，投资环境越具有吸引力，但是2002—2016年，民族地区经济外向度保持着低水平稳态范围内（参见图3-4），反映出民族地区的市场开放程度不足，投资环境较为闭塞，欠缺吸引外资能力。此背景下，在资本追逐高额利润率的本质下，外资更多地选择流向城镇经济和工业部门，这种流向提高了资本的配置效率，带动了民族地区城镇经济的增长，但长此以往也扩大了城乡差距，造成经济发展的失衡。

---

① 李小克：《城乡固定资产投资差距对城乡收入差距的影响——基于2000—2013年中部地区省级面板数据》，郑州航空工业管理学院学报，2016年8月第4期第34卷，第1-6页。

② 王小鲁、樊纲：《中国地区差距的变动趋势和影响因素》，经济研究，2004年第1期，第33-43页。

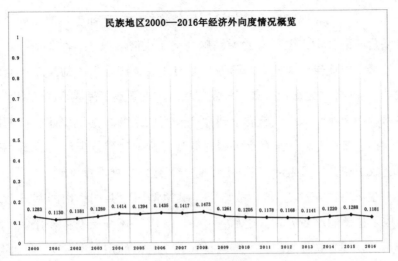

图 3-4　民族地区经济外向度情况概览（2000—2016 年）
（数据来源：根据民族地区各省区历年统计年鉴整理、计算所得）

四、城乡经济发展不平衡的"马太效应"

本书选取了城镇化水平（Index8）、城乡人口就业率之比（Index9）、非农产业从业人员占比（Index10）三个城乡发展指标，测度民族地区城乡经济发展不平衡的影响因子，计算结果分别为 0.953、0.925 和 0.923（参见表 3-8），结果趋向于"1"，三项指标与民族地区城乡经济发展不平衡的影响因素紧密相关。美国学者罗伯特·莫顿（Robert K. Merton）提出并归纳"马太效应"，是指任何一个地区（或个体），在金钱、名誉、地位等某一个方面获得进步和成功，会产生一种积累优势，从而有更多的机会获得更大的进步和成功。"马太效应"的经济学内涵可理解为一种发展的惯性。

新中国成立初期，民族地区经济发展水平低下，建设资金严重缺乏，传统农业生产在国民经济中的比重较大。整体农业技术水平落后，劳动生产率不高，产出能力有限，促进工业化发展的支撑能力不足。为此，民族地区选择了"重工业优先"的赶超型发展战略，通过不平衡的产业发展模式，突破产业间的递进性特征，以国家力量部署经济增长。重工业是资本密集型产业，其发展特点与民族地区资本稀缺的实际相矛盾。为此，迫于内外融资的困境，实行政府统一调配资源，减少工业生产成本，缓解工业化过程中因劳动力转移而形成的城镇化压力。导致民族地区城乡分割的二元经济结构应运而生。改革开放后，工农业产品价格的"剪刀差"并没有消除，反而成倍增长。工农业生产效益的不平等，使得以农业生产为核心的第一产业与非农生产为核心的第二产业两者间失衡发展。另外，"先富带后富"的发展战略，也导致了民族地区经济远落后于东部沿海，而承接东部产业转移、建立产业间联系的多是重工业生产部门，广大乡村被孤立于产业协作链条之外，在导致民族地区城乡经济发展不平衡的同时，也造成了城乡居民生活水平的巨大差异，经济发展严重失衡。

在工业化的"先发优势"、战略上"城镇偏向"共同作用的基础上，民族地区形成了显著的城乡差别。之后，"马太效应"便开始发挥作用。"马太效应"作用的发挥有其自组织性，特别是在完全自由的市场条件下，市场机制越完备，"马太效应"对经济发展的惯性作用越大。[1] 政府采取的"城镇偏向"战略扩大了"马太效应"的作用，使得民族地区的城镇更为繁荣，乡村更加颓败。技术、资金、人才等生产要素在高额的利润回报和良好的投资环境的吸引下，自发地、源源不断地从乡村涌入城镇，形成单向流动的格局。"马太效应"使城镇发展的基础更加雄厚，形成良性循环；而乡村发展的基础进一步被削弱，形成恶性循环。生产要素在城乡间的不平衡流动，削弱了乡村发展的基础，延续了城乡经济发展不平衡过程，造成了乡村长时间的相对衰落。

第三节　主成分 2——公共服务与劳动力要素分析

分析影响民族地区城乡经济发展不平衡的因素，从运用 SPSS 计算得出的表 3-8 旋转成分矩阵（也称因子载荷矩阵）入手，从每个主成分的构成指标及指标所代表的含义来进行分析。主成分 2 由六项指标共同组合构成，每个指标的权重系数不同，主要包括城乡居民人均收入比、城乡恩格尔系数比、城乡居民家庭人均消费比、城乡居民家庭平均每百户计算机拥有量之比、城乡居民家庭

---

[1]　郭喜：《内蒙古自治区城乡统筹协调发展及其政策研究》，呼和浩特：内蒙古大学出版社，2012 年 3 月第 1 版，第 151-152 页。

人均文教娱乐服务消费支出比、城乡居民家庭人均医疗保健消费支出比。主成分2，是一个综合性指标，可将其归纳、总结为如下影响因子。

一、城乡间基础设施非均等分布的经济影响

在影响因素的评价指标体系构建过程中，选取了城乡居民人均收入比、城乡恩格尔系数比、城乡居民家庭人均消费比、城乡居民家庭平均每百户计算机拥有量之比，共计四个指标对影响民族地区城乡经济发展的因素进行测度，得出的结果分别为 0.842、0.836、0.735、0.881（参见表 3 - 8），结果趋向于"1"，四个因子间关联度较高。"基础设施（Infrastructure），是指为社会生产和居民生活提供公共服务的物质工程设施，是用于保证一个国家（地区）社会经济活动正常进行的公共服务系统，是社会发展的一般物质条件，是国民经济各项事业进步的基础。"① 基础设施包括交通、邮电、供水供电、商业服务、科研与技术服务、园林绿化、环境保护等公共生活服务设施等。

基础设施的完善度，是发展生产与经济建设的必要条件。民族地区城乡间基础设施非均等现象突出，城镇的基础设施水平、信息通达程度等均远优于乡村，以现代工业部门为核心的城镇经济，不但压缩了工业、制造业的生产成本，减少了现代服务业的生产、经营开支，而且在各城镇经济部门共享基础设施与公共服务的同时，既提高了劳动生产效率，又增加了民族地区城镇中生产要素的收益率。究其原因，基础设施建设资金是财政拨款的付费生产项目，在我国"城镇偏向"发展政策指引下，财政资金多流入城镇，用于支持民族地区城镇基础设施建设，而基础设施水平情况亦代表着民族地区城镇的投资环境。在基础设施水平、信息通达程度较为薄弱的民族地区乡村，企业的生产成本投入被成倍提高，成本增加会严重降低企业的利润额，挤压企业的发展空间。另外，基础设施建设的施工周期较长，投入运营的初期难有收益，因此企业通常回避基础设施建设的直接投资，优先考虑在基础设施完善地区从事生产与经营活动，例如城镇。民族地区城镇相对完备的基础设施条件，相对通达的信息化水平，

---

① 邢鸿飞、徐金海：《论基础设施权》，法律科学（西北政法大学学报），2011 年第 1 期，第 156 页。

均减少了经济活动前期的资金、公共设施等生产要素的基础性投入,缩减了生产、经营成本,更易于获得高效的投资回报率及生产要素收益率,从而进一步提升资本、技术、人才等生产要素的流动性,在"用脚投票"①原理下,生产要素会遵循市场经济的基本准则,寻求最优的配置与发展方案,资本、技术、人才等都偏好于流向基础设施建设更好、信息化更为通达、公共服务水平更高的城镇地区,带动提升、优化城镇经济中的投资、产业、就业等经济结构,推进城镇经济走向繁荣。当民族地区城镇经济处于持续上升阶段时,会吸纳各种生产要素向城镇聚集,形成一定规模的聚集经济效应,促进民族地区城镇经济更加繁荣。在民族地区城镇经济繁荣发展的背后,是基础设施水平低下带来的乡村经济的日渐衰败,由此衍生出城乡差距的持续扩大,以及城乡两极分化发展问题的日趋严峻。

基础设施建设还可以发挥投资乘数效应②,拉动民族地区经济的增长。基础设施的乘数效应,是指在基础设施建设过程中,通过乘数作用,反映国民财富,拉动经济收入增长。乘数数值,受城乡居民边际消费因素的影响,边际消费越高,乘数越大。例如,2002—2016年,民族地区乡村居民投资乘数从0.7845逐年增加至0.8766,城镇居民投资乘数从0.8078逐年下滑至0.7042(参见表3-12),表明在日常生产生活中,乡村居民消费支出比重逐渐增加,城镇居民消费支出比重却逐年减少,与此对应的是乡村储蓄量及扩大再生产支出的减少,以及城镇储蓄量的增加。虽然民族地区乡村消费水平及经济活跃度逐年提升,但生产要素相对匮乏,基础设施水平低下,交通、通信、农田水利、水暖电设施等并不能完全满足乡村经济日益增长的生产需要,导致乡村居民的生产、消费成本相对较高,收入增长迟缓,消费能力有限,种种瓶颈因素拖延着民族地区乡村经济的发展进程。表3-12虽然显示城镇居民投资乘数呈下降

---

① "用脚投票",是指资本、人才、技术等生产要素流向能够提供更加优越的公共服务的区域。

② "乘数效应"(Multiplier Effect),是支出/收入乘数效应,是指支出的变化导致经济总需求与其不成比例的变化,以乘数加速度方式引起最终量的增加的一个变量。它既是一种宏观的经济效应,又是一种宏观经济控制手段。引申为区域经济发展概念:是指通过产业关联和区域关联对周围地区发生示范、组织、带动作用,通过循环和因果积累这种作用不断强化放大、不断扩大影响。

趋势，但因其经济总量、产业结构等指标均优于乡村，并且交通通信、水电供应等基础设施完备，提高了城镇居民的生产生活效率，节约了生产生活成本，城镇经济发展势头强劲，为民族地区工业化、城镇化的快速推进提供了有力保障。"城镇偏向"与二元经济结构共同造成民族地区城乡基础设施发展水平与投资力度的巨大差距，城乡基础设施差距又带来了城乡居民的生产与消费成本差异，直接导致城乡居民收入差距与消费差距。收入与消费的系统性失衡，通过循环与因果积累的作用不断被强化、扩大，造成了民族地区城乡经济发展的持续不平衡状态。

表 3−12　民族地区城乡居民收支情况（2002—2016 年）

年份	人均可支配收入		人均消费支出		乘数效应	
	城镇居民 （元/人）	乡村居民 （元/人）	城镇居民 （元/人）	乡村居民 （元/人）	城镇居民	乡村居民
2002	6720.95	1763.63	5429.46	1383.55	0.8078	0.7845
2003	7278.19	1907.30	5808.95	1476.05	0.7981	0.7739
2004	8019.14	2110.18	6336.09	1705.29	0.7901	0.8081
2005	8676.68	2327.86	6823.98	1981.99	0.7865	0.8514
2006	9429.18	2579.79	6918.14	2183.65	0.7337	0.8464
2007	11166.55	3002.64	7981.18	2512.26	0.7147	0.8367
2008	12759.14	3458.41	9078.20	2830.29	0.7115	0.8184
2009	13888.20	3762.78	9925.10	3056.73	0.7146	0.8124
2010	15349.14	4351.99	10930.99	3509.93	0.7122	0.8065
2011	17402.96	5138.16	12302.15	4197.14	0.7069	0.8169
2012	19689.35	5930.76	13740.03	4842.23	0.6978	0.8165
2013	21879.00	7232.46	15613.94	6387.88	0.7136	0.8832
2014	23835.85	8070.33	16939.58	7093.36	0.7107	0.8789
2015	26177.81	8824.04	18426.01	7744.18	0.7039	0.8776
2016	28353.60	9608.95	19965.42	8423.19	0.7042	0.8766

（数据来源：根据民族地区各省区历年统计年鉴整理、计算所得）

二、人力资源向人力资本转化的城乡差异

在构建影响因素的评价指标体系时，选取了城乡居民家庭人均文教娱乐服务消费支出比指标（Index15），用来测度人力资本因素与民族地区城乡经济发展之间的关系，Index15＝0.825（参见表3-8），说明人力资本是影响民族地区城乡经济发展不平衡的重要因素。

"人力资本"，是指通过投资形成的，存在于人体中的能力和知识的资本形式，强调通过投资而获得能力，而投资所付出的代价会在使用中得到增值，以更大的价值得到回报。① "人力资源"是指经过开发形成一定的能力，强调要充分挖掘并发挥人的内在能力，不存在增值问题，既包括不经过教育培训就拥有的简单劳动能力——自然人力资源，又包括经过培训才能上岗的、从事复杂劳动的劳动者的能力和知识。② 通过对两个概念的比较分析得出，"人力资源"的概念单一强调劳动力数量，而忽视劳动力素质；"人力资本"是人力资源中全部教育性投资的凝结，仅仅指从事复杂劳动的能力、知识等，突出强调劳动力素质。从"人力资源"充裕走向"人力资本"密集，是中国特色社会主义新时代民族地区经济发展的全新动力。2000—2016年，民族地区劳动力数量从9145.7万人增加至11508.6万人，劳动力人口众多，人力资源丰富。但是，城乡间劳动力在知识水平、素质技能等方面的巨大差异，导致人力资本城乡分化问题逐年严峻，民族地区人力资本城乡存量比在十五年间保持稳态，小幅下降（参见表3-13），乡村人力资源的资本转化过程迟缓，城镇人力资本发展势头强劲，城乡间人力资源的非均衡资本化发展过程进入了不平衡循环。为此，实现城乡间"人力资源"向"人力资本"的均衡转化，是解决民族地区城乡间经济发展不平衡的重要途径，实现手段是教育、培训等。"1985年世界各国教育投入占GDP比重的平均水平是5.2%，发达国家的平均水平是4.5%，不发达国家的平

---

① 邵云飞、唐小我：《论人力资源向人力资本的转变》，软科学，2004年第4期第18卷，第78-80页。
② 同上。

均水平是 5.5%"①，直到 2015 年，民族地区财政教育支出占 GDP 的比重为 5.35%（参见表 3－14），达到 30 前的世界平均水平。教育投入不足，有限的财政教育资金多集中于城镇，城镇成为教育投入的密集分布区域，这是导致民族地区乡村人力资源难以转化为人力资本的重要原因。

表 3－13　民族地区分城乡实际人均劳动力人力资本情况（2000—2015 年）

年份	城镇（千元）	乡村（千元）	民族地区（千元）	城乡存量比	城乡存量比变动情况
2000	78.65	29.26	44.2275	0.3720	
2001	82.905	31.59	46.95	0.3810	2.42%
2002	87.01375	33.87875	49.71125	0.3893	2.18%
2003	93.16	36.2525	53.2875	0.3891	－0.05%
2004	96.51875	37.45	55.34	0.3880	－0.29%
2005	103.30125	39.81875	59.5025	0.3855	－0.66%
2006	109.94875	43.005	64.17625	0.3911	1.47%
2007	114.31625	44.3375	67.0125	0.3878	－0.84%
2008	116.89125	44.46625	68.82875	0.3804	－1.92%
2009	128.865	48.18875	76.76	0.3739	－1.70%
2010	137.4925	49.88625	82.85	0.3628	－2.97%
2011	139.845	50.8225	85.01375	0.3634	0.16%
2012	143.35875	53.46375	88.90625	0.3729	2.62%
2013	148.815	56.0325	93.5	0.3765	0.96%
2014	160.70375	59.38875	102.02	0.3696	－1.85%
2015	174.1725	62.9525	110.935	0.3614	－2.20%

（数据来源：根据李海峥教授课题组《中国人力资本报告 2017》整理、计算所得）

---

① 曾晓：《加速人力资源向人力资本的转化——我国人力资本问题的分析与对策》，上海经济研究，2006 年第 7 期第 6 卷，第 47－53 页。

表 3 – 14　民族地区财政教育支出情况（2007—2016 年）

年份	国家				民族地区			
	教育支出 （亿元）	财政支出 （亿元）	GDP （亿元）	教育占 GDP 比重	教育支出 （亿元）	财政支出 （亿元）	GDP （亿元）	教育占 GDP 比重
2007	7122	49781	270844	2.6297%	958	5593	25496	3.7584%
2008	9010	62593	321501	2.8025%	1279	7404	31589	4.0472%
2009	10438	76300	348499	2.9950%	1531	9609	34761	4.4058%
2010	12550	89874	411265	3.0516%	1895	11749	42094	4.5006%
2011	16497	109248	484753	3.4032%	2418	15429	51718	4.6757%
2012	21242	125953	539117	3.9402%	3051	18388	58585	5.2080%
2013	22002	140212	590422	3.7264%	3188	20306	65239	4.8862%
2014	23042	151786	644791	3.5735%	3439	22192	70858	4.8527%
2015	26272	175878	686450	3.8272%	3987	24811	74519	5.3509%
2016	28073	187755	740599	3.7906%	4282	26741	79987	5.3537%

（数据来源：根据全国及民族地区各省区历年统计年鉴整理、计算所得）

　　除却教育投入不足的因素外，教育水平严重落后，人力资源开发低效，是民族地区乡村人力资源向人力资本缓慢转化的又一原因。在乡村并不匮乏的人力资源中，大部分是缺乏专业技能、受教育程度低的初级劳动力，既难以适应知识时代、信息时代对劳动力的高标准要求，又难以胜任中国特色社会主义新时代经济发展对创新的需要。民族地区大量的乡村人力资源如同"璞玉"，长期被低水平、低效率使用，未经过资本化过程的系统、有效开发，造成了人力资源的极大浪费，既难以实现向人力资本的转化，又制约着乡村产业结构的调整与优化，更缺乏为乡村振兴与发展积累财富的能力。

　　影响民族地区城乡经济发展不平衡的另一个人力资本因素，即城乡间物质资本与人力资本的投资比例严重失衡。资本可以分为物质资本与人力资本两种，"物质资本"，是指包括机器设备、厂房、原材料等以物质产品形式存在的资本；"人力资本"，是指对劳动力进行教育、培训后，凝结在其身上的各种知识、技能所蕴藏的经济效益的总和。物质资本与人力资本之间，存在着一定数量的均衡关系。西部大开发战略实施后，民族地区大力发展以矿产、能源等重工业为支柱的资本密集型产业，将资本密集型产业布局在城镇经济的核心地位，重视物质资本的投入与回报，把国民经济的基础建设与固定资产的增加作为经济发展的主要动力，在现代工业部门的发展中，不断提升城镇人力资源的资本化过程，加大城镇人力资源向人力资本的转化力度，为新时代民族地区城镇经济发展储备人才，贡献力量。与此同时，民族地区乡村的基本建设和固定资产的投资落后于城镇，特别是人力资本投资更少于对物质资本的投资，两者之间存在着极为不均衡的"重物质，轻人资"的发展状态。总之，教育投入不足、教育水平低下、人力资源开发低效、物质资本投资与人力资本投资失衡，皆是导致民族地区城乡经济发展不平衡的人力资本因素。

三、"经营性"公共事业的城乡间非均衡分布

在构建影响因素的评价指标体系时，选取了城乡居民家庭人均医疗保健消费支出比指标（Index16），用来测度教育、科技、医疗、卫生等公共事业对民族地区城乡经济失衡发展的影响，Index16 = 0.812（参见表 3 – 8），说明公共事业是影响民族地区城乡经济发展不平衡的关键因素之一。

破除城乡二元经济结构，实现城乡经济协调发展，是促进民族地区社会公平及人的发展的重要内容。公共事业，通常分为具有经济收益能力的"经营性"公共事业，以及纯福利、非营利的"非经营性"公共事业。具有经济收益能力的公共事业（以下简称"经营性"公共事业）在城乡间的非均衡发展，是导致民族地区城乡经济失衡的重要因素之一。民族地区在选择、投资"经营性"公共事业时具有明显的城镇倾向，偏好于在城镇中布局"经营性"公共事业。相较于城镇而言，乡村在交通、电信、医疗、卫生等服务产业方面的财政投资相对较少，具有经济收益能力的公共事业发展滞后，难以为农业产业链延伸及农业现代化发展提供全面保障与支持，更不易形成与地区禀赋、民族特色相适应的产业聚集效应。薄弱的"经营性"公共事业制约着民族地区乡村经济的振兴与发展，其在城乡间的非均衡分布又更进一步加深了民族地区城乡经济发展不平衡的过程。

民族地区"经营性"公共事业的城乡差异，既是刺激乡村人口快速城镇化的主要因素，又是导致民族地区城乡经济失衡发展的重要原因。由于乡村资本

积累薄弱，经济基础低下，发展动力不足，导致乡村在短时间内无力弥补与城镇之间的巨大公共事业差距，特别是社会保障、文化教育、医疗卫生等需要巨额资金投入与支持的公共事业活动的差距。另外，"城镇偏好"使得资本等要素涌向城镇，吸引着众多具有经济收益能力、追求经济回报的"经营性"公共事业部门在此发展，与此同时，乡村多是财政投入支持的"非经营性"公共事业，其特征是发展水平低、惠及范围窄等。城乡间公共事业的发展差距，使城镇的生产生活更为便捷，对比之下，以"非经营性"公共事业为主的乡村更显落后，直接导致了民族地区乡村人口的城镇化选择，越来越多的乡村人口流向城镇，选择在城镇就业、定居、生活，由此城镇更加繁荣，乡村逐渐"空心化"，城乡经济发展不平衡问题日趋严峻。

第四节　主成分3——资源、制度、观念三因素分析

分析民族地区城乡经济发展不平衡的影响因素，从运用 SPSS 计算得出的表3-8旋转成分矩阵（也称因子载荷矩阵）入手，主成分3由石油储量与煤炭储量两项指标共同组合构成，用定量方法说明自然资源对城乡经济发展的影响，之后对影响民族地区城乡经济发展不平衡的政策体制、观念文化进行定性分析，因为这两部分因素不易通过定量描述的方法进行说明，故而将定量分析与定性说明相结合。

一、自然资源差异掣肘城乡经济协调发展

构建影响民族地区城乡经济发展不平衡的评价指标体系后，运用 SPSS 计算得出石油储量为 0.673、煤炭储量为 0.559，主成分3主要表示自然资源对民族地区城乡经济发展不平衡的影响。《辞海》中所定义的"自然资源，是指天然存在的自然物（不包括人类加工制造的原材料）并有利用价值的自然物，如土地、矿藏、水利、生物、气候、海洋等资源，是生产的原料来源和布局场所"；联合国环境规划署定义的"自然资源，是指在一定的时间和技术条件下，能够产生经济价值，提高人类当前和未来福利的自然环境因素的总称"。自然资源具有整

体性、变化性、区域性、可利用性和不均衡性等特征，既是人类生存、发展所依赖的特殊生产要素，又是一个国家（或地区）经济可持续发展的重要保证。科学、合理利用自然资源能增加社会福祉，如若过度开发、超载使用自然资源，必将出现环境危害加剧、产业结构失调、城乡经济发展不平衡等"资源诅咒"的发展病症。

民族地区城镇中自然资源匮乏，"自然资源贫困"制约着城镇经济的发展。民族地区乡村经济发展则在一定程度上陷入了自然资源恶性循环的怪圈。自然资源，深刻影响着民族地区城乡经济的发展状态。民族地区城镇缺少经济发展所需的矿产、生物、农业、森林、草原、土地、水等各类自然资源，资源匮乏迫使城镇在经济发展过程中，持续掠夺、挤占乡村丰富的自然资源及各种稀缺的生产要素，从乡村中攫取城镇经济的发展动力。在民族地区经济发展过程中，拥有大量丰富稀缺性自然资源的乡村并没有因为占据绝对优势数量的自然资源而蓬勃发展，反而因为过度开发、超载使用、破坏污染等行为，使乡村经济陷入了发展的恶性循环。

民族地区乡村的自然资源丰裕度较高，但大多数乡村地处偏远、交通不便、人口滞留，实现城镇化的可行性较低，缺乏脱贫的有效手段，为此"靠山吃山、靠海吃海"透支资源维持生计的生产方式较为突出。大规模开采自然资源使民族地区部分乡村快速致富，但不科学的发展方式导致资源枯竭、环境恶化，引发新的贫困，之后继续索取自然资源，脆弱的生态环境使其陷入了更深的贫困。由此，形成了"贫困→开发自然资源→致富→生态环境脆弱→新的贫困→环境恶化→更深层次的贫困……"的乡村经济恶性循环。在自然资源无法得到有效开采的乡村，摆脱贫困、发展经济的夙愿使民族地区乡村承接了城镇淘汰、转移的部分污染性产业。产业转移促进了乡村经济增长，解决了劳动力就业，提高了乡村居民人均收入水平，但是短期的经济效益却带来了难以治理的环境污染与生态破坏。生态环境平衡被打破，污染引发的疾病使乡村出现返贫。于是，民族地区乡村再次陷入"贫困→承接产业转移→致富→环境恶化→疾病→更深层次的贫困……"的恶性循环的怪圈不能自拔。在许多毗邻城镇的乡村，由于城镇化发展过于粗放，许多农田沦为城镇的建设用地，乡村也无奈成为城镇的垃圾掩埋与处理场。城镇的生产与生活垃圾过于庞大，且自我降解缓慢，超过了乡村的可承载力。为此，与城镇为邻的乡村还没能分享城镇发展带来的经济利益，从而解决乡村自身发展问题，就又陷入了更大的发展恶性循环的困境，即"未城镇化→沦为垃圾场→环境恶化→丧失城镇化可能→贫困……"。

从上述分析看，自然资源的丰裕度与城乡经济发展之间存在负向关联——某一国家（或地区）自然资源越丰裕，则城镇与乡村之间的经济差距可能越大。其根本原因在于自然资源分配不均衡、资源密集型产业对其他产业的挤占、合理利用资源的政策制度缺失等因素导致。在民族地区矿产等能源富集区域，国有企业掌握多数的资源开采权，对自然资源收益具有绝对分配优势，城乡生产效率差距不断拉大，在此自然资源开发过程中，拒绝广大乡村劳动力参与利益分配，不平等的财富分配制度、不健全的资源开采制度，奠定了民族地区城乡经济发展不平衡的基础。由此可见，乡村自然资源的无序开发与破坏会直接导致民族地区乡村经济的衰落，而自然资源在城乡间的非均衡分布亦会对民族地区城乡经济发展产生深刻影响。

二、观念滞后对城乡经济的差异化影响

"就个别人说，他们行动的一切动力，都一定要通过他的头脑，一定要转变为他的愿望和动机，才能使他行动起来。"[①] 乡村人口的城镇化过程，不仅是让世代生活在乡村的居民远离故土进城务工，转变为从事非农生产的城镇居民身份，更重要的是破除乡村居民的小农意识，转变价值观念和生产生活方式。传统的农业文化及小农意识，会阻碍乡村经济的现代化发展。经济观念的改变，是乡村居民城镇化的关键，也是乡村现代化发展及实现乡村振兴的重要内容。

民族地区的经济思想与观念，受自然经济与计划经济的双重影响，商品经济发展迟缓，形成了独具特色的民族地区经济观念与文化。在传统农业经济环境中，"丰衣足食"成为乡村居民对生活的追求与向往，自给自足的生产生活方式，滋养了小富即安、墨守成规的陈腐观念，乡村居民害怕承担风险，缺乏竞争意识与开放观念，难以接受市场竞争与现代经济思想。当民族地区破除计划

---

① 吴振磊：《西部地区城乡经济社会一体化支持系统研究》，西北大学博士学位论文，2010年，第86－116页。

经济体制，孕育并产生市场经济时，广大的民族地区乡村居民并没有随之改变传统小农意识，接纳效率、竞争、法制、创新、风险等市场观念，民族地区乡村经济思想的更新难以与市场经济体制的发展同步进行，抗拒市场竞争、淡化商品意识、缺少现代管理制度、缺乏风险控制能力等成为民族地区乡村经济思想的主要特征。自然经济与计划经济下滋生的传统经济观念，既难以适应工业化、市场化、城镇化的发展要求，又从根本上局限着民族地区乡村经济的发展，更因观念上的城乡差异造成了民族地区城乡经济的失衡发展。

受传统观念文化影响，民族地区劳动力缺乏流动的主动性，安于现状的生活状态使城乡居民对现代市场经济理念的适应周期不断延长。由于地理位置闭塞、市场观念缺失、对外开放程度低下等因素的限制，致使民族地区乡村经济既难以科学整合优势资源、充分利用比较优势，又阻碍了农业现代化发展进程，导致市场经济思想下的民族地区城乡差距不断拉大。近年来，随着工业化、市场化、城镇化进程的推进及地区间开放程度的不断加深，民族地区城乡物质供应极大丰富，乡村居民的物质文化需要日益增长，传统的"重积累、轻消费"的经济思想从外部被打破，消费支出占乡村居民收入的比重逐年提高，从 2002 年的 78.45% 上升至 2016 年的 87.66%（参见图 3-5），消费支出逐年增多，用于技能培训、继续教育等方面支出有限，必需品支出占多数，理财投资意识薄弱，消费扩张既降低了乡村储蓄能力又减少了再生产活动的资本投入，导致多渠道借贷现象突出，乡村居民借贷问题严峻，自给自足的生产生活方式与日益增长的物质文化需求之间形成了一对特殊的矛盾，乡村经济发展动能不足问题凸显。与此同时，2002—2016 年，民族地区城镇居民人均消费支出占收入的比重从 80.78% 下降至 70.42%，城镇奉行市场经济观念，消费结构不断优化，消费支出逐年下降，在物质文化生活得到满足的基础上，民族地区消费迈向多元化，城镇居民更加追求人的发展，因此用于储蓄理财、技能培训、教育深造、再生产经济活动的资本投入不断增加，在消费拉动城镇经济增长的同时又保证了经济运行所需生产要素的投入，促进了民族地区城镇经济的发展与繁荣。

综上所述，民族地区注重和谐、强调稳定、畏惧风险、官本位意识浓厚、热衷发挥关系资源的最大效能，择业倾向于选择国家机关、事业单位、国有企业等稳定安逸的"铁饭碗"。乡村更加注重血缘、地缘等纽带对个人事业的扶助和支撑，缺乏创新能力与开拓精神。城乡居民在经济观念上的差异，在一定程度上影响着民族地区城乡经济的发展状态。

图3－5　民族地区分城乡居民消费支出占收入的比重（2002—2016年）
（数据来源：根据民族地区各省区历年统计年鉴整理、计算所得）

三、导致城乡分割的障碍性制度因素

制度是经济增长的内生变量，民族地区城乡经济发展、市场化与城镇化发育程度等均与政策、制度的影响有关，在经济领域起着重要作用。市场经济条件下，生产要素在统一大市场内寻求合理配置，城乡市场环境不同导致生产要素价格存在差异性，制度成为市场化发展的助推力，在市场作用下，城镇经济与乡村经济的发展差距逐渐拉大，城乡分化问题突出。导致民族地区城乡经济失衡的政策制度中的障碍性因素，主要包括户籍制度、土地制度、社会保障制度、行政体制等，这些障碍性因素限制了生产要素在城乡间的自由流动与转移配置，强化了民族地区城乡经济发展不平衡状态，影响着城乡经济协调发展目标的实现。

西部大开发战略实施以来，户籍制度对于民族地区人口迁移的限制逐渐弱化，但户籍"附加值"的影响力依旧巨大，与教育、就业、医疗、卫生、社保等居民权益息息相关。虽然在形式上，民族地区实现了劳动力的城乡间自由流动，但是因为教育、就业、医疗、住房等受户籍限制，绝对自由的劳动力城乡间迁移只存在于理想状态，现实的劳动力城乡间迁移是以牺牲部分平等权益换来的。民族地区劳动力在基础教育、平等就业间的差别待遇便深受户籍制度的影响。2000 年以后，民族地区出现了大规模的乡村劳动力向城镇的迁移，迁移方式由"个人候鸟式"转变为"家庭迁移式"。在乡村人口城镇化过程中，迫切需要解决乡村转移劳动力的子女教育问题。依据户籍归属划分就读学校是基础教育政策，进城务工人员受制于"人籍分离"问题，其子女难以与城镇居民享受同等的教育资源，导致子女被迫滞留家乡接受教育，在乡村形成了规模化的留守儿童群体。但是，乡村在教育水平、师资力量、教学环境等方面落后于城镇，导致部分儿童在缺失家庭教育的同时，也无法享受良好的基础教育资源。教育二元性的根源，是户籍制度影响下的城乡分割，即城乡二元结构。除教育受户籍限制外，户籍制度也制约着进城务工人员的就业。民族地区城镇存在着进城务工人员和企业失业职工两部分待就业群体，具备成熟素质技能的企业失业职工更容易通过培训等形式实现再就业，挤占了乡村劳动力的就业机会，使城乡劳动力之间形成了差异化的就业选择与待遇。总之，户籍制度是城乡经济联系与交往的壁垒，抑制了乡村劳动力在城乡间形成合理、有序的流动，剥夺了进城务工人员共享城镇经济发展成果的权利，制约了城乡统一劳动力市场的形成，限制了民族地区城镇对乡村经济的产业转移与功能扩散，是民族地区实现农业现代化与乡村振兴的主要瓶颈，更是形成民族地区城乡经济发展不平衡的重要影响因素。

阻碍民族地区城乡经济协调发展的障碍因素——土地制度，主要包括集体土地问题、土地流转问题、不健全的土地制度对乡镇企业的消极影响。为了城镇建设用地，将乡村土地征用，居民得到一次性补偿，利益难以持续保障。此外，高昂的土地使用成本转嫁到企业和居民身上，既不利于企业的扩大再生产经营活动，又增加了乡村劳动力进城务工的生活成本开支。随着民族地区城镇的快速开发，城镇建设规模不断扩大，乡村土地更多的被征占，导致部分乡村居民在快速城镇化过程中利益受损，阻碍了乡村经济的现代化发展进程。乡村劳动力向城镇的规模迁移，导致民族地区出现了许多"空心村"①，土地流转问

---

① "空心村"即村中青壮年外出务工，村中只剩下妇女、儿童、老人。

题成为影响乡村劳动力向城镇转移的重要环节，不健全的土地流转制度存在严重的消极影响，一方面进城务工的乡村劳动力难以接受城镇经济的文化观念，不能从根本上改变原有的生产生活方式，不易于真正融入城镇，形成了人的二元性；另一方面，土地流转导致乡村经济分散经营，难以集聚生产要素、发挥规模经济效应，难以转变传统的生产经营方式，导致农业生产效率低下，乡村经济走向衰落。另外，乡镇企业是连接城镇与乡村的纽带，民族地区多数的乡镇企业实力薄弱，偏好占用乡村土地建设厂房，低价甚至无偿使用乡村土地资源，特别是民族地区地域辽阔，出于缩减成本的目的，导致乡镇企业布局分散，难以聚集劳动力、土地、资金等生产要素，以村、乡为单位分布的民族地区乡镇企业协调城乡经济发展的作用被弱化。

城乡有别的社会保障制度，对城乡经济社会发展产生深刻影响，导致发展不平衡问题日趋严峻。一方面，以土地为支撑的家庭保障模式依然是乡村居民的主要方式。近年来，政府加强社会保障制度建设，采取转移支付等财政支持手段投入大量资金用于支持医疗、教育等社会事业发展，城乡分割的社会保障制度正在被逐渐打破。但尽管如此，在教育、就业、医疗、养老等社会保障与社会福利方面，城乡居民仍有差别。因此，土地的保障功能对于乡村居民而言更为突出，这是农民工难以割舍土地的根本原因，多数农民工既不属于城镇正式员工的保险范围，又缺乏风险意识与偿付能力，被排斥在社保与救助范围外。在这种尚不完善的社会保障制度下，乡村劳动力进城就业具有较高的风险性，进城务工仅仅成为短期增加收入的渠道，并不能实现真正意义上的乡村城镇化，城乡之间的发展差距也难以消除。①

在我国现行的行政体制下，不同级别城镇处于资源分配的不同地位，级别越高的城镇越拥有更多的资源和福利，导致乡村受到压制，失去与城镇平等发展的机会。民族地区整体经济发展滞后，这种情况尤为凸显，"城镇偏向"政策成为发展经济与配置资源的依据，更多的生产要素与优质资源向城镇聚集。在现有行政体制下，上级部门往往在计划投资、项目审批等环节以行政手段干预

---

① 吴振磊：《西部地区城乡经济社会一体化支持系统研究》，西北大学博士学位论文，2010年，第86－116页。

下级决策，导致处于最低行政级别的乡村缺乏经济自主性，过多的行政干预挤压了乡村自主发展空间。行政体制也是造成民族地区资源分布失衡，以及城乡经济发展不平衡的重要障碍性因素。

本章小结

在度量城乡经济发展不平衡程度的基础上，本章对民族地区城乡经济发展不平衡的原因进行探究。构建影响因素评价指标体系，采用主成分分析法，代入 SPSS，对 16 项指标进行降维排序得出主成分 1（经济因素与发展惯性）、主成分 2（公共服务与劳动力要素）、主成分 3（资源、制度、观念三因素分析）。主成分 1 涵盖了城乡经济实力的动态差距、不平衡产业发展模式的选择、投资环境与效率的城乡分化、城乡经济发展不平衡的"马太效应"，共 4 项影响因素。主成分 2 包括了城乡间基础设施非均等的经济影响、人力资源向人力资本转化的城乡差异、"经营性"公共事业的城乡间非均衡分布，共 3 项影响因素。主成分 3 主要是自然资源差异掣肘城乡经济协调发展、观念滞后对城乡经济的差异化影响、导致城乡分割的障碍性制度因素，共 3 项影响因素。这些影响因素共同作用下，产生并扩大化了民族地区城乡经济发展不平衡问题。

第四章　民族地区城乡经济发展不平衡问题的体现

度量民族地区城乡经济发展不平衡程度的基础上，明确了民族地区城乡经济过程中存在着发展不平衡问题。在本书中，不平衡问题集中体现在城乡经济发展的诸多方面，可归纳为城乡经济发展水平、城乡经济结构、城乡经济发展要素三个主要方面，涉及经济总量与增速、居民收入与分配、经济关联度、二元经济结构、产业结构与就业结构、资本与劳动力情况、基础设施与公共服务、技术创新与进步等诸多经济内容。

第一节　城乡经济发展水平不平衡

经济发展水平，通常指一个国家（或地区）经济发展的总量规模与速度水平，通常衡量一个国家（或地区）经济发展水平多采用国民生产总值、国民收入、人均国民收入、经济增长速度等指标。① 民族地区是我国经济发展相对滞后区域，西部大开发战略实施后，凭借充裕的自然资源禀赋优势，经济社会快速发展，经济总量不断提升，创造了多个发展的奇迹，逐渐摆脱了积贫积弱的落后面貌。虽然绝对差距在逐年缩小，但城乡经济发展水平的相对差距依然存在，城乡经济发展不平衡特征突出。

---

① 何盛明、刘西乾、沈云：《财经大词典（上卷）》，北京：中国财政经济出版社，1990 年 12 月第 1 版，第 256 页。

一、城乡间经济总量与增速差距突出

自国家西部大开发政策落地实施以来，民族地区搭乘西部大开发的历史机遇，经济社会快速发展，经济总量不断增加，经济增长速度惊人。虽然在此期间，民族地区与发达地区的绝对差距看似逐年缩小，但是与此同时，城镇经济与乡村经济间的发展差距却日趋扩大，城乡间经济总量与增速差距更为显著，城镇经济的繁华反衬着乡村经济的衰落，成为民族地区城乡经济发展不平衡的突出特征之一。

（一）城乡经济总量差距

"经济总量狭义指社会财富总量即社会价值总量，包括能够用货币来计算的与不能用货币来计算的社会真正财富总量，既包括社会财富的量，也包括社会财富的质。狭义的经济总量是有效经济总量，不包括无效经济总量。经济总量广义指所有能够用货币来计算的国民经济总量，既包括有效经济总量，也包括无效经济总量。经济总量增加、经济规模扩大有两种途径：资源配置与资源再生。狭义的经济总量增加更多通过创新与资源再生来完成，广义的经济总量增加往往通过资源配置与外延扩张来实现。"① 在本书中，经济总量特指狭义的有效经济总量，主要用国内（地区）生产总值（以下简称"GDP"）来衡量。

实际上，民族地区城镇经济总量与乡村经济总量二者间存在明显的不平衡特征。2000 年时，民族地区乡村 GDP 为 2022 亿元，城镇 GDP 为 6678 亿元，此时城乡经济总量静态不平衡差为 69.7249（参见图 4-1）。但是，西部大开发战略实施后，民族地区凭借丰富的自然资源优势、充裕的矿产资源禀赋、便利的优势区位条件等，经济社会快速发展，特别是在许多地区重点开发以工业生产为核心的城镇经济，城镇经济增长带动地区经济总量不断提升，与此同时，在民族地区经济开发与建设过程中，乡村资源支撑着城镇经济发展，原材料、劳动力等多种经济要素从乡村涌入城镇，在城镇空间范围内产生集聚效应，城镇经济总量不断扩张。在部署实施西部大开发战略后的十数年时间里，城市化进

---

① 陈世清：《新常态经济是创新驱动型经济——新常态经济是经济增长方式转变》，求是网，2015 年 6 月 16 日，http://www.qstheory.cn/laigao/2015-06/16/c_1115629001.htm。

程不断加快，城镇经济壮大繁荣的同时，乡村经济却日渐衰败，甚至因发展动力不足、经济低迷萎缩出现了"空心村"现象，"所谓空心村是指在农村发展过程中出现的村落有房无人，由于缺乏核心竞争力而使得农村在经济、文化、社会等方面空心化的病态发展状态"①。"空心村"现象是"三农"问题在农村的集中体现。可见，在民族地区经济起飞阶段，城乡经济发展不平衡特征显著，发展失衡问题日趋严峻。

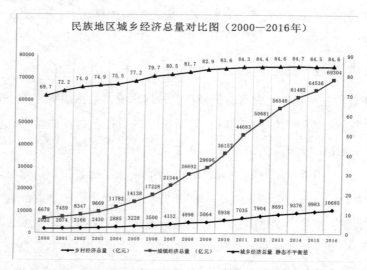

图 4 - 1　民族地区城乡经济总量对比图（2000—2016 年）
（数据来源：根据民族地区各省区历年统计年鉴整理、计算所得）

截至 2016 年，民族地区乡村 GDP 为 10685 亿元，城镇 GDP 为 69304 亿元②，此时城乡经济总量静态不平衡差已扩张至 84.5827（参见图 4 - 1）。静态不平衡差指标，表示在某一时间点，不发达地区与发达地区的经济总量差距。从经济总量看，21 世纪伊始，民族地区开始部署实施西部大开发战略，此后城乡经济之间的不平衡特征逐年加剧，表现为城镇经济与乡村经济二者间的经济总量差距扩大化趋势。城镇经济日渐壮大，乡村经济逐渐凋敝，城乡经济发展问题突出，发展不平衡特征显著。

---

①　张新浩、秦莹、杨朋：《均衡发展视角下农村地区空心村问题研究》，云南农业大学学报（社会科学），2017 年 11 月第 4 期，第 22 - 26 页。

②　数据来源：根据民族地区各省区 2016 年统计年鉴整理、计算所得。

(二) 城乡经济增速差距

"经济增长速度，是一个国家（或地区）在一定时期内社会物质生产和劳务发展变化的速率。西方国家经济增长速度一般以不变价格计算的报告期的国民生产总值同基期相比而得的比率表示。我国经济增长速度通常以不变价格计算的报告期同基期的社会总产值、工农业总产值或国民收入相比较而得出的比率来表示。经济增长速度主要决定于社会再生产中的比例关系，也受社会经济各方面、各环节经济效果的影响。速度只有与比例效果统一才能持久稳定高速。"[1] 在本书中，对于民族地区城乡经济增速差距的分析，多采用城乡经济的 GDP 增速来进行衡量与计算。

从经济增长速度看，民族地区城镇与乡村二者间存在显著的不平衡特征。2000 年，民族地区乡村 GDP 增速为 2.58%，城镇 GDP 增速为 11.69%，城乡间经济增速差距为 0.0911（参见图 4-2）。为化解长期以来的东西部发展差距问题，21世纪伊始国家部署实施了西部大开发战略，确保集中力量、利用优势资源，开发、建设包括民族地区在内的广大西部地区。民族地区矿产等能源资源丰富，借力西部大开发这一历史机遇，内蒙古、新疆等省区大力发展以矿产能源开发、加工为主的重工业，重工业多布局在城镇空间范围，自此民族地区城镇经济逐渐壮大。在此经济起飞背景下，乡村逐步退居产业链末端，为城镇经济的生产经营提供物质支持，乡村经济的利润空间被挤占，只能获取微薄利润收益。此外，西部大开发部署之初，民族地区乡村经济增速就远远落后于城镇经济，经济发展过程中的"马太效应"使城镇更加繁荣、乡村更加衰落，"有饭吃，缺钱花"，"吃饱了饭，看不起病，读不起书"是许多民族地区乡村生活的写照，城乡发展严重失衡，乡村社会矛盾日益突出，"三农"问题形势严峻。在乡村经济社会事业陷入低增长期的大背景下，十六大提出"统筹城乡经济社会发展，建设现代农业，发展农村经济，增加农民收入是全面建设小康社会的重大任务"，由此，在民族地区经济建设过程中，更多地将注意力聚焦"三农问题"。2002 年开始，民族地区乡村 GDP 增速呈现出不稳定增长趋势，增长波动明显，这是由乡村经济内容决定的，民族地区乡村经济以农牧业生产经营活动为主，农牧业自身带有弱质性特征，受自然环

---

[1] 王美涵：《税收大辞典》，沈阳：辽宁人民出版社，1991 年 6 月第 1 版，http://xuewen. cnki. net/R2006110700001014. html。

境的影响波动较大。总体而言，就城乡 GDP 增速来看，虽然近年来城乡经济增速差距逐渐放缓，但因增速差距导致的城乡经济发展差距依然存在，且将经济增速与 GDP 占比结合分析，民族地区城镇经济与乡村经济二者间的不平衡性特征显著。

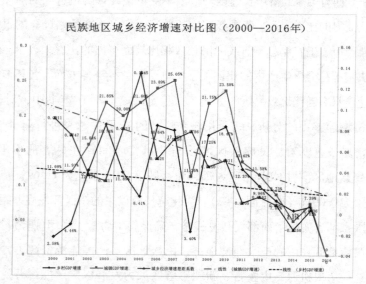

图 4 − 2　民族地区城乡经济增速对比图（2000—2016 年）

（数据来源：根据民族地区各省区历年统计年鉴整理、计算所得）

二、城乡间居民生活水平差距显著

"居民生活水平，是指人们的物质需要、生活需要和精神需要的满足程度及其社会生活条件。居民消费的物质资料，是指食品、衣服、生活用品、住房等。生活条件，是指综合的生活服务，即居民所需的运输服务、生活和公用事业企业的服务。精神需要包括教育和文化。社会条件是指实现宪法的权利，即保证人人享有劳动、休息、从事社会活动和体育、运动、社会保障、社会保险和医疗服务的同等机会。居民从事有益的社会劳动、有工作保证、工作日和业余时间的长短、劳动保护、技术安全状况、劳动条件等是居民生活水平的重要因素。"① 居民生活水平是一个综合性概念，指在某一经济阶段，用来满足物质文化需要的产品与劳务的消费支出程度。通常测定居民生活水平主要采用人均实际收入水

---

① ［苏］纳扎罗夫主编：《社会经济统计辞典》，铁大章译，北京：中国统计出版社，1988年，第 71 页。

平指标、人均实际消费水平指标、恩格尔系数等。

（一）城乡居民收入差距

"收入水平，反映一定时期人们收入数量的状况。狭义的收入水平，指人们直接收入的数量，表现为居民人均收入总额或月收入总额，农村以人均纯收入表示，城镇以人均工资和工资外直接收入的总和表示。生产水平决定收入水平，收入水平的提高依赖于生产的发展和国民收入总额的增长。"① 城乡居民收入水平，是衡量民族地区居民生活水平的重要指标之一。通常情况下，采用城镇与农村的居民人均可支配收入指标来进行计算与衡量，进而说明民族地区城镇居民与乡村居民在生活水平方面的差别。

在对民族地区城乡经济发展不平衡程度进行度量的基础上，明确了民族地区城镇与乡村在居民收入水平层面存在着发展的差距，收入水平是衡量经济增长程度的指标之一，因此，城乡居民收入水平差距也是民族地区城乡经济发展不平衡特征的现实表现之一。2002 年，从居民人均可支配收入的全国指标看，城镇为 7703 元/人，乡村为 2476 元/人，城乡居民收入差距为 3.1（参见表 4 - 1）。同年，该指标在民族地区的表现为：城镇 6721 元/人，乡村 1764 元/人，此时城乡居民收入差距为 3.8（参见表 4 - 1）。在收入差距方面，民族地区更甚于全国水平。从城乡居民人均可支配收入看，民族地区城乡经济发展程度落后于全国平均水平。21 世纪伊始，民族地区迈入经济起飞阶段，以第二产业生产经营为核心的城镇经济逐步开始了工业化、现代化进程，大工业生产模式为城镇经济带来高额利润与收益回报，在城镇经济部门就业的劳动力报酬率随之逐年上升，体现在城镇居民人均可支配收入的逐年提高。反之，民族地区乡村经济的主要内容仍然是以农林牧渔为主的第一产业，利润空间狭小，非农产业势弱，这是民族地区乡村经济中农业与非农的基本格局，也是乡村经济落后于城镇经济的突出表现。另外，农牧业生产完全依赖于土地肥沃程度及自然环境优劣的影响，故而农牧业在民族地区广袤的土地上呈现出分散经营状态，多以自给自足为主，难以实现集约化生产经营，难以产生规模经济效益，这些都导致

---

① 林白鹏：《消费经济学大辞典》，北京：经济科学出版社，2000 年 1 月第 1 版，第 64 页。

了乡村居民收入受限。城镇与乡村之间在生计方式与生产内容上的差异，直接导致了城乡居民的收入差距，这是城乡经济发展不平衡的直观反映。

西部大开发战略部署实施数年后的 2016 年，从居民人均可支配收入指标看，民族地区城镇为 28354 元/人，乡村为 9609 元/人，城乡收入差距相较于 2002 年的 3.8 下降至 2.95（参见表 4 - 1）。同年，全国城镇 33616 元/人，乡村 12363 元/人，城乡收入差距为 2.72（参见表 4 - 1）。此时，民族地区与全国在城乡居民收入水平方面的差距下降明显，但仍高于全国水平。其中，贵州 3.31、云南 3.17、西藏 3.06、青海 3.09，皆高于民族地区 2.95（参见表 4 - 1）的平均标准。表明民族地区内部各省区间在城乡居民收入方面的不平衡性特征显著，也反映出民族地区部分省区的城乡经济发展失衡问题突出。

（二）城乡居民消费水平差距

消费水平，通常指国民经济统计中的居民消费水平。居民消费又分为农村居民消费和城镇居民消费。按人口平均计算的城镇（乡村）居民消费额，称为"城镇（乡村）居民消费水平"。[①] 一个国家的消费水平取决于生产力发展水平、居民收入水平、消费品市场发育程度、政府消费政策、个人消费偏好等多个因素。研究中多采用消费水平概念衡量城乡经济发展程度，采用城乡居民消费水平测度城乡间消费水平差距。消费水平是衡量民族地区城乡经济发展状况的指标之一，城镇居民消费水平与乡村居民消费水平的差距是城乡经济发展不平衡性的具体表现。2002 年，全国城镇居民消费水平为 8104 元/人，乡村居民消费水平为 2157 元/人，城乡居民消费水平差距为 3.76。与此同时，民族地区城镇居民消费水平为 5429 元/人，乡村居民消费水平为 1384 元/人，城乡居民消费水平差距为 3.92（参见表 4 -2）。2016 年，全国城镇居民消费水平为 29295 元/人，乡村居民消费水平为 10783 元/人，城乡差距为 2.71；同年，民族地区城镇居民消费水平为 19965 元/人，乡村居民消费水平为 8423 元/人，城乡差距为 2.73。从消费水平的相对差距看，民族地区与全国的城乡经济发展程度相当，但事实上，从绝对差距看，无论是城镇还是乡村，民族地区居民消费水平额仍落后于全国平均水平，民族地区城乡经济发展相对滞后。

---

① 中国社会科学院经济研究所、刘树成主编：《现代经济辞典》，南京：凤凰出版社、江苏人民出版社，2005 年 1 月第 1 版，第 123 页。

表4-1 民族地区分省区分城乡的居民人均可支配收入比较

（单位：元/人）

年份	全国		民族地区		内蒙古		广西		贵州		云南		西藏		青海		宁夏		新疆	
	城镇	农村	城镇	乡村	城镇	乡村	城镇	乡村	城镇	乡村	城镇	乡村	城镇	乡村	城镇	乡村	城镇	乡村	城镇	乡村
2002	7703	2476	6721	1764	6051	2086	7315	2013	5944	1490	7241	1609	8079	1462	6171	1669	6067	1917	6900	1863
2003	8472	2622	7278	1907	7013	2268	7785	2095	6569	1565	7644	1697	8766	1691	6745	1794	6531	2043	7174	2106
2004	9422	2936	8019	2110	8123	2606	8690	2305	7322	1722	8871	1864	9106	1861	7320	1958	7218	2320	7503	2245
2005	10493	3255	8677	2328	9137	2989	9287	2495	8151	1877	9266	2042	9431	2078	8058	2152	8094	2509	7990	2482
2006	11760	3587	9429	2580	10358	3342	9899	2771	9117	1985	10070	2251	8941	2435	9000	2358	9177	2760	8871	2737
2007	13786	4140	11167	3003	12378	3953	12200	3224	10678	2374	11496	2634	11131	2788	10276	2684	10859	3181	10313	3183
2008	15781	4761	12759	3458	14433	4656	14146	3690	11759	2797	13250	3103	12482	3176	11640	3061	12932	3681	11432	3503
2009	17175	5153	13888	3763	15849	4938	15452	3980	12863	3005	14424	3369	13544	3532	12692	3346	14025	4048	12258	3883
2010	19109	5919	15349	4352	17698	5530	17064	4543	14143	3472	16065	3952	14981	4139	13855	3863	15345	4675	13644	4643
2011	21810	6977	17403	5138	20408	6642	18854	5231	16495	4145	18576	4722	16196	4904	15603	4609	17579	5410	15514	5442
2012	24565	7917	19689	5931	23150	7611	21243	6008	18701	4753	21075	5417	18028	5719	17566	5364	19831	6180	17921	6394
2013	26467	9430	21879	7232	26004	8985	22689	7793	20565	5898	22460	6724	20394	6553	20352	6462	21476	7599	21091	7847
2014	28844	10489	23836	8070	28350	9976	24669	8683	22548	6671	24299	7456	22016	7359	22307	7283	23285	8410	23214	8724
2015	31195	11422	26178	8824	30594	10776	26416	9467	24580	7387	26373	8242	25457	8244	24542	7933	25186	9119	26275	9425
2016	33616	12363	28354	9609	32975	11609	28324	10359	26743	8090	28611	9020	27802	9094	26757	8664	27153	9852	28463	10183

（数据来源：根据民族地区各省区历年统计年鉴整理、计算所得）

表4－2　民族地区分省区分城乡的居民消费水平对比

（单位：元/人）

年份	全国		民族地区		内蒙古		广西		贵州		云南		西藏		青海		宁夏		新疆	
	城镇	乡村	城镇	乡村	城镇	乡村	城镇	乡村	城镇	乡村	城镇	乡村	城镇	乡村	城镇	乡村	城镇	乡村	城镇	乡村
2002	8104	2157	5429	1384	4860	1647	5413	1686	4598	1138	5828	1382	6952	1000	5043	1386	5105	1418	5636	1412
2003	8880	2292	5809	1476	5419	1771	5764	1751	4949	1185	6024	1406	8045	1030	5400	1563	5330	1637	5541	1465
2004	9832	2521	6336	1705	6219	2083	6446	1929	5495	1296	6837	1571	8338	1471	5759	1676	5821	1927	5774	1690
2005	10739	2784	6824	1982	6929	2446	7033	2350	6159	1552	6997	1789	8617	1724	6245	1976	6404	2095	6208	1924
2006	12480	3066	6918	2184	7667	2772	6792	2414	6848	1627	7380	2196	6193	2002	6530	2179	7206	2247	6730	2032
2007	14061	3538	7981	2512	9282	3256	8151	2748	7759	1914	7922	2637	7532	2218	7512	2447	7817	2529	7874	2351
2008	15127	4065	9078	2830	10829	3618	9627	2985	8349	2166	9077	2991	8324	2200	8193	2897	9558	3095	8669	2692
2009	17104	4402	9925	3057	12370	3968	10352	3231	9048	2422	10202	2925	9034	2400	8787	3209	10280	3348	9328	2951
2010	19912	4941	10931	3510	13995	4461	11490	3455	10058	2853	11074	3398	9686	2667	9614	3775	11334	4013	10197	3458
2011	19912	6187	12302	4197	15878	5508	12848	4211	11353	3456	12248	4000	10399	2742	10956	4537	12896	4727	11839	4398
2012	21861	6964	13740	4842	17717	6382	14244	4934	12586	3902	13884	4561	11184	2968	12346	5339	14067	5351	13892	5301
2013	23609	7773	15614	6388	19244	9080	14470	6035	13768	5291	14862	5247	13679	4102	16223	7506	15807	6740	16858	7103
2014	25424	8711	16940	7093	20885	9972	15045	6675	15255	5970	16268	6030	15669	4822	17493	8235	17216	7676	17685	7365
2015	27210	9679	18426	7744	21876	10637	16321	7582	16914	6645	17675	6830	17022	5580	19201	8566	18984	8415	19415	7698
2016	29295	10783	19965	8423	22744	11463	17268	8351	19202	7533	18622	7331	19440	6070	20853	9222	20364	9138	21229	8277

（数据来源：根据民族地区各省区历年统计年鉴整理、计算所得）

一方面，民族地区城乡居民消费能力均不及全国平均水平；另一方面，民族地区城镇居民有更多的收入用于消费支出，且消费水平高于乡村居民。按照美国城市地理学家 Ray. M. Northam 提出的城镇化一般性发展规律，民族地区城镇人口比重均处于 30% ~70% 区间内，此时城镇规模开始扩张，劳动力、资本、技术等经济要素向城镇集中，以非农部门为核心的现代工业、现代服务业快速扩张，城镇经济迅速发展，民族地区进入城镇化加速阶段，区域生产力水平显著提高，城镇经济效益不断增长，城镇居民收入增长较快，拥有更多用于消费的货币，城镇居民消费水平相应提升。另外，西部大开发后，民族地区城镇经济集中于采矿、能源、钢铁等重工业行业，逐步形成了资本密集型经济结构以及能源初级开发为核心的产业发展模式，过度开发造成了耕地、草场、生态等资源浪费，破坏了农业部门的生产资料与经济资源，直接或间接导致了农牧业衰退及乡村经济的凋敝，乡村经济乏力直接影响着乡村居民的生活水平，特别是收入的相对减少导致消费能力的下降及生活水平的降低。可见，城乡居民消费水平差距直观体现着民族地区城镇经济与乡村经济的发展不平衡状态。

（三）城乡居民消费结构差距

消费结构，是指在消费活动中各种不同类型的消费资料（包括消费品和服务）的构成状况。① 消费结构，按消费支出的构成可分为衣食住行、医疗保健、交通通信、教育文化服务、家庭设备用品及服务、娱乐以及杂项商品。一般情况下，多采用恩格尔定律分析一个国家（或地区）或家庭最基本的消费结构变动情况。随着收入增加，用于食品购买支出的比重逐渐下降，即食品在总支出中所占比例与家庭收入成反比。通常，一个家庭收入水平越低，用于购买食品的比例越高。食品等生存性消费支出随家庭收入水平的提高占家庭总支出的比重逐渐下降，这是经济结构变动的一般性规律。

民族地区城乡居民消费结构存在差异性，城乡消费呈现出不平衡变动趋势。2002—2016 年，民族地区城镇居民消费结构中的食品支出从 37.4% 下降至31.5%（参见图 4 - 3），乡村居民消费结构中的食品支出从 51.8% 下降至

---

① 中国社会科学院经济研究所、刘树成主编：《现代经济辞典》，南京：凤凰出版社、江苏人民出版社，2005 年 1 月第 1 版，第 125 页。

34.6%（参见图4-3），虽然食品支出指标逐渐趋近，但因存在城乡收入差距，导致可用于消费的货币量同样存在城乡差距。乡村居民用于满足生存性需求的衣食住行消费比例高于同时期的城镇居民，也直观反映出乡村居民的家庭收入水平低于城镇居民。消费是经济发展程度的重要表现，城乡居民在消费结构上的差距是城乡经济发展不平衡性的现实体现。

图4-3　民族地区城乡居民消费结构对比图（2002—2016年）
（数据来源：根据民族地区各省区历年统计年鉴整理、计算所得）

一方面，城镇居民收入用于食品、衣着、居住等生存性消费的比例低于乡村，与之相对的消费结构中用于医疗、教育、文化、娱乐等各项活动的支出比例不断增加，这符合马斯洛需求理论的基本内涵，在满足"温饱"等基本生理需求后，人们追求美好生活的注意力将扩展到更丰富的层次，例如对完备的医疗条件、优质的教育资源、丰富的文化娱乐活动等方面的需求，而城镇是现代精神文化生活的空间载体，城镇居民有机会也更有能力享受更便捷更多样的公共服务。另一方面，乡村居民用于满足衣食住行等基本生活的支出比例高于城镇居民，这既深受收入水平差距的制约，又深受生计方式的影响。民族地区乡村经济类型以农耕经济、畜牧经济、采集渔猎经济为主，多用于满足乡村居民自给自足的生活需求，在农牧业生产经营过程中，乡村居民收入的很大一部分资金需要投入再生产活动，通过消费的形式转化为物质生产资料投入下一轮的再生产过程，这是乡村居民比城镇居民多出的一部分固定消费内容。除去生存性消费开支与生产性消费开支外，乡村居民可用于医疗、教育、文化、娱乐等需求的收入已寥寥无几，这就造成了乡村居民生活水平的相对贫困，表现为城乡居民消费结构的差距。

第二节　城乡经济结构不平衡

经济结构，是指社会经济各种成分、国民经济各个部门以及社会再生产各个方面的构成及其比例关系。① 一个国家（地区）的经济结构是否合理，评判标准是其能否持续推动社会生产力发展，能否推动科学技术进步和劳动生产率的提高。民族地区城乡经济发展问题研究中经济结构是关键，具体包括农业部门与非农部门的发展差距、产业结构与就业结构的非均衡性、城乡二元经济结构明显。

一、农业部门与非农部门的生产效率差距

"劳动生产率，是指单一劳动力在单位时间内所能生产的产品数或价值量，或用单位产品所耗费的劳动量来计算。"② 劳动生产率，是综合反映经济部门在一定时期内生产活动的效率和劳动投入的效益的重要指标，是经济部门在生产技术水平、经营管理水平、劳动者技术熟练程度和劳动积极性方面的综合表现。农业是一个国家（地区）经济发展的基础，直接关乎着第二、三产业的形成与发展。"食物的生产是直接生产者的生存和一切生产的首要条件"③，而"超过

---

① 中国社会科学院文献情报中心、重庆出版社合编：《社会科学新辞典》，重庆：重庆出版社，1988 年 12 月第 1 版，第 495 页。
② 中国社会科学院经济研究所、刘树成主编：《现代经济辞典》，南京：凤凰出版社、江苏人民出版社，2005 年 1 月第 1 版，第 347 页。
③ 中共中央马克思恩格斯列宁斯大林著作编译局：《马克思恩格斯全集·第 25 卷》，北京：人民出版社，2006 年，第 715、885 页。

劳动者个体需要的农业劳动生产率，是一切社会的基础"①。因此，对于民族地区来说，农业不但是乡村经济的重要内容，而且是各族人民赖以生存、发展的重要支撑。农业部门是多部门经济，一般分为种植业、畜牧业、林业、渔业等几个主要生产部门，农业生产具有脆弱性特征，农业部门需"因地制宜，针对开发"。除农业生产部门以外的产业部门统称为非农产业，主要包括以工业、建筑为核心的第二产业，以及以流通、服务、科技、教育、文卫、行管等为主的第三产业。

农业部门与非农部门构成了产业结构的基本内容。民族地区农业部门与非农部门之间存在着发展的不平衡性特征，不平衡性主要表现在农业与非农间的劳动生产率差距。2000 年时，民族地区农业部门产值占 GDP 的比重为 23.2%，非农部门产值占比为 76.8%，经过十六年的发展，2016 年民族地区农业部门产值占比下降至 13.4%，非农部门产值占比上升至 86.6%（参见图 4-4），农业部门回报率逐渐降低，非农产业利润率逐年增加，这是工业化发展的必然趋势。但是，比较劳动生产率是衡量农业部门与非农部门发展状况的另一个重要指标，用以衡量该经济部门 1% 的劳动力所生产的产值在国民经济总产值中的比重。发达国家经验表明，工业化会加速推进农业机械化、现代化进程，使农业由家庭式生产经营走向集约化、规模化的新模式，机械运用与技术进步使更多的劳动力从农业生产的繁重体力劳动中解放出来，让农业生产由劳动密集型产业向技术密集型产业过渡演进，为此 1% 的劳动力所能创造的农业产值会相应增加，农业部门劳动生产率随着农业现代化发展不断提高。

实际上，一方面，民族地区的现实是农业部门拥有的劳动力数量远超非农部门，更多的劳动力被束缚在农牧业生产经营活动，难以向现代工业和现代服务业为核心的非农部门转移，劳动力作为生产要素的流动性差、配置效率低下，也会导致农业部门的劳动生产效率难以提高，表现为比较劳动生产率指标小于"1"，说明在民族地区农业部门中，1% 的农牧业劳动力创造的产值在 GDP 中的比重较低。虽然农业部门吸纳就业的劳动力数量庞大，但是由于农业部门在生

---

① 中共中央马克思恩格斯列宁斯大林著作编译局：《马克思恩格斯全集·第 25 卷》，北京：人民出版社，2006 年，第 715、885 页。

产技术水平、经营管理水平、劳动力技术熟练程度、劳动积极性等方面发展不足，导致农业部门的劳动生产率严重滞后于现代工业部门。另一方面，区别于农业部门的发展状况，民族地区非农部门主要是以资本密集型重工业为核心的现代工业，以及服务于重工业生产活动的现代服务业为主。工业化、现代化的快速推进，以及生产技术的日新月异与投入使用，增强了非农部门的生产力，改善了非农部门的生产关系，提高了非农部门的生产效率，在单位时间内单个劳动力能创造的利润率大幅提升，逐渐实现了民族地区非农部门的集约化、规模化、现代化的生产经营模式，劳动力采取标准化的"流水线"作业，生产技术水平逐步提高，经营管理能力不断提升，劳动力生产积极性和熟练程度良好，这些都是民族地区农业部门与非农部门的劳动生产率差距的具体表现，也反映着民族地区城乡经济发展的不平衡性特征。

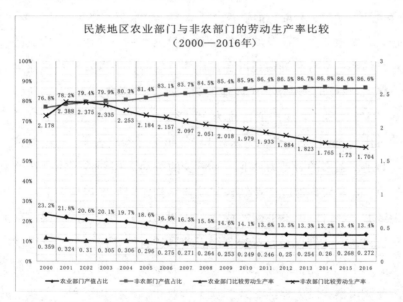

图4-4 民族地区农业部门与非农部门的劳动生产率比较（2000—2016年）
（数据来源：根据民族地区各省区历年统计年鉴整理、计算所得）

二、产业结构与就业结构之间存在不平衡性

产业结构，是指生产要素在三次产业部门之间的配置情况。作为重要的生产要素资源，劳动力在各产业间的配置、分布与产业结构紧密关联，产业结构决定着就业结构。反之，就业结构能否与产业结构协调发展，也深刻影响着产

业结构的调整与优化。在经济起飞前阶段，第一产业发展水平取决于自然资源丰裕度，容纳大量初级劳动力在此就业。随着经济发展和人均国民生产总值（以下简称"人均GNP"）的提高，以工业制造为核心的第二产业的发展加速了工业化、现代化进程，工业化推动了农业劳动生产率提高，农业剩余产品逐渐增多、农业剩余劳动力被释放，生产要素开始从农业部门向非农部门转移，为现代工业生产提供原材料和劳动力支持。就业结构呈现出"第一产业劳动力数量下降，第二、三产业劳动力数量增多"的趋势。工业化促进了产业结构与就业结构关系的调整，在工业化初级阶段，就业结构调整滞后于产业运行格局，但是从较长时期看，产业结构与就业结构二者间具有一致性，即随着工业化程度的提高和产业结构调整升级，就业结构随之变化。

民族地区城镇经济，是指以城镇为依托，以工业和服务业生产经营活动为主，集合生产、交换、分配、消费各个环节为一个系统，将工农业、商业贸易、交通运输、金融服务等产业及城镇各项职能集聚在一个区域，所形成的一个综合性的经济体系。乡村经济则是以乡村作为空间载体，以农林牧渔业为主要内容的经济体系。21世纪伊始，民族地区第一产业产值占比为23.24%，劳动力占比为64.75%；第二产业产值占比为38.33%，劳动力占比为11.79%；第三产业产值占比为38.43%，劳动力占比为23.46%（参见表4-3）。创造产值的第一产业容纳了最多的劳动力就业，而最少的劳动力却创造了第二产业最多的利润与价值，这是民族地区产业结构与就业结构之间的发展差距表现，也反映出民族地区城乡经济发展不平衡性特征。21世纪初，民族地区搭乘西部大开发战略的历史机遇，凭借煤炭、石油等得天独厚的自然资源条件，着力发展以重工业为核心的第二产业，以能源开发为依托的城镇经济快速发展，形成了呼包鄂等重工业城市群，民族地区正式开启了工业化、现代化进程，工业化开始迈进发展的初级阶段。在民族地区经济起飞初期，产业结构领先于就业结构，结构性发展失调现象显著，不平衡问题集中体现。

经过数十年的开发建设，2016年，民族地区第一产业产值占比下降至13.36%，劳动力占比下降至49.16%；第二产业产值占比上升至43.12%，劳动力占比上升至15.92%；第三产业产值占比上升至43.53%，劳动力占比上升至34.92%（参见表4-3）。虽然西部大开发战略实施后，民族地区产业结构与就业结构之间发展的不平衡不协调状况有所好转，产业结构调整优化，劳动力流动配置效果增强，但是产业结构与就业结构之间的发展差距依然显著。对比全国平均水平，2000—2016 年，全国第一产业产值从 14.7% 下降至 7.9%，劳动力占比从 50.0% 下降至 27.7%；第二产业产值从 45.4% 下降至 40.5%，劳动力占比从 22.5% 增加至 28.8%；第三产业产值从 39.8% 增加至 51.6%，劳动力占比从 27.5% 增加至 43.5%。① 从全国情况看，产业结构与就业结构不断优化、调整，二者之间发展的协调性逐步增强，变动趋势符合工业化发展的一般规律，工业化、现代化进程不断推进，工业化水平高于民族地区，城乡经济发展的协调程度亦高于民族地区。与全国平均水平相比，民族地区产业结构与就业结构之间发展的不协调性更强，不平衡特征更甚。

表 4 - 3　民族地区产业结构与就业结构比较（2000—2016 年）

年份	第一产业		第二产业		第三产业	
	产值	劳动力	产值	劳动力	产值	劳动力
2000	23.24%	64.75%	38.33%	11.79%	38.43%	23.46%
2001	21.76%	67.24%	37.71%	10.48%	40.53%	22.28%
2002	20.60%	66.57%	37.59%	10.05%	41.81%	23.38%
2003	20.08%	65.78%	38.86%	10.27%	41.05%	23.96%
2004	19.67%	64.34%	40.15%	10.34%	40.18%	25.32%
2005	18.59%	62.73%	42.07%	11.86%	39.34%	25.41%
2006	16.88%	61.48%	44.14%	12.12%	38.97%	26.41%
2007	16.29%	60.07%	44.76%	13.36%	38.96%	26.57%
2008	15.50%	58.80%	46.23%	13.64%	38.27%	27.56%
2009	14.57%	57.65%	45.68%	14.97%	39.75%	27.37%
2010	14.11%	56.59%	48.13%	15.27%	37.76%	28.14%
2011	13.60%	55.30%	48.71%	15.76%	37.69%	28.93%
2012	13.49%	54.07%	47.94%	15.96%	38.57%	29.97%
2013	13.32%	52.47%	46.53%	16.31%	40.15%	31.22%

---

① 根据 2000—2016 年中国统计年鉴整理、计算所得。

续表

年份	第一产业		第二产业		第三产业	
	产值	劳动力	产值	劳动力	产值	劳动力
2014	13.23%	50.83%	45.88%	16.53%	40.89%	32.64%
2015	13.40%	49.94%	44.15%	16.06%	42.45%	34.01%
2016	13.36%	49.16%	43.12%	15.92%	43.53%	34.92%

（数据来源：根据民族地区各省区历年统计年鉴整理、计算所得）

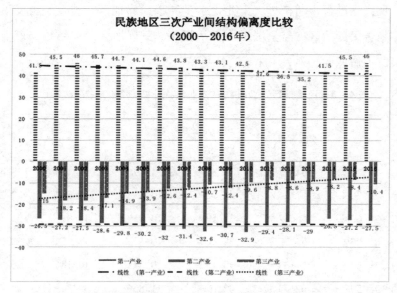

图4-5 民族地区三次产业间结构偏离度比较（2000—2016年）
（数据来源：根据民族地区各省区历年统计年鉴整理、计算所得）

产业结构偏离度是测量产业结构与就业结构平衡性的指标，民族地区产业结构偏离度在2000—2016年间从83.0%下降至74.7%，同一时期，全国从70.6%下降至38.3%（参见图4-5）。说明民族地区产业结构所产生的效益更低，产业结构与就业结构二者间发展差距更突出，民族地区工农、城乡发展不平衡问题显著，严重制约着民族地区城乡经济发展繁荣。从三次产业发育情况看，民族地区第一产业劳动生产效率低下，数量庞大的劳动力被束缚在农林牧副渔生产中，造成了严重的人力资源浪费，劳动力向其他产业转移困难，就业结构的调整优化成为难题。与第一产业发展情况不同，民族地区第二、三产业劳动生产效率逐年提高，投入的劳动回报率也相应提高，吸引着第一产业剩余劳动力为谋求高额报酬向第二、三产业流动。但在此过程中，第二产业偏离度从 −26.5% 降至 −27.5%（参见图 4−5），说明民族地区工业部门吸纳就业能力逐渐减弱；第三产业偏离度从 −15.0% 升至 −10.4%（参见图 4−5），吸纳劳动力就业能力不断增强，越来越多的劳动力逐渐向以现代服务业为核心的第三产业转移。产业结构与就业结构之间的结构性失衡，是城乡经济发展不平衡性特征在经济结构方面的具体表现，也成为民族地区城乡经济发展亟须破解的难题。

三、城乡经济结构的二元性特征

城乡经济结构的二元性特征，是民族地区城镇经济与乡村经济发展不平衡性的重要体现。城乡二元结构使民族地区在空间范围内存在着现代城镇与传统乡村两个经济内容不同、相互独立运行的社会单元。[1] 城镇以现代工业部门为主，生存条件相对优越，拥有现代化的生产生活方式，具有现代文明的观念；乡村以传统农业部门为代表，生存条件相对恶劣，保留着传统的生产生活方式，传统观念与现代观念不断发生着碰撞。城镇与乡村，代表了现代工业文明和传统农业文明两个不同的人类文明发展水平。城乡二元结构，主要包括城乡之间的二元经济结构、二元社会结构两种。二元经济结构普遍存在于发展中国家经济发展过程中，我国则集中反映在城乡经济结构的二元性特征，城乡经济关系成为矛盾的焦点，民族地区又是二元性特征最显著区域。

以现代工业部门为主的城镇经济与传统农业部门为主的乡村经济并存，是民族地区城乡经济结构的典型二元性特征，这是民族地区在工业化初期阶段形成的一种经济结构。西部大开发战略实施后，民族地区凭借丰富的矿产能源优势，开启了工业化、现代化发展进程，重点布局、开发以采矿、能源、钢铁等重工业为核心的第二产业，这些现代工业部门大多分布在城镇空间范围内，城镇经济社会加速发展，社会生产力水平不断提高。现代生产技术的革新与应用，在实现民族地区经济起飞的同时，也促进了农业劳动生产效率的提高，大量的

---

[1] 奚洁人：《科学发展观百科辞典》，上海：上海辞书出版社，2007 年 10 月第 1 版，第 186 页。

剩余农业产品成为现代工业的原材料，被淘汰在产业链的末端，城镇工业挤压了乡村农业的利润空间。因此，在民族地区城乡经济结构中，包含着两个生产力发展水平差异明显的产业经济部门。

一个是以传统的家庭式生产经营方式为主、从事农林牧渔业生产活动的乡村农业经济部门。乡村农业经济部门的劳动生产率偏低，生产力水平低下，农业劳动力的收入仅能维持其自给自足的基本生存性需求。乡村农业经济部门发展不平衡的特征是最多的劳动力人口却生产着国民经济中最少的产值。

另一个是以现代的集约化、规模化、机械化生产经营方式为主，借力先进的技术手段从事现代工业和现代服务业活动的城镇工业经济部门。城镇工业经济部门的比较劳动生产率较高，生产力发展程度较高，劳动回报率更是优于乡村农业，从事非农生产经营活动的劳动力的收入水平更为可观。城镇工业经济不发展不平衡性表现在最少的劳动力人口却创造着整个国民经济中绝大多数的利润与价值。

从民族地区城乡经济发展不平衡程度度量中可以看出，2000—2002 年，城乡经济结构的二元性不断增强。西部大开发实施之初，经济关注点就集中在能源、矿产等重工业，改革重心由乡村移至城镇，以第一产业为主的乡村经济的边际效益递减，反之，以重工业为支柱的城镇经济快速起飞。以家庭承包为主的农牧业生产经营方式难以接轨市场经济，传统农牧业比较劳动生产率低下与现代工业比较劳动生产率提高形成鲜明对比，民族地区工业化、现代化进程不断加快。在经济增长过程中，劳动力、资本等生产要素的趋利性决定了其为追求高额回报率不断由乡村流向城镇，乡村经济逐渐凋敝。2003—2016 年，城乡经济结构的二元性缓慢减弱。这一时期，政府深刻认识到"农业滞后、优先工业"的非均衡增长模式不具备经济发展可持续性，城乡经济发展不平衡问题也是亟待解决的难题。① 党的十六大之后，国家提出了一系列改善城乡关系，促进城乡协调发展的大政方针，故而在一段时间内，民族地区城乡经济结构的二元性特征得到缓和。虽然城乡经济结构不平衡性特征得益于"三农"问题的出

---

① 王颂吉、白永秀：《中国城乡二元经济结构的转化趋向及影响因素——基于产业和空间两种分解方法的测度与分析》，中国软科学，2013 年第 8 期，第 92 – 103 页。

台与落地有所减缓，但是 2012 年时，民族地区城乡经济结构的发展不平衡程度仍比肩改革开放初期的全国平均水平（具体参见表 2 - 4），这也从侧面反映出民族地区城乡经济结构发展不平衡性的严峻程度，民族地区城乡经济发展不平衡问题不容乐观。

民族地区的工业化、现代化进程，是在资本积累薄弱、劳动力素质低下、生产技术落后、城乡经济关联度低、工农协同发展能力不足等基础上展开的，导致乡村经济的利润空间逐步被相对"强势"的城镇经济所挤占，并且产生了乘数效应，导致城镇发展势头更加强劲，乡村经济更加疲软乏力。例如，传统农业部门边际生产率为零的隐蔽失业或过剩劳动力的存在，现代工业部门以低工资吸纳劳动力转移就业，资本密集型工业通过再投资拓宽资本存量，吸纳更多乡村剩余劳动力进城务工，直至乡村剩余劳动力被充分转移，劳动密集型乡村产业逐步走向没落。城乡经济结构的二元性特征，是民族地区乡村经济发展问题的主要症结所在，也是民族地区实现农业现代化发展的最大障碍。城乡经济结构的二元性，不但影响着生产生活和社会形态的诸多方面，而且是导致乡村社会长期贫困、阻碍农民社会流动、限制农民身份变迁、农村教育长期滞后、禁锢农民自主意识的一个重要的制度性根源。长此以往，城乡经济结构的二元性若不能得到化解，则民族地区乡村经济在乘数效应的影响下，更容易陷入贫困的恶性循环陷阱，使乡村经济更加落后，城镇经济更加繁荣，城乡经济发展不平衡问题逐渐走向恶化。

第三节 城乡经济发展要素不平衡

影响民族地区城乡经济发展的要素有很多，在对民族地区城乡经济发展不平衡问题的研究中，主要是探讨资本投资、劳动力素质、技术进步三方面在民族地区城镇经济与乡村经济发展过程中呈现的不平衡性的表现与特征。

一、固定资产投资对城乡经济贡献程度的差距

资本是一种稀缺性生产资源，是从事生产经营活动的经济要素之一，更是

影响民族经济发展的重要因素。经济增长以投资为前提，投资具有既增加收入，又增加生产能力的双重效应。"固定资产投资，是指投资者动用货币、实物、工业产权、非专利技术和土地使用权等进行建设、改造及购置生产性和非生产性固定资产的经济活动。"① "全社会固定资产投资，是以货币形式表现的在一定时期内全社会建造和购置固定资产的工作量以及与此有关的费用的总称。该指标是反映固定资产投资规模、结构和发展速度的综合性指标，又是观察工程进度和考核投资效果的重要依据。全社会固定资产投资按登记注册类型可分为国有、集体、联营、股份制、私营和个体、港澳台商、外商、其他等。"② 固定资产投资，是民族地区城乡经济发展的基本内容，也是衡量城乡经济发展不平衡程度的重要指标之一。通过固定资产投资，可以使民族地区优化配置生产要素，不断调整经济结构，增强经济发展实力。

缪尔达尔认为，处于经济活动扩张期的地区会吸引资本、劳动力、技术等经济要素为追求更高的回报率从落后地区向发达地区转移，从而加快自身发展，降低周边地区发展速度，这是投资的"回波效应"。在民族地区，"回波效应"主要表现为固定资产投资集中在城镇产生聚集效应，增强城镇的资本积累与储备。民族地区城镇经济，多是以现代工业和现代服务业为支柱的资本密集型企业，其生产经营活动需要大量的资本积累与支持。对城镇固定资产的持续投资，使数量庞大的资本进入城镇经济中的各行各业，加速了城镇经济发展繁荣。在财政、税收、金融、贸易、投资等多个方面的"城镇偏向"政策，导致投资向促进城镇经济增长方向倾斜，使城镇经济得到强大的资本支持，固定资产投资不断激发着城镇经济的增长活力，吸引着社会资本源源不断涌入城镇，进而促进了城镇经济繁荣发展及城镇居民收入水平提高。但是，民族地区乡村经济以劳动密集型的传统农牧业为主，产业对资本规模的需求不高。此外，深入内蒙古正镶白旗、巴林右旗等多地调研发现，内蒙古牧区劳动力普遍缺乏现代金融知识与信用意识，"重消费、轻积累"，储蓄意识淡薄，通常采取多渠道借贷方

---

① 陈德第、李轴、库桂生：《国防经济大辞典》，北京：军事科学出版社，2001 年 10 月第 1 版，第 28 页。

② 国家统计局：《中国统计年鉴 2018》，北京：中国统计出版社，http：//www. stats. gov. cn/tjsj/ndsj/2018/indexch. htm。

式来缓解资金短缺带来的生产生活危机，许多蒙古族牧民家庭债台高筑，入不敷出，低效的农牧业生产经营遭遇资金短缺困境，部分金融机构甚至将吸收的乡村存款放贷给城镇企业，加剧了乡村资本的流失。为加速工业化建设，促进地区经济发展，政府推行工业倾斜的城镇经济政策，压低农牧产品价格，以调控手段提供物美价廉的工业原材料，从乡村经济中获取城镇发展所需的物质保障，直接引起资本等多种生产要素从乡村流入城镇，工业发展所需的资本最终又以固定资产投资的形式回流到城镇工业部门，导致乡村经济增长放缓，发展后劲不足。

新中国成立初期，国家在民族地区部署"三线建设"，为民族地区的广大城镇奠定了良好的重工业基础，生产力水平良好，工业基础稳固，产业结构完整。西部大开发战略实施后，在原有工业基础上，凭借煤炭、石油、天然气等能源资源，以采矿、机械制造等为支柱的资本密集型重工业快速发展，承担开发、建设的规模企业多布局在便捷、通达的交通枢纽沿线的城镇区域，随着民族地区工业化进程的不断推进，包括固定资产投资在内的各种资本源源不断注入城镇经济。投资规模的扩张会增加社会总需求，引起新一轮的投资扩张，形成"投资—需求—再投资"的循环效应。此外，民族地区城镇化水平相对滞后、各省区集中资源率先发展以重点城镇为中心的城市群，导致城乡之间固定资产投资比例与数量严重失调。农业是乡村经济主要部门，但劳动密集型的农林牧副渔业投资回报与收益普遍较低，因而资本对乡村经济的投资热情不高。与之相反，城镇经济具有资本密集、技术密集等特征，发展迅速且利润回报率高，对资本具有丰厚吸引力，资本趋利涌入城镇经济部门，使城镇更具经济起飞与发展优势，乡村则陷入了资本匮乏的发展窘境。在乘数效应的作用下，民族地区城镇因为拥有稳定的固定资产投资能够产生倍增收益，广大乡村却可能因为缺少固定资产投资，导致陷入发展的恶性循环陷阱。城乡之间在固定资产投资、社会资本投资等诸多方面的差距显著，是城乡间经济发展不平衡性特征在投资方面的突出表现，民族地区城乡经济发展不平衡问题亟待解决。

二、城乡间劳动力素质技能差距持续扩大

劳动力素质技能，也可称之为劳动力的质量，包括劳动力的身体素质和智力素质两部分，泛指劳动力的身体健康状况、思想素质水平、心理素质程度、文化知识水平、科学技术水平、实际生产（工作）技能等诸多方面。劳动力素质技能，可以用来表示劳动力在科学知识、思想文化、操作技能、身体、心理等方面与一定条件下的经济社会发展及具体劳动岗位的要求相适应的程度。①劳动力素质技能的高低，能反映一个国家（或地区）的经济、科技和文化水平的发展程度。劳动力素质技能对经济发展具有决定性的影响，直接关系到劳动成果的数量与质量。

人，是劳动力素质技能的载体。"人力资源，亦称劳动力资源，是指在劳动年龄范围内有劳动能力的人口，即已参加或可能参加劳动的人，包括就业人口、失业人口、就学人口、家务劳动人口和军事人口，前两部分人口合在一起是经济活动人口，也就是现实的社会劳动力供给；后三部分人口是潜在人力资源，是虽具有劳动能力但还未成为社会劳动力的供给。"②"人力资本，是指同生产率有直接关系的那些劳动力素质技能的总和，它包括劳动者所受教育、技能熟练程度等等。"③人力资源与人力资本形相近、意不同。人力资源概念单一强调劳动力数量，忽视劳动力素质技能；人力资本是人力资源中全部教育性投资的凝结，多指从事复杂劳动的能力、技能、知识等，突出强调劳动力素质技能。

民族地区物质资本投资与人力资本投资之间存在严重的"重物资，轻人资"的比例失调现象，西部大开发战略实施后，民族地区大力发展以矿产、能源等重工业为支柱的资本密集型产业，将资本密集型产业布局在城镇经济的核心地位，重视物质资本的投入与回报，把国民经济的基础建设与固定资产的增加作为经济发展的主要动力，忽视了人作为经济活动中最先进、最革命的生产要素的重要作用。在基础建设和固定资产投资方面，乡村远远落后于城镇，乡村经济滞后于城镇经济。城乡经济发展问题的一个重要方面，是城乡之间人力资本

---

① 苑茜、周冰、沈士仓、谢晋宇：《现代劳动关系辞典》，北京：中国劳动社会保障出版社，2000年4月第1版，第631页。

② 陈国强主编、石奕龙副主编：《简明文化人类学辞典》，杭州：浙江人民出版社，1990年8月第1版，第378页。

③ 罗肇鸿、王怀宁、刘庆芳、唐建福、王子奇：《资本主义大辞典》，北京：人民出版社，1995年5月第1版，第489页。

分布情况呈现不平衡性特征，突出表现为城乡之间人力资本存量的差异性。2000—2015 年，从实际人均劳动力人力资本存量指标看，民族地区城镇从 78.7 千元上升至 174.2 千元，乡村从 29.3 千元上升至 63.0 千元（参见图 4 - 6），15 年间，城乡人力资本差距没能得到缓解，城乡间劳动力素质技能差距显著。

　　劳动力素质技能差距表现在城乡经济发展过程中尤为明显，这是由城乡经济不同的类型、关系及内容所决定的。民族地区城镇经济，是集合生产、交换、分配、消费各个环节为一体，将工农业、商贸运输、商业贸易、交通运输、金融服务等现代产业部门聚集所形成的综合经济体。城镇经济以现代工业和现代服务业为主，现代产业部门对劳动力素质技能提出了更高层次的要求，特别是职业素质、技术水平、熟练程度、学习能力、创新能力等诸多方面。随着城镇经济中产业部门日新月异的技术进步与创新发展，劳动力需要不断提升自己的素质技能才能同步匹配产业发展的需求，在此过程中，就对劳动力的学习能力、适应能力等提出了更为严格的要求，在很大程度上主动或者被动地促进了城镇劳动力素质技能的持续提升。民族地区乡村经济是完全区别于城镇经济的另一种经济类型，以农林牧渔生产经营为主要经济内容，经济内容决定了乡村经济更要求劳动力的体能素质而非智力素质。大量劳动力被束缚于农业经济部门中从事着较为单一、繁重、重复的体力劳动，这种劳动类型在很大程度上无助于劳动力素质技能的全面提升。长期从事农业生产经营活动的劳动力，向产业外转移的难度较大，其再次择业进入技术密集型产业的可能性微乎其微，即便是从乡村经济转移至城镇经济中的农业劳动力，也多数从事着较为简单、机械的体力劳动，徘徊于城镇经济的边缘地带，难以从事城镇经济中核心的现代工业和现代服务业的工作内容。人作为不可或缺的重要经济要素，是经济发展的主导力量，城乡经济发展不平衡性的重要表现，即为不断扩大的城乡间劳动力素质技能的差距。

　　另外，劳动力作为重要的经济要素，与资本等生产要素一样，具有典型的逐利性特征，追求更高回报的劳动报酬率。因此，许多观念先进、知识充沛的青壮年劳动力纷纷流出民族地区，久而久之造成民族地区"人才奇缺→技术落后→经济乏力→人才流失→人才奇缺"的恶性循环。这种情况在民族地区的乡村更为严重，多数接受过高等教育的乡村青壮年纷纷逃离故土家园，涌入城镇，在城镇求职、谋生、定居，导致"993861"（老人妇女儿童）成为乡村经济的主要劳动力，民族地区许多乡村出现了"空心村"现象，乡村经济更加凋敝，经济发展后继乏力，城乡经济发展不平衡态势严峻。

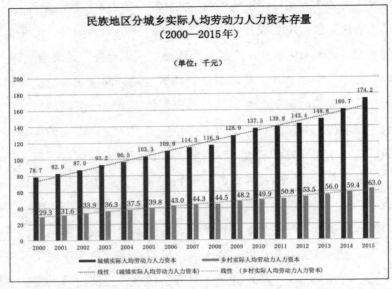

图 4－6　民族地区分城乡实际人均劳动力人力资本存量比较（2000—2015 年）
（数据来源：根据李海峥教授课题组《中国人力资本报告 2017》整理、计算所得）

三、城乡间基础设施建设与公共服务配置的差距

基础设施（Infrastructure），是经济发展的基本要素，是国民经济各项事业进步的基础，包括交通运输、邮电通信、水电供应等公共生活服务设施。"公共服务，是指公共部门提供给整个社会的服务，包括政府提供的公共服务（主要有安全和防务、法律和秩序的维护、立法和制定规章条例、公共卫生的维护、环境保护、研究与开发等）和非营利机构提供的服务。"① 基础设施与公共服务的发育程度，是民族地区经济建设和生产发展的必要条件。民族地区基础设施在城镇与乡村二者间的分布呈现出不平衡性特征，城乡在基础设施建设方面的投入程度与已有水平的差距十分显著，城镇中的基础设施水平、信息通达程度等均优于乡村。

---

① 李伟民：《金融大辞典 1》，哈尔滨：黑龙江人民出版社，2002 年，第 156 页。

一方面，基础设施建设投入的资金是各级财政拨款的付费生产项目，在"城镇偏向""工业倾斜"的发展政策统领下，民族地区的基础设施建设财政资金多集中于城镇。虽然民族地区乡村消费水平及经济活跃度逐年提升，但乡村经济发展的现实条件是生产要素相对匮乏，基础设施水平相对低下，交通、通信、农田水利、水暖电设施等并不能完全满足乡村经济的生产经营需要，且乡村信息通达程度不足、交通运输时效性与便捷性有限，乡村经济中的生产经营成本上涨，生产利润空间被挤压，种种因素拖延着民族地区乡村经济的发展进程。另外，基础设施建设周期长，运营初期难有收益，因此，企业优先考虑在城镇的基础设施完善地区从事生产经营活动。城镇具备相对完善的基础设施条件，相对通达的信息化水平、相对便利的交通运输网络，均减少了经济活动前期的资本、公共设施等生产要素的基础性投入，压缩了生产经营成本，更易于获得高效的投资回报率及生产要素收益率，从而进一步提升资本、劳动力、技术等生产要素的流动性，生产要素会遵循市场经济的基本准则，寻求最优的配置与发展方案，偏好于向基础设施水平、信息化水平、公共服务水平发育程度更高的城镇地区流动，带动提升、优化城镇经济中的投资、产业、就业等经济结构，促进城镇经济迈向更加繁荣发展的新局面。城乡之间基础设施发展水平的巨大差距，是民族地区城乡经济发展不平衡性特征的现实写照。

另一方面，民族地区城乡之间存在着显著的公共服务差距，这是民族地区城乡经济发展程度与水平不平衡性的重要内容之一。乡村与城镇之间存在巨大的公共事业差距，特别是社会保障、文化教育、医疗卫生等需要巨额资金投入与支持的公共事业活动的差距。城镇吸引着众多具有经济收益能力、追求经济回报的"经营性"公共事业部门在城镇发展，与此同时，乡村多是财政投入支持的"非经营性"公共事业，其特征是发展水平低、惠及范围窄等。城乡间公共事业的发展差距，使城镇的生产生活更为便捷，对比之下，以"非经营性"公共事业为主的乡村更显落后，直接导致了民族地区乡村人口的城镇化选择，越来越多的乡村人口流向城镇，选择在城镇定居生活，由此城镇更加繁荣，乡村逐渐"空心化"，城乡经济发展不平衡问题日趋严峻。

本章小结

　　基于第二章、第三章对民族地区城乡经济发展不平衡程度及影响因子的测度与分析，本章总结、归纳、分析了民族地区城镇经济与乡村经济发展不平衡的特征及其主要表现。主要从城乡经济发展水平、城乡经济结构、城乡经济发展要素共三个层次展开具体论述。民族地区城乡经济发展不平衡性在经济发展水平方面的表现，包括经济总量和增速的差距，以及城乡居民生活水平差距两部分；不平衡性特征在城乡经济结构方面的表现涵盖农业部门与非农部门比较劳动生产率差距、产业结构与就业结构之间的失调性、城乡经济结构的二元性特征三部分；在城乡经济发展要素方面的不平衡性特征，主要表现在固定资产投资的城乡差距、城乡间劳动力素质技能的差距、城乡间基础设施建设与公共服务配置差距三部分。本章既是对民族地区城乡经济发展的不平衡性特征的归纳与分析，也是对民族地区城乡经济发展不平衡问题具体包含内容的梳理与总结。

第五章　化解民族地区城乡经济发展
不平衡问题的战略构想

在不平衡问题对经济发展影响程度最深刻的民族地区，化解城乡经济发展过程中的不平衡问题，促进城乡经济协调发展，实现民族地区经济现代化的现实意义重大。"经济发展战略是一个国家（地区）在一定时期内，制定关于经济发展的总体规划和方针政策。"① 制定化解不平衡问题的经济发展战略，是民族地区经济社会发展的重要内容。

第一节　新时代民族地区经济发展战略的价值反思

构建化解民族地区城乡经济发展不平衡问题的经济发展战略的基础是对国内外已有的战略及理论进行回顾与反思，理性对待已有战略的优势与不足，扬长避短，基于此制定新时代民族地区城乡经济发展的战略目标。

一、影响战略决策的经济理论思考

新中国成立后，国家多次强调"要切实帮助少数民族地区发展经济"。西部大开发战略实施以来，民族地区经济总量不断增加，增速惊人，但与此同时城

---

① 施正一：《民族经济学教程（第二次修订本）》，北京：中央民族大学出版社，2016年11月第1版，第354页。

乡间经济发展不平衡问题日趋严峻，城乡差距持续扩大。纵观民族地区经济发展历程，制定适宜的经济发展战略，既关系着城乡关系的协调、可持续发展，又关系着民族地区乃至整个国家的繁荣稳定。改革开放以来，在民族地区经济发展实践中应运而生了许多有价值的经济发展理论，部分理论诉诸实践成为民族地区经济发展战略，如梯度战略、反梯度战略、带动战略、超越战略、加速发展战略、西部开发战略等。

"梯度战略"认为，经济发展在经济、技术水平上呈现出"梯度"的不平衡状态，民族地区处于经济落后和传统技术状态，国家应该按照东、中、西部的顺序安排发展布局。① 该理论正确提出了我国客观上存在着三级经济势能梯度差，批判了各地区经济齐头并进的错误发展理念，但是片面强调梯度开发战略会产生抑制作用，阻滞民族地区经济发展，扩大其发展不平衡态势。"反梯度战略"认为，民族地区拥有丰富的自然资源禀赋，引入先进技术直接开发民族地区可超越梯度局限，实现经济的起飞与振兴，但是经济技术的反梯度转移需要较多的客观条件做保障，实施难度较大。"带动战略"认为，国家集中力量率先发展东部沿海地区，之后依靠东部的资金、技术、产业转移等带动民族地区的经济发展，这一战略在我国已取得明显成效，但其不足在于，投资与政策均严重向东南沿海倾斜，导致民族地区受投资不足等因素限制而放缓发展，带动战略客观上阻滞了民族地区经济社会发展。"超越战略"强调建成特色工业体系，以工业化推动民族地区的国民生产总值增长须超过东部沿海的速度增长，忽略了民族地区现有的工业水平与经济环境，加重了财政负担，付诸实践难度很大。

此外，在民族地区经济实践中还有加速发展战略、西部大开发战略等内容，在中国特色社会主义进入新时期，审视国家曾推行、实践过的经济发展战略，回顾总结各个战略的优缺点，为民族地区经济现代化发展战略的提出与建构提供理性支持，以期化解民族地区城乡经济发展不平衡难题。

---

① 何钟秀：《论国内技术的梯度转移》，科研管理，1983 年第 1 期，第 16 页。

二、加速发展战略的总结与反思

在浩瀚的历史长河中，农民问题与民族问题是关乎国家命运的两大因素：农业生产低下，乡村经济衰落，必然会影响农民与国家的关系；民族地区与民族经济的滞后，必然会影响民族团结及国家的长治久安与繁荣发展。改革开放后的数年间，民族地区的闭塞落后与东部沿海的开放增长之间形成了巨大的经济差距，引起学界关注，如何加快民族地区经济增长、缩小区域发展差距成为问题焦点。中国是一个统一的多民族国家，自古以来，民族因素在经济社会发展中就扮演着重要作用。积极推进民族地区现代化建设，实现民族地区经济腾飞与繁荣，让各民族人民共享改革发展的胜利果实，是中华民族伟大复兴的重要使命之一。

在此目标下，针对民族地区起点过低、不平衡性和起步太晚等经济发展特点，凭借丰富的自然资源、便利的区位环境等优势条件，民族地区"加速发展战略"逢时而生。其基本构想是民族地区不断加快现代化建设步伐，在尽可能短的时期内逐步缩小与东部沿海地区的经济发展差距，其根本任务是加快发展民族地区社会生产力，其实施重点"是强化经济体制改革，把以往追求外延式扩大再生产转向实现内涵式扩大再生产，把曾经注重产值数量的增长转向提高经济效益的增长"①，在改革与完善民族地区经济体制时兼顾优化机制与提高效益，并"在坚持以经济建设为中心的过程中……全面发展民族地区各项社会主义事业。"② 20 世纪后半叶，国家投入大量资金与物力在民族地区"嵌入"了许多从事原材料采掘和初级产品加工的企业，其与当地传统的农牧业生产方式脱节，形成了民族地区特殊的"二元经济结构"，企业在产出、供给初级工业品的同时，迫使国家提供大量财政补贴，国家财政补贴的支持和预期的经济效益存在逆向差距的恶性循环。改革封闭僵化、效益低下的经济体制与运行机制，是民族地区经济起飞的关键。"加速发展战略"，"既要加速经济发展速度，提高

---

① 施正一：《民族经济学教程（第二次修订本）》，北京：中央民族大学出版社，2016 年 11 月第 1 版，第 368 页。
② 同上。

经济效益，增加物质财富，又要加速搞好经济体制改革，改善与完善各种经济形式与经济组织的结构和机制……"①

20 世纪七八十年代，民族地区经济严重滞后，发展能力不足，区域差距显著，长期处于社会总需求大于社会总供给的"短缺经济"② 形态中，满足温饱成为当时大部分民族地区面临的主要问题，在此目标指引下，民族地区迫切需要解决的是落后的社会生产，即社会生产力严重滞后问题。只有加速，才能增长。从战略的基本构想、根本任务、实施重点、战略宗旨等内容出发，不难看出，这一阶段"加速发展战略"的核心议题就是如何提高和发展民族地区社会生产力，将经济建设作为民族地区加速发展的核心内容，着力提升物质资本的积累与增长，满足民族地区人民对"衣食住行"等基本需要的追求，一切发展都服务于这个根本。经济基础决定上层建筑，"加速发展战略"既满足民族地区现代化建设需要，也满足各族人民对实现温饱的共同愿望，在加速积累、发展物质资本的同时，又不只是强调粗放、片面地追求高速度、高增长，提倡的是一种可持续的物质资本增长模式。"加速发展战略"，着重强调经济发展的内涵是通过改革经济制度与运行机制保证经济发展所需的物质资本的积累与增长，这符合当时环境下民族地区所处的经济阶段与发展现实，也符合民族地区人民对解决温饱问题的迫切要求，更是顺应了民族地区改变积贫积弱的发展状态、实现经济起飞与发展的历史要求。

三、西部大开发战略的回顾与评价

在中华民族历史上，开发边疆的举措屡兴屡废，历经数千年民族地区经济发展依然滞后于东部地区。③ 究其原因，历史上民族地区经济发展战略多服务于军事、王权等政治统治需要，实质是在维护中央集权高度统治的前提下捎带

---

① 施正一：《差距·加速与均衡——关于少数民族地区经济发展战略的探索》，黑龙江民族丛刊，1989 年第 3 期（总第 18 期），第 40 页。

② ［匈］亚诺什·科尔内：《短缺经济学》，张晓光等译，北京：经济科学出版社，1986 年，第 10 – 11 页。

③ 李汉林：《论西部大开发的实质》，吉首大学学报（社会科学版），2001 年第 1 期第 21 卷，第 81 页。

开展有限的边疆地区开发与经济建设活动。在历史基础、区位条件、自然环境、已有战略等因素影响下，民族地区呈现出与东部沿海强烈的区域经济差距。特别是东部沿海率先部署、实施改革开放战略后，经济、社会在较好的经济基础上快速发展，数年间经济总量不断增加、经济高速增长运行，资本积累雄厚、科技手段先进、产品附加值高、市场竞争力强、城镇化发育成熟，继续扩大着与民族地区之间的差距，导致区域经济失衡、发展不平衡问题凸显。20 世纪 80年代，当改革开放和现代化建设全面展开以后，1988 年，针对严峻的区域发展不平衡问题，国家提出"两个大局"战略构想，"沿海地区要加快对外开放，使这个拥有两亿人口的广大地带较快地发展起来，从而带动内地更好地发展。这是一个事关大局的问题。内地要顾全这个大局。反过来，发展到一定时候，又要求沿海拿出更多力量帮助内地发展。这也是个大局。那时沿海也要服从这个大局"①。毕竟，东部沿海的富裕并不代表整个国家的富裕，只有民族地区也富裕了，整个国家才能共同富裕。在此背景下，促进区域发展的西部大开发战略逢时而生，民族地区凭借资源优势，搭乘历史发展机遇，进入了经济高速增长阶段。

民族地区参与西部大开发战略的现实意义在于扩大内需，推动国民经济持续增长，促进各地区经济协调发展，最终实现共同富裕。西部大开发战略分为三个阶段：2001—2010 年搞好规划，加快基础建设，奠定发展基础；2010—2030 年"以提高开发能力和建立良性开发机制为主攻目标，扩大投资规模，加快开发步伐"，实现加速发展；2031—2050 年"大幅度提高城市化、市场化、国际化水平"，全面推进现代化建设。② 力求"到 21 世纪中叶全国基本实现现代化，从根本上改变西部地区相对落后的面貌，显著地缩小地区发展差距……"③"经济持续健康发展、创新驱动发展能力显著增强、转型升级取得实质性进展、

---

① 邓小平：《邓小平文选》（第 3 卷），北京：人民出版社，1993 年，第 277－278 页。

② 施正一：《民族经济学教程（第二次修订本）》，北京：中央民族大学出版社，2016 年11 月第 1 版，第 375 页。

③ 施正一：《民族经济学教程（第二次修订本）》，北京：中央民族大学出版社，2016 年11 月第 1 版，第 374 页。

基础设施进一步完善、公共服务能力显著增强、生态环境实质性改善"① 的战略目标。实施西部大开发战略的数年来,民族地区基础设施建设薄弱局面不断改善,乡村生产生活条件日益提升,经济实现起飞并平稳增长。

如果说"加速发展战略"的根本目的是提高社会生产力,解决民族地区"温饱问题",满足人民的衣食住行的基本物质需要与追求;那么,西部大开发战略的制定与实施是为了弥补自古以来民族地区与东部沿海之间的区域经济差距。改革开放使一部分群体较快地发展,率先富裕起来,而其他人则还处于解决温饱的阶段,这时候对经济发展提出的要求就是"带动和帮助其他地区、其他的人,逐步达到共同富裕"。虽然存在"温饱"与"相对富裕"的发展差别,但是社会主要矛盾并没有发生根本性转变,西部大开发战略依旧是要解决生产力低下问题,特别是民族地区长时间所形成的发展落后惯性亟待改变,而"温饱"与"小康"只是落后生产力得以发展的不同阶段的发展要求。为了弥补区域间发展差距,更好地发挥广大民族地区的资源禀赋优势,实现经济的协调、可持续发展,21 世纪伊始,国家推行西部大开发战略实施,大力推动石油、化工、煤炭、金属矿产等资本密集型重工业在民族地区的大规模开发与建设,收获了较高的经济增长率,这一时期,民族地区开始了全面建设小康社会的奋斗目标,这是在温饱问题得以解决的基础上民族地区经济发展更高层次的要求。但从西部大开发战略的时代背景、总体规划、战略目标等内容可以看出,该战略所要化解的依旧是落后生产力导致的生产能力低下、经济发展滞后、区域经济失衡等问题,经济增长与发展的注意力依旧停留在物质资料等生产要素的积累与增长方面,在此过程中,兼顾着对改善民生的注意,但其核心思想依旧是物本主义的经济发展观没有变,当然这也符合全面建设小康社会的时代背景要求。

四、民族地区城乡经济发展重点

在生产力落后背景下,如果说"加速发展战略"亟待解决的是民族地区

---

① 中华人民共和国国家发展和改革委员会:《西部大开发"十三五"规划》,2017 年 1 月 11 日,http://www.ndrc.gov.cn/zcfb/zcfbghwb/201701/t20170123_836135.html。

"温饱问题"，即满足人民衣、食、住、行等基本的生理需求和物质要求，那么"西部大开发战略"面临的是如何缩小日益扩大的区域经济差距、实现民族地区全面建设小康社会发展目标等问题。因为经济发展阶段不同，所以战略目标、重点、举措等皆有差异。新中国成立后，我国经济制度、体制、政策等几经重大历史变革，但区域经济差距仍呈指数式扩张，东部沿海高速崛起、民族地区经济阻滞，区域发展不平衡特征显著，所以无论是"加速发展"还是"西部大开发"，其战略重点皆在以物质积累与经济提速缩小区域间经济差距，在物质资料的生产与积累方面化解区域发展不平衡难题。中国特色社会主义进入新时代，以城乡经济为着力点破解发展难题对民族地区经济发展、社会稳定、民族团结等有着重大现实意义。

（一）战略重点的转移

发展不平衡，主要指不同国家、地区（或民族）由于生产力水平及社会发育程度的不同，而呈现出的经济发展速度与水平的差异。① 通常，研究涵盖的时空范围越大，区域不平衡性特征越为显著。基于不同的自然环境、经济基础、增长速度等，我国形成了特征鲜明的东、中、西三个发展程度与水平差异较大的经济地带，其中东、西差距最为显著，民族地区均属于西部经济带范畴，故此许多研究中亦将其称为"西部民族地区"。

在"人民日益增长的物质文化需要同落后的社会生产之间的矛盾"下，无论是"加速发展战略"还是"西部大开发战略"，其关注点都停留在如何提高社会生产力及缩小民族地区外部区域差距的问题上，特别是民族地区与东部地区间的发展差距更是经济焦点。施正一在论述"加速发展战略"与西部开发问题时，着眼点都是民族地区与东部地区间的经济发展差距。李竹青、那日指出，发展不平衡状态主要是中国及中国的民族地区与国外发达民族相比发展不平衡；少数民族地区与国内发达地区相比不平衡；少数民族地区内部不同省区（或不同民族）相比发展不平衡，共计三个方面。之前或此后的民族地区经济发展战略研究也多是基于第二层次展开，并兼顾有第三层次内容研究。

---

① 李竹青、那日：《中国少数民族经济概论》，北京：中央民族大学出版社，1998 年 10 月第 1 版，第 160 页。

"加速发展战略"的目标是坚持以经济建设为中心，不断加快现代化建设步伐，加快发展民族地区社会生产力，在改革与完善民族地区经济体制的同时，兼顾优化机制与提高效益，在尽可能短的时期内以经济效益的提高逐步弥补、缩小与东部地区经济发展的差距。加速的重点在城镇不在乡村，主要是集中城镇力量、盘活乡村力量共同提高地区生产力，主要途径是保证城镇经济中工业部门的高速运行能发挥经济的集聚效应，实现城镇经济的集约化、规模化、专业化的生产经营活动，以期通过高增速、高效益推动民族地区生产力的提升，弥补与东部地区的差距。"西部大开发战略"的出台与部署实质上是落实"两个大局"发展观要求，在"改革开放战略"使东部地区率先"富起来"之后，集中力量促进包括民族地区在内的广大西部的经济发展，化解区域经济失衡问题。对民族地区而言，该战略的出发点依旧是提高地区社会生产力，缩小区域外部经济差距。核心举措是凭借民族地区突出的自然资源禀赋发展资本密集型的矿产、能源等重工业，以工业化、城镇化带动地区整体实力的提升，进而缩小经济差距。

"加速发展战略"与"西部大开发战略"虽然提升了民族地区社会生产力水平，看似在不断赶超着东部地区的发展速度、缩小着经济发展差距，但实际上，乡村却在工业化、城镇化推动的经济高速增长中被"牺牲"，城乡间居民生活水平与质量的差异不断扩大，经年累月，工业部门发展壮大，传统农牧业日渐凋敝，城镇经济与乡村经济的发展不平衡问题突出。城镇更加集聚繁荣，乡村逐渐走向衰败，民族地区内部子系统间发展失衡问题日趋严峻。"共同富裕"不仅指民族地区与东部地区的共同富裕，按照系统论观点，城镇与乡村组成了民族地区，因此只有城乡经济协调发展，才能真正实现民族地区共同富裕的现代化目标。

（二）发展理念的变革

在落后的社会生产力制约下，"加速发展战略"和"西部大开发战略"都坚持奉行"物本主义"的经济发展观。客观来看，物质生产与经济增长的确是整个社会存在与发展的基础，因此"物本主义"发展观有其历史的客观性与合理性。在工业经济时代，世界上多数国家遵循的都是以单纯的经济高速增长、物质财富增加为发展目标的"物本主义"发展观,把工业化作为促进经济增长和社会发展的根本动力,把提高国民生产总值的经济增长作为社会发展的战略目标,在此过程中忽略了人的主体地位及自然、社会、文化、制度等生产要素的积极作用,仅以经济指标衡量社会发展。① "物本主义"发展观将社会发展视为经济发展,将经济发展视为经济增长,即片面地将"发展=经济增长",为此"物本主义"发展观崇尚"GDP②主义"。GDP 主义,是指一个国家的经济发展和增长主要以并仅以 GDP 来衡量。"物本主义"发展观视域下的传统 GDP 存在明显,即社会层面——GDP 将正、负效应的产出都计算进国民财富;环境层面——GDP 将生态与资源货币化当作物质生产要素,对生态的脆弱性与资源的稀缺性视而不见;经济层面——GDP 仅涵盖可价格化的劳务,其他有益于社会发展但不可价格化的劳务被摒除在外。③ 由此形成的经济增长模式使部分民族地区以耗竭式的稀缺资源开发与利用为发展手段追求 GDP 的高速度、高增长,导致资源枯竭、环境破坏、生态恶化,长此以往严重威胁着人的生存与发展。另外,片面追求经济增长导致的分配不公、贫富分化、社会矛盾加剧等发展困境也使民族地区饱受"有增长无发展"以及"增长与发展负相关"的困扰。

"加速发展战略"和"西部大开发战略"奠定了民族地区起飞的物质基础。中国特色社会主义进入新时代,民族地区已稳定解决了温饱问题,总体实现了小康,即将迎来全面建成小康社会的历史时期。"人民美好生活需要日益广泛,不仅对物质文化生活提出了更高要求,而且在民主、法治、公平、正义、安全、环境等方面的要求日益增长。"④ 在民族地区社会生产力水平显著提高的今天,不平衡问题成为制约发展的主要矛盾,阻碍着人民对美好生活的追求。"物"毕

---

① 杨鲁慧:《论科学发展观的理论渊源及发展》,马克思主义研究,2004 年第 5 期,第 69－74 页。

② GDP(国内生产总值),即在一国领土范围内的本国居民和外国居民在一定时期内所生产的产品和劳务的总量。(引自:罗肇鸿、王怀宁主编的《资本主义大辞典》,北京:人民出版社,1995 年。)

③ 傅如良:《科学发展观的价值意蕴及其实现》,思想教育研究,2008 年 8 月第 8 期(总第 148 期),第 24－25 页。

④ 《习近平:决胜全面建成小康社会　夺取新时代中国特色社会主义伟大胜利——在中国共产党第十九次全国代表大会上的报告》,新华网,2017 年 10 月 27 日,http://www.xinhuanet.com/2017－10/27/c_1121867529.htm。

竟不是人类发展的最终目标。"物本主义"认为物决定人，发展的根本动力是"物"，这种"见物不见人"的片面发展观只关注如何发展得更快，对于优化发展目的、途径、意义、后果等并不在意。显然，"物本主义"发展观已不再适用于新时代民族地区经济、社会发展要求。"协调发展理念"，提倡把构成"经济—社会—自然—人"的诸多发展要素归为"既对立又统一"的矛盾体，解决好发展不平衡问题，主要是回答"怎样才是好的发展""为了什么而发展"等问题。民族地区在已夯实物质积累的基础上，发展的意义绝不再是经济增速和物质水平的提升，新时代发展的核心与目的应该是通过经济、社会、人的三位一体的协调发展化解民族地区日趋严重的发展不平衡问题，突出强调人的发展的意义，促进、实现人的全面发展。"以人为本"发展观下的协调发展既不是要求民族地区实现财富积累的平均分配，也并非要求民族地区实现区域、城乡、产业间的平衡增长，而是要不均衡地有侧重地发展重点部门，兼顾全面的经济、社会和人的相互促进、协调发展，最终实现民族地区人的全面发展的战略目标。①

第二节　新时代民族地区城乡经济发展战略目标

针对民族地区城乡经济发展问题，制定战略目标是规划经济发展战略的首要环节，过程中应突出经济整体加速、城乡关系协调、共享发展成果等内容。在战略目标导引下，争取早日化解民族地区城乡经济发展不平衡问题。

一、以人的发展为核心，化解发展不平衡问题

化解城乡发展不平衡，就是在工业化、城镇化、现代化加速推进的过程中，同步把城镇与乡村纳入统一的经济、社会系统中，合理配置城乡生产要素，优化城乡结构，升级城乡功能，破除城乡分割现状，既能促进系统持续、

---

① 傅如良：《科学发展观的价值意蕴及其实现》，思想教育研究，2008 年 8 月第 8 期（总第 148 期），第 25 - 27 页。

快速、协调发展，又能为乡村经济、社会、人的发展提供公平、公正的发展机会，培育强劲的发展动能，形成以城带乡、以工促农、城乡互动、协调发展的新型城乡发展关系，协调城乡间利益，逐步消除城乡二元结构，缩小城乡发展差距的过程。化解不平衡并非要实现绝对意义上的平衡，而是追求一种协调的发展状态与经济关系，在发展城镇的同时实现乡村经济现代化，突出城乡一体化协调发展内涵，使城乡在经济、政治、文化、生态、空间等多个层面相互关联、紧密依存。① 化解民族地区城乡经济发展的不平衡性，就是在其特殊的地理区位、生态环境、自然禀赋条件下，既能加速城乡经济社会的整体发展，又能为民族地区"人"的全面发展提供机遇与平台，实现民族地区城镇与乡村在产业、市场、人力资源等方面的良性互动，构筑城乡经济协调发展新格局。

（一）以经济协调发展提升城乡生产力水平

城乡经济协调发展，是指在确保地区经济总体发展速度和发展质量目标的前提下，在实现城乡资源按照市场导向合理配置的基础上，使城乡之间的经济总量水平、人均指标水平差距不断缩小，从而使城乡之间实现分工协作、互为促进、共同发展的新型城乡经济关系。② 保持经济总量增长，是民族地区社会经济发展的基本要求，较快的经济总量增长反映着经济的活跃程度，吸引着更多的资金、技术、人力资源等生产要素流入民族地区，保证了经济生产和社会发展的需要，支援着民族地区经济、社会各项事业的建设。保持民族地区经济总量的持续增长，既是促进其经济、社会整体发展的基本要求，又是提升民族地区城乡协调发展水平的关键前提。

提高人均经济水平，既是衡量经济发展质量的重要指标，又是考量经济发展对"人"的发展的贡献程度。"在提高发展平衡性、包容性、可持续性的基础上，到 2020 年国内生产总值和城乡居民人均收入比 2010 年翻一番。主要经济指

---

① 夏安桃、许学强、薛德升：《中国城乡协调发展研究综述》，人文地理，2003 年第 18 期第 5 卷，第 56－60 页。

② 郭宁等：《新疆城乡协调发展与农村人力资源开发》，北京：中国农业出版社，2007 年12 月第 1 版，第 40 页。

标平衡协调……消费对经济增长贡献明显加大。"① 2010 年，民族地区地区生产总值（以下简称"GDP"）为 42094 亿元，人均 GDP 为 5262 元，城镇居民人均可支配收入为 15349 元，农村居民人均可支配收入为 4352 元（参见表 5－1）。按照"十三五"规划要求，到 2020 年，民族地区 GDP 应达到 84188 亿元左右，人均 GDP 应达到 10524 元左右，城镇与农村居民人均可支配收入应分别达到 30698 元、8704 元。截至 2016 年，民族地区已实现地区生产总值 79987 亿元，人均 GDP 9998 元，城镇与农村居民人均可支配收入分别为 28354 元、9609 元（参见表 5－1）。综上，民族地区部分人均经济指标已提前达到"十三五"规划要求。在此过程中，若不及时解决城乡经济发展不平衡问题，缓解、消除城乡二元格局，则经济增长不平衡的惯性势必会继续拉大城乡差距，使城乡发展进一步走向失衡的深渊。为此，必须坚持市场配置资源的基本原则，消除限制城乡发展的制度性因素，促进城乡间生产要素的自由流动，带动传统农业部门剩余劳动力的有效转移与安置，从根本上扭转传统农牧业的生产、生活方式，并充分发挥民族地区农牧业生产的天然优势，促进农牧业生产力的不断提高，进一步激发城乡经济活力，提升民族地区城乡生产力水平，使城乡经济走上协调、可持续发展之路。

表 5－1 　民族地区社会经济主要指标人均水平（2000—2016 年）

年份	地区生产总值（亿元）		居民人均可支配收入（元）	
	总量	人均	城镇	乡村
2000	8700	1088	－	－
2001	9533	1192	－	－
2002	10513	1314	6720.95	1763.63
2003	12099	1512	7278.19	1907.30
2004	14667	1833	8019.14	2110.18
2005	17366	2171	8676.68	2327.86

---

① 2015 年 10 月 29 日中国共产党第十八届中央委员会第五次全体会议：《中共中央关于制定国民经济和社会发展第十三个五年规划的建议》，新华网，2015 年 11 月 3 日，http://www.xinhuanet.com/fortune/2015－11/03/c_ 1117027676.htm。

年份	地区生产总值（亿元）		居民人均可支配收入（元）	
	总量	人均	城镇	乡村
2006	20728	2591	9429.18	2579.79
2007	25496	3187	11166.55	3002.64
2008	31589	3949	12759.14	3458.41
2009	34761	4345	13888.20	3762.78
2010	42094	5262	15349.14	4351.99
2011	51718	6465	17402.96	5138.16
2012	58585	7323	19689.35	5930.76
2013	65239	8155	21879.00	7232.46
2014	70858	8857	23835.85	8070.33
2015	74519	9315	26177.81	8824.04
2016	79987	9998	28353.60	9608.95

（数据来源：根据民族地区各省区历年统计年鉴整理、计算所得）

（二）以人的全面发展调整城乡生产关系

民族地区实现人的全面发展的要求，对于居于民族地区的人的发展，特别是少数民族人的全面发展具有十分重要的意义。促进人的全面发展的关键在于提高人的文化素质。对广大民族地区而言，促进人的全面发展，就是要在民族地区经济、社会、文化发展的基础上，在逐步缩小城乡差距，化解城乡经济发展不平衡问题的同时，一方面，为广大乡村人口提供公平的发展机会，提高其自主发展能力，改善其生产生活状况，提供从事现代化农业生产的基本设施、技术条件等；另一方面，为实现民族地区的可持续发展，促进人的全面发展，就是要为生活在民族地区的各民族人口创造接受基础教育与职业技能教育的基本条件，提高广大劳动力参与市场活动的能力。

此外，促进人的全面发展，亦要为民族地区的人提供更好的教育、医疗、卫生等方面的设施和服务，不断提高人的发展水平。城乡间人的协调发展，便是要求民族地区构建尽可能满足人的发展要求所需的基础设施建设、教育水平、医疗卫生水平、社会保障水平等指标协调、可持续发展。为此，要不断推动小城镇对乡村经济发展的带动力，促进城乡间基础设施建设的协调发展，如住宅、水电、燃气等方面基础设施的建设，能够根据现代城镇发展和可持续发展的要求持续提高。保障广大民族地区人口的生产、生活设施，如教育水平、社会保障、道路建设、信息通信、广播电视等方面的持续发展，促进民族地区特别是少数民族人口生产方式和生活习惯的转变，不断提高民族地区社会发展的现代化水平，通过社会水平的提高，进一步促进、实现民族地区人的全面发展。

二、"三阶段"的城乡现代化战略分期

化解民族地区城乡经济发展不平衡的战略目标需要分阶段逐步完成，每一阶段都有其重点任务。根据民族地区城乡发展阶段及现有经济发展战略内容，把核心战略目标作"三阶段"分期。

第一阶段：至 2020 年，民族地区决胜全面建成小康社会。"小康"是自古以来中国人民对幸福生活的美好愿景，主要"以经济指标为核心，以定性指标为主，定量指标仅针对性地指国民生产总值的增长预期，偏重物质消费，忽视了平衡与全面发展问题"①。全面建成小康社会"农村贫困人口脱贫是最突出的短板"②，"把农村贫困人口脱贫作为全面建成小康社会的基本标志，强调实施精准扶贫、精准脱贫"③，提高乡村居民收入、改善乡村生活水平是民族地区在此阶段的重点任务之一。"创新、协调、绿色、开放、共享"的新发展理念要求民族地区广大城镇与乡村在乡村建设、要素流动、教育、医疗等多个领域展开交流与合作，确保民族地区在 2020 年决胜脱贫攻坚，全面建成小康社会，为进一步深化城乡协作奠定坚实基础。

第二阶段：2021—2035 年，优化城乡经济关系，加速城乡经济协作，基本

---

① 王怡、周晓唯：《精准脱贫与 2020 年我国全面建成小康社会——基于 2010—2017 年扶贫经验的理论和实证分析》，陕西师范大学学报（哲学社会科学版），2018 年 11 月第 6 期第 47 卷，第 47 – 48 页。

② 习近平：《习近平谈治国理政·第 2 卷》，北京：外文出版社，2017 年，第 79 – 80 页。

③ 同上。

实现民族地区农牧业现代化发展。此阶段的主要任务包括：在全面建成小康社会的基础上，继续加强民族地区交通、通信、物流、仓储等乡村基础设施建设；逐步改善城乡经济协作机制，搭建城乡经济联系与交往平台，为城乡互通的现代化市场经济体系建设提供制度保障；加强乡村科技创新与技术引进力度，让现代科技投入乡村生产、创造经济效益，真正将技术创新贡献于乡村发展；以城镇人力资源优势反哺乡村，通过教育、培训等多种形式使乡村劳动力真正转化为人力资源，为乡村振兴与经济发展注入新动能；降低农业生产成本，通过多种渠道为乡村经济融资，以资本带动多要素流动，激发乡村经济活力，特别是让传统农业部门实现现代化生产经营模式，促进民族地区乡村振兴战略的有效部署与落地实施。[1]

第三阶段：2036—2050 年，让市场发挥经济配置的决定作用，实现民族地区城乡协作发展，以乡村产品支持城镇经济，以城镇产业对接乡村经济，形成要素互通、产业支撑、相互开放、良性循环的城乡现代经济体系，整体提升民族地区的市场竞争力与综合实力，形成城镇与乡村互联互动的协调发展格局，经济结构与发展方式优化升级，城乡自主发展能力不断增强，高增速的同时发展质量、效益持续提升，城乡间经济发展差距显著缩小，全面落实五位一体总体布局，成功实现民族地区的创新、协调、绿色、开放、共享发展，城乡经济关系在现代化建设中实现协调。在经济建设的同时，实现人的自由、全面发展，劳动力素质技能不断提高，就业结构突出人的主体地位，以人力资源优势实现城乡协调、可持续发展，各族人民实现共同富裕，共享经济改革发展成果，民族地区城乡经济发展不平衡问题得以化解，最终基本实现富强、民主、文明、和谐、美丽的社会主义现代化。

三、具体目标是解决城乡发展中的现实问题

在总体战略目标确立条件下，化解民族地区城乡经济发展不平衡问题的战略规划中也需要明确具体目标，以期用可量化的经济指标使战略目标系统化，

---

[1]　胡敏：《新的战略安排：分两个阶段建成社会主义现代化强国》，西安日报，2017 年 11 月 27 日第 7 版。

具体目标可概括如下。

第一，城乡失衡得到缓解，经济协调性显著增强。经济差距与城乡失衡是长期以来民族地区城乡经济发展不平衡的现实反映与核心问题，化解不平衡问题是民族地区经济发展的基础。降低不平衡程度，促进城乡经济协调，要在GDP总量、城乡经济增速、城乡居民人均可支配收入、城乡居民消费、城乡固定资产投资等具体层面化解城乡经济失衡。

第二，经济结构调整优化，发展方式转型升级。经济结构与发展方式的落后是制约民族地区城乡经济协调发展的重要因素。促进结构调整、转变发展方式、促进经济增长，一要加速优化城乡关系、产业结构，加速农业现代化进程，大力发展第三产业，以专业化、机械化、信息化改造传统产业，加速推进新型工业化、城镇化与乡村振兴战略的实施；二是要摒弃粗放型的经济增长方式，以提升经济质量与发展效益为主，提高资源利用率，培育、提高劳动力素质技能，提升人力资源对经济增长的贡献率，突出人在民族地区城乡经济发展中的主体地位与作用。

第三，培育乡村发展动能，创新能力大幅提升。创新发展动能是培育民族地区经济内生增长动力的关键要素，城乡在创新能力及经济效益转移上的差距是导致城乡经济发展不平衡的重要原因之一。加速乡村创新能力培育，推进发展动力机制转换，将创新成果作用于经济发展，产生更大规模经济效益是乡村经济振兴的重要内容。具体目标为：不断优化创新环境，完善创新激励机制，提升经费投入强度，逐步提升技术转化，加大人才培养力度等。

第四，形成多元投资体系，创新资本市场制度。拓宽民族地区基础设施投资力度，解决乡村经济发展中资本匮乏问题。以国家和地方投资为主，辅之以股份制等形式，多方筹集资金，形成民族地区多元投资体系。针对民族地区特殊的资本市场结构进行制度创新，分批分阶段发展城乡区域性资本市场，实现资本上市条件多元化，完善相应的法律法规。①

---

① 施正一：《民族经济学教程》，北京：中央民族大学出版社，2016年11月，第225 - 226页。

第三节　新时代民族地区城乡经济发展战略原则

坚持战略原则，是民族地区城乡经济发展的基本准则，也是在此基础上展开战略布局，推行经济发展战略举措。

一、坚持"以人为本"，发展城乡经济

管仲曰："夫霸王之所始也，以人为本。本理则国固，本乱则国危。"可见，"以人为本"思想古已有之，并经历着时间的洗礼与变革。西部大开发战略实施后，民族地区突出强调经济的高速运行与 GDP 的快速增长，忽略了人民群众的需要、利益，这种"见物不见人"的发展观沿袭着传统的"物本主义"思想。新时代，迫切需要将经济高速增长转向高质量发展，"坚持走中国特色新型城镇化道路，推进以人为核心的城镇化"[1]，"农业农村农民问题是关系国计民生的根本性问题……"[2] 国家一系列大政方针均突出强调了促进人的发展是城乡经济的核心问题，为此"以人为本"发展观上升成为新时代民族地区经济发展战略的核心理念。

（一）坚持"以人为本"的原因

近年来，民族地区经济、社会发展所依赖的已不仅仅是物质资本与物的资源，更重要的是人力资本积累所产生的人力资源，即具备一定规模的技术熟练、知识丰富、素质过硬的劳动力群体，"表现为生产和财富的宏大基石的……是社会个人的发展"（马克思）[3]，人力资本所蕴藏的发展潜力与经济效益凝结在一

---

[1] 2013 年 11 月 12 日中国共产党第十八届中央委员会第三次全体会议通过：《中共中央关于全面深化改革若干重大问题的决定》，人民日报，2013 年 11 月 16 日。

[2] 《习近平：决胜全面建成小康社会　夺取新时代中国特色社会主义伟大胜利——在中国共产党第十九次全国代表大会上的报告》，新华网，2017 年 10 月 27 日，http：//www. xinhuanet. com/2017 – 10/27/c_ 1121867529. htm。

[3] 叶山土：《科学发展观中"以人为本"内涵的哲学探讨》，毛泽东邓小平理论研究，2007 年第 6 期，第 59 – 63 页。

起就形成了发展经济最重要的资源禀赋要素——人力资源。虽然城乡经济差距尚存，但此趋势逐年放缓，民族地区人力资本存量是在城乡差异化发展起点的基础上，在西部大开发战略实施后，城镇人力资本存量增速迅猛，乡村人力资本存量增速缓慢，无论总量还是增速，城乡间人力资本存量差距逐年扩大，成为民族地区城乡经济发展的瓶颈，其实质却是城乡间人的发展不平衡问题。

因此，加大人力资本投资，着力开发人力资源，促进民族地区人的进步与发展，是实现民族地区城乡经济协调发展的关键。以人为本的发展理念并非全盘否定传统经济增长模式下民族地区城乡经济的斐然成果，事实上，传统经济增长模式在拉动民族地区城乡经济和社会发展进程中曾发挥过重要作用。但是，由于其粗放、低效的生产缺陷明显，片面强调物质积累与物的发展，忽略了人作为生产要素在生产经营活动中的重要作用，导致传统经济增长模式难以长久为继，更难以应对、化解民族地区城乡经济发展不平衡问题。因此，坚持"以人为本"发展观，以实现人的发展作为民族地区城乡经济发展的价值导向与目标，以"协调发展""绿色发展""共享发展"解决民族地区城乡经济发展不平衡问题，最终达到马克思关于人类社会发展的终极目标——追求人的全面发展，具体到民族地区实际，就是实现民族地区城乡间人的自由、全面发展。此外，在"以人为本"的视角下，化解民族地区城乡经济发展不平衡问题就是要从根本上改变、重塑各种生产经营模式、生活方式、社会关系等内容。

首先，在民族地区快速工业化、城镇化进程中，偏重于强调物质对经济发展的重要性，忽视了人作为城镇经济主体对经济发展的突出作用，另外，由于对人的重视不够，导致民族地区进城就业、定居的乡村人口的文化水平、素质技能等职业能力明显低下，难以共享城镇经济现代化所带来的发展机遇，工业化、城镇化使进城务工人员日趋边缘化。受生产力水平低下及自然条件的种种限制，加之传统的家庭式农牧业生产经营对现代技术手段的排斥反应，导致民族地区多数乡村仍沿用传统的靠天吃饭、手工操作、畜力耕种的生产方式，生产资料分散使用，机械化程度较低，集约化、专业化生产能力受限，农牧业生产效率低下，传统的生产方式将劳动力紧紧束缚在简单的体力劳动上，限制了人的能动性与创造性，局限了人的发展的无限可能。"人本身是他自己的物质生产的基础，也是他进行其他各种生产的基础。"① "以人为本的生产经营模式主要是指生产经营的社会形式与技术方式，也就是劳动者与劳动资料的结合来进行生产的方式，是谋得生存和发展所需的物质生活资料的方式。劳动者是生产活动的物质承担者和现实主体，没有劳动者就不会存在生产活动。"② 生产经营活动，是两种生产要素——"物"与"人"紧密结合的过程，而民族地区经济发展重心多集中于物质资料的获得，忽略了"人"即劳动力在经济中的主体地位与重要作用，生产力的进步、生产方式变革对人的发展的重要作用终将体现在劳动力素质技能的提升及劳动力充分发挥能动性。人是生产经营的主体，也是生产力发展的根本，化解民族地区城乡经济发展不平衡问题就是实现以人的均衡发展促进城镇与乡村的协调、可持续发展。

其次，随着乡村人口的逐渐城镇化，民族地区产生了大量的进城务工人员，虽然生产方式发生了改变，但其生活方式受制于文化程度、素质技能等瓶颈因素的制约，仍保留着浓厚的乡村生活方式特征。城乡二元结构，构筑了其在生活方式、消费观念等方面与城镇间的"壁垒"，民族地区在教育、医疗、社会保障等方面的城乡差距持续扩大，城镇化浪潮带来了城乡生活方式的矛盾与冲突频发。城镇生活方式具有开放性、社会性、文明程度高等特征，在城镇经济中，现代技术与知识更新速度快，精神文化生活丰富，城镇中人的个性能得到较为全面的发展。虽然近年来民族地区乡村发生了翻天覆地的变化，但绝大多数的民族地区乡村人口仍保留着与传统农牧业生产方式相适应的分散封闭、大家族式的生活方式，与工业文明下所形成的城镇生活方式反差巨大，且严重的城乡二元结构更是固化了民族地区乡村的传统生活方式。

最后，除却生产生活方式差异外，城乡间人的思想观念及个人素质差异也是影响人的发展的关键因素，城乡差异过大会增加发展不平衡问题的化解难度，阻碍民族地区城乡经济协调发展的实现。历史上，受制于自然条件、政策制度、社会环境等诸多因素的影响，民族地区广大乡村形成了自给自足的生产方式及

---

① 马克思、恩格斯：《马克思恩格斯全集：第26卷（上）》，北京：人民出版社，1972年，第300页。
② 黄春：《新型城镇化向"以人为本"全面转型析论》，青海社会科学，2015年第5期，第77－83页。

封闭程度较高的生存空间，在此环境下，封闭保守的传统思想根深蒂固，市场经济意识与现代观念薄弱，农牧民群体的文化素质低下，运用技术手段发展现代化生产的能力不足，欠缺专业化、集约化的经营、管理水平，固守着以家庭为单位的农牧业生产经营模式，突出表现为因循守旧、求稳怕变、封闭排外等小农小牧经济意识，即便在城镇化进程中，许多乡村劳动力转移至城镇工作、生活，但其思想意识并没能得到根本扭转，仍保留着严重的不适应城镇经济的思想观念。"改造他们的整个心理和习惯，这件事需要花几代人的时间。只有有了物质基础，只有有了技术，只有在农业中大规模地使用拖拉机和机器……才能像人们所说的使他们的整个心理健全起来。"① 为此，着力增加乡村居民收入，是其实现人的发展的基本物质保障，在保证物质的基础上，才能使民族地区广大乡村人口更好地追求人自身的发展，从而增加民族地区乡村人力资本存量，助力乡村经济发展，缩小城乡发展差距。城镇，是一个多元思想相互交融的区域，其以人为本、开放包容的特征等会影响、促进人的思想观念的转变，加强进城务工人员及乡村留守劳动力的培训与再教育，引导、帮助其扬弃或改造传统经济思想，增强权利意识与公民义务，引导其更多地关注自身的发展与自我价值的实现，促进乡村人力资本向人力资源的转化，通过人力资本的积累与带动激发乡村经济活力，在"乡村振兴战略"指导下，积极促进民族地区乡村经济发展与繁荣，从而化解民族地区城乡经济发展不平衡难题。

（二）"以人为本"的新时代思想内涵

"以人为本"，伦理学含义是"指以人为价值的核心和社会的本位，把人的生存与发展作为最高的价值目标，一切为了人，一切服务于人"②。经济学含义是"以人的需要和利益、人的作用、人的全面发展为中心、为本原、为出发点和归宿的价值观、发展观与管理思想"③。"人"是发展的核心要素，"以人为本"是一个历史范畴，随着时代发展包含着不同的思想内涵。美好生活充分诠

① 中共中央马克思恩格斯列宁斯大林著作编译局：《列宁专题文集——论社会主义》，北京：人民出版社，2009 年，第 204 页。

② 朱贻庭：《伦理学大辞典》，上海：上海辞书出版社，2002 年，第 268 页。

③ 刘树成主编、中国社会科学院经济研究所编：《现代经济词典》，南京：凤凰出版社、江苏人民出版社，2005 年，第 176 - 188 页。

释了人的需要的丰富性、广泛性，是实现人的全面发展的现实前提，党的十九大报告中三次提到"促进人的全面发展"，都是在满足美好生活需要的层面，这是马克思主义关于人的全面发展理论的中国化与时代化的具体体现。

1. "以人民为中心"经济思想

"社会主义本质就是解放和发展生产力，消灭剥削、消除贫困，消除两极分化，最终实现共同富裕。"建立在生产资料公有制基础上的社会主义，社会发展的最终成果属于、惠及全体人民，要实现人的发展，就必须坚持以人民为中心，提高劳动生产率。"以人民为中心"的经济思想，有着其历史的必然及逻辑的连贯。

坚持以人民为中心是社会主义市场经济发展的必然要求，人民是经济发展的主体，对经济发展起决定性作用。一方面，人民在经济发展中的地位与作用是由人的本质所决定的，马克思主张从具体的、现实的"人"去理解"人的本质"，"我们的出发点是从事实际活动的人……但不是处于某种虚幻的离群索居和固定不变状态中的人，而是处在现实的、可以通过经验观察到的、在一定条件下进行的发展过程中的人"。① "以人民为中心"经济思想继承、发扬了马克思关于"人的本质"的理论，在"人的本质"理论与经济发展之间建立起内在逻辑关系的基础上，形成了"以人民为中心"经济思想的内在逻辑：人民是经济活动的主体（人的劳动与经济活动）、破解社会生产关系现状（"人的本质是社会关系综合"）、人民需要与经济发展的关系（"需要是人的本质"）。"以人民为中心"彰显了"以人为本"的战略原则与价值取向。另一方面，"以人民为中心"经济思想是对马克思主义生产力与生产关系理论的继承与发展。马克思认为，生产力与生产关系是辩证统一的关系，二者相互影响、相互作用。"生产力"，包括"物"的生产力与"人"，作为生产力的"人"是生产力中最积极、最活跃、最革命的因素。"以人为本"就是要尽可能发挥人民对生产力提高的促进作用，发展生产力是实现经济社会繁荣稳定的根本。虽然近 40 年来我国经济高速增长，生产力大幅提升取得了举世瞩目的成绩，但是生产力与生产关系之

---

① 中共中央马克思恩格斯列宁斯大林著作编译局：《马克思恩格斯选集·第 1 卷》，北京：人民出版社，1995 年，第 73 页。

间的矛盾也日渐凸显，尤其是"不平衡问题"成为当前制约生产力进一步发展的难题。因此，坚持"以人为本"，有利于协调生产力与生产关系之间的矛盾，促进生产力的发展。①

人的发展以经济增长为前提，经济发展目标又是为了满足人的需要，促进人的发展。"社会生产的目的不是财富的增加，社会生产效率的提高是为自由时间的增大，而自由时间是人用于能力与个性全面自由发展的时间。财富的生产只是满足人自身的需要，人的能力与个性的全面自由发展才是最终目的。"② 为此，"必须坚持以人民为中心发展的思想，把增进人民福祉、促进人的全面发展作为发展的出发点和落脚点"③。新时代，"以人为本"战略原则始终贯穿"创新、协调、绿色、开放、共享"发展理念。坚持"以人为本"战略原则，践行"发展为了人民、发展依靠人民、发展成果由人民共享"，全面建成小康社会，实现共同富裕，促进人的全面发展。

"发展为了人民"是根本目的。发展目的，是解决发展中一切问题的核心。"中国特色社会主义进入新时代，我国社会主要矛盾已经转化为人民日益增长的美好生活需要和不平衡不充分的发展之间的矛盾。"④ 而"人民对美好生活的向往，就是我们的奋斗目标。"⑤ 以人为本，就是为了满足人民对美好生活的向往与追求，保障人民的政治、经济、社会、文化等多种需要，使发展成果惠及全体人民，促进人的全面发展。以人为本的发展，符合社会主义基本经济规律，是社会主义发展观的具体体现，又把社会主义生产目的表达得更加具体、全面，富有时代特征。换言之，"以人民为中心"的经济思想，体现了历史唯物主义关

---

① 纪志耿、祝林林：《习近平以人民为中心的经济思想研究》，改革与战略，2017 年第 12 期第 33 卷（总第 292 期），第 55 – 59 页。

② 中共中央马克思恩格斯列宁斯大林著作编译局译：《马克思资本论·第 3 卷》，北京：人民出版社，2004 年第 2 版，第 928 – 929 页。

③ 本社编：《中国共产党第十八届中央委员会第五次全体会议文件汇编》，北京：人民出版社，2015 年，第 25 页。

④ 《习近平：决胜全面建成小康社会　夺取新时代中国特色社会主义伟大胜利——在中国共产党第十九次全国代表大会上的报告》，新华网，2017 年 10 月 27 日，http://www.xinhuanet.com/2017 – 10/27/c_ 1121867529. htm。

⑤ 《习近平：人民对美好生活的向往就是我们的奋斗目标》，人民网，2012 年 11 月 15 日，http://cpc. people. com. cn/18/n/2012/1115/c350821 – 19590488. html。

于人民主体地位的观点，深刻回答了是"物"还是"人"的发展问题，是代表了中国最广大人民利益的发展，明确了发展的根本目的，即在经济发展的基础上，促进人的全面发展。"以人民为中心"的经济思想，既反映了中国特色社会主义经济思想的民本情怀，又是中国特色社会主义政治经济学的本质要求。

"发展依靠人民"是重要支撑。人类社会发展动力来源于两对矛盾运动，一是生产力与生产关系，二是经济基础与上层建筑。构建一个经济增长、公平分配和人的全面发展的社会制度，"不仅可能保证一切社会成员有富足的和一天比一天充裕的物质生活，而且还可能保证他们的体力和智力获得充分的自由的发展和运用"①。"马克思主义坚持实现人民解放，维护人民利益的立场，以实现人的自由而全面的发展和全人类解放为己任，反映了人类对理想社会的美好憧憬。"②"人"是生产力诸多要素中最积极、最活跃、最革命的因素。社会发展的核心是人的发展，"人们自己创造自己的历史"③。"中国梦归根到底是人民的梦，必须紧紧依靠人民来实现，必须不断为人民造福。"④ 人民既是改革成果的共享者，又是经济发展的创造者，这是"以人民为中心"经济思想的基本内涵。"改革开放在认识和实践上的每一次突破和发展，改革开放中每一个新生事物的产生和发展，改革开放每一个方面经验的创造和积累，无不来自亿万人民的实践和智慧。"⑤ 简而言之，从人民的发展实践中吸取经验，依靠人民促进发展，把经济发展目的与社会主义制度的优越性紧密结合，才是真正践行"以人民为中心"的经济思想的内涵。

"发展成果由人民共享"是价值取向。"共享是中国特色社会主义的本质要求。必须坚持发展为了人民、发展依靠人民、发展成果由人民共享。"⑥ "共享

---

① 中共中央马克思恩格斯列宁斯大林著作编译局：《马克思恩格斯全集·第25卷》，北京：人民出版社，2001年，第411页。
② 《习近平：在哲学社会科学工作座谈会上的讲话》，新华网，2016年5月18日，ht-tp：//www. xinhuanet. com/politics/2016－05/18/c_ 1118891128. htm。
③ 中共中央马克思恩格斯列宁斯大林著作编译局：《马克思恩格斯选集·第1卷》，北京：人民出版社，1995年，第585页。
④ 习近平：《习近平谈治国理政》，北京：外文出版社，2014年，第40页。
⑤ 习近平：《习近平谈治国理政》，北京：外文出版社，2014年，第68页。
⑥ 《中共中央关于制定国民经济和社会发展第十三个五年规划的建议》，新华网，2015年11月3日，http：//www. xinhuanet. com/fortune/2015－11/03/c_ 1117027676. htm。

理念的实质就是坚持以人民为中心的发展思想，体现的是逐步实现共同富裕的要求。"① 经济发展的目的，是让发展成果覆盖更广阔区域，惠及更广泛人群，摆脱贫富差距所带来的巨大的社会风险。"共享"是对"发展"的修饰与限定，其内涵在于将经济、社会的改革与发展成果回馈人民，由人民共享发展红利，最终实现共同富裕。共享发展理念，强调改善民生进而促进人的全面发展，既强调发展权利、发展机会等内容的共享，又强调经济、社会各方面的发展成果由人民共享。② 在我国社会主要矛盾的历史演进视角来看，从"解决温饱"到"小康水平"，从"总体小康"到"全面建设"，从"全面建成"再到"决胜阶段"，都体现出自始至终的"以人民为中心"经济思想内涵，恪守着"以人为本"发展观要求。

2. 新发展理念与不平衡问题的解决

"创新、协调、绿色、开放、共享"发展理念是新时代经济思想的主要内容。在新发展理念中，"创新发展是动力，协调发展是方法，绿色发展是方向，开放发展是战略，共享发展是归宿"③。新时代，经济社会发展更加侧重"质量与效益、均衡与全面、环保与和谐、优化与融入、公平与正义"④。"创新、协调、绿色、开放、共享"新发展理念体现了"以人为本"价值取向，"以人为本"是基本准则。⑤ 新发展理念"不是凭空得来的，是我们在深刻总结国内外发展经验教训的基础上形成的，也是在深刻分析国内外发展大势的基础上形成的，集中反映了我们党对经济社会发展规律认识的深化，也是针对我国发展中

---

① 《习近平在省部级主要领导干部学习贯彻党的十八届五中全会精神专题研讨班上的讲话》，人民网，2016 年 5 月 10 日，http：//cpc. people. com. cn/n1/2016/0510/c64094 - 28337020. html？c_ g9ngb. html。

② 钱路波：《习近平以人民为中心的经济思想论析》，改革与战略，2018 年第 1 期第 34 卷（总第 293 期），第 10 - 16 页。

③ 秦宣：《五大发展理念的辩证关系》，光明网，2016 年 2 月 4 日，http：//epaper. gmw. cn/gmrb/html/2016 - 02/04/nw. D110000gmrb_ 20160204_ 1 - 16. htm。

④ 张广昭、陈振凯：《五大理念的内涵和联系》，人民网，2015 年 11 月 12 日，http：//cpc. people. com. cn/n/2015/1112/c399243 - 27807569. html。

⑤ 王明生：《正确理解与认识坚持以人民为中心的发展思想》，南京社会科学，2016 年第 6 期，第 1 - 5 页。

的突出矛盾和问题提出来的"①。"中国特色社会主义进入新时代，我国社会主要矛盾已经转化为人民日益增长的美好生活需要和不平衡不充分的发展之间的矛盾"，实质就是不平衡不充分发展的问题，不平衡问题只有发展才能解决。在"以人为本"视角下，发展是以经济建设为中心，破解发展难题、增强发展动力、厚植发展优势，解放生产力、发展生产力，实现效率与质量兼顾、协调与公平统一的发展，"发展是解决我国一切问题的基础和关键，发展必须是科学发展，必须坚定不移贯彻创新、协调、绿色、开放、共享的发展理念。"②"创新"破解经济发展动力问题，"协调"破解经济结构失衡问题，"绿色"解决人与自然关系问题，"开放"化解经济新格局问题，"共享"指明经济发展方向。经济发展是不断变化着的过程，牢固树立和贯彻落实新发展理念，着力解决好各地区、各领域、各部门发展过程中的不平衡问题。不平衡问题体现在区域、城乡、经济结构等诸多发展方面。不平衡问题的演化与经济发展阶段密切相关，在起飞阶段，工业化加速发展带来经济扩张，不平衡是经济发展的必然；步入中等收入行列后，不平衡问题上升成为社会主要矛盾，解决不平衡问题就自然成为现阶段发展中的重要任务。用新发展理念化解发展中的矛盾，统筹、指导我国的经济建设与改革，对于推进新时代中国特色社会主义经济持续、健康发展，如期实现全面建成小康社会的战略目标，并进而实现第二个百年奋斗目标和中华民族伟大复兴的中国梦，具有重要引领作用。"协调发展"统领化解城乡发展不平衡问题，"共享发展"是要解决包括收入分配失衡等多方面的公平分配问题，同时兼顾其他方面。③

协调"是发展两点论和重点论的统一，是发展平衡和不平衡的统一，是发展短板和潜力的统一，我们要学会运用辩证法，善于'弹钢琴'，处理好局部和全局、当前和长远、重点和非重点的关系，着力推动区域协调发展、城乡协调

---

①　习近平：《在党的十八届五中全会第二次全体会议上的讲话（节选）》，求是网，2015年12月31日，http://www.qstheory.cn/dukan/qs/2015－12/31/c_1117609500.htm。

②　《习近平：决胜全面建成小康社会　夺取新时代中国特色社会主义伟大胜利——在中国共产党第十九次全国代表大会上的报告》，新华网，2017年10月27日，http://www.xinhuanet.com/2017－10/27/c_1121867529.htm。

③　郭熙保、柴波：《新发展阶段·新主要矛盾·新发展理念》，江海学刊，2018年第1期，第96页。

发展、物质文明和精神文明协调发展，推动经济建设和国防建设融合发展"①。辩证统一的审视协调发展，不能单纯把"协调＝平衡"，亦不能完全否定不平衡。经济学意义的"协调"，主要是指不同区域、不同经济部门等在发展速度、规模、程度等方面的比例适当、结构合理、相互促进、良性运行、共同发展的一种平衡与不平衡相统一的状态。协调的关键是在一定的"度"的范围内允许存在差别。马克思认为，平衡总是以某种事物需要平衡为前提，协调自始至终是为了消除现存的不协调运动的结果。毛泽东指出，事物的发展总是不平衡的，因此有了平衡的要求。可见，只有辩证地看待"平衡与不平衡"二者间的关系，才能理解协调发展的深刻内涵。坚持协调发展，就是促进现代化建设的各区域、各部门、各环节相协调，促进生产力与生产关系相协调、经济基础与上层建筑相协调。②"协调发展注重的是解决发展不平衡问题。③"我国在区域、城乡等关系上的不平衡、不协调发展是一个长期存在的问题，严重制约着经济、社会的可持续发展，"木桶效应"不断增强，社会矛盾不断加深。协调，既是发展手段，又是发展目标；既是评价发展的标准和尺度，又是发展短板与发展潜力的统一，我国已经跨入中等收入国家行列，"从当前我国发展中不平衡、不协调、不可持续的突出问题出发，我们要着力推动区域协调发展、城乡协调发展、物质文明和精神文明协调发展，推动经济建设和国防建设融合发展"④。按照马克思主义的基本观点，社会主义的最高目标是实现人的自由、全面发展，在不断推进经济、社会协调发展的过程中需要同步推进、最终实现人的全面发展。

《吕氏春秋·贵公》有言："治天下也，必先公，公则天下平矣。""共享发展注重的是解决社会公平正义问题。⑤" 共享发展突出强调公平正义，要求以公

---

① 董振华：《唯物辩证法与协调发展》，湖南社会科学，2016 年第 2 期，第 3 - 6 页。

② 邸乘光：《论习近平新时代中国特色社会主义经济思想》，新疆师范大学学报（哲学社会科学版），2019 年 1 月第 1 期第 40 卷，第 7 - 17 页。

③ 中共中央文献研究室：《十八大以来重要文献选编（中）》，北京：中央文献出版社，2016 年，第 774 - 775 页。

④ 习近平：《习近平谈治国理政·第 2 卷》，北京：外文出版社，2017 年，第 204 - 206 页。

⑤ 中共中央文献研究室：《十八大以来重要文献选编（中）》，北京：中央文献出版社，2016 年，第 825 - 833 页。

平正义来确保人民共享发展成果。"共享发展理念"涵盖了"群众是历史创造者"的唯物史观的基本思想，建构了以发展目标与发展途径相统一的辩证的有机整体，客观上要求让发展成果更多、更公平地惠及全体人民，实现共同富裕。改革开放四十年，我国经济增速明显，发展的"蛋糕"不断做大，但是近年来，社会分配不公、收入差距加大、城乡发展不平衡等问题日益凸显，人民在共享发展成果过程中仍面临诸多制度、机制等方面的因素障碍。"天地之大，黎元为本"，"以人民为中心"的共享是发展的目的。"共享理念实质就是坚持以人民为中心的发展思想，体现的是逐步实现共同富裕的要求。"① 落实共享发展理念，一方面，"充分调动人民群众的积极性、主动性、创造性，举全民之力推进中国特色社会主义事业，不断把'蛋糕'做大"②，奠定共享发展坚实的物质基础；另一方面，是要"把不断做大的'蛋糕'分好，让社会主义制度的优越性得到更充分体现，让人民群众有更多获得感"。共享是一个从低级到高级、从不平衡到平衡的过程，使全民共享、全面共享、共建共享、渐进共享四者统一，贯穿于经济发展的各个环节，践行"以人为本"发展观。坚持共享发展，必须坚持发展为了人民、发展依靠人民、发展成果由人民共享，作出更有效的制度安排，使全体人民在共建共享发展中有更多获得感……朝着共同富裕方向稳步迈进……按照人人参与、人人尽力、人人享有的要求……实现全体人民共同迈入全面小康社会。

　　绿色发展，是为了破解改革开放以来我国单纯追求经济增长速度，忽略经济增长质量的粗放型经济发展方式与环境、资源之间的突出矛盾。党的十一届三中全会确立了"以经济建设为中心"的发展思想后，我国集中力量发展社会生产力，在此过程中长期采取粗放、低效的经济增长模式，过分依靠资源禀赋与要素投入并以牺牲生态为代价来追求短期经济增长，日趋枯竭的资源、触目

---

① 习近平：《习近平谈治国理政·第 2 卷》，北京：外文出版社，2017 年，第 200 －2i0 页。

② 《坚持共享发展是中国特色社会主义的本质要求——七论认真学习贯彻党的十八届五中全会精神》，求是网，2016 年 3 月 31 日，http：//www. qstheory. cn/dukan/qs/2016－03/31/c_ 1118464913. htm。

惊心的生态业已成为掣肘我国经济可持续发展的制约因素。① 绿色发展，是将环境、资源等生态因子作为实现经济、社会、环境可持续发展的生产力要素，创建发展新模式，"牢固树立保护生态环境就是保护生产力，改善生态环境就是发展生产力"② 的思想。综上，绿色发展是实现生产发展、生活富裕、生态良好的发展道路的必然选择，是形成人与自然和谐发展的现代化建设的新格局。"绿色发展"以创新为前提，以协调为手段，以人民对美好生活的需要为根本出发点，在发展的实践活动中，既要构建科学的城镇发展格局、农村与农业发展格局和生态安全格局，同时还要形成尽可能多的绿色循环低碳发展的经济增长点。数年来，我国"GDP 主义"的生态代价惨痛，经济发展中的问题突出和短板严重，归根结底是发展理念的缺失与不足，严重制约着经济、社会的可持续发展，这就要求把尊重自然、顺应自然、保护自然作为衡量经济发展质量与贯彻"绿色发展理念"的刚性标准，以此推动、实现经济发展与生态保护之间的协调统一，解决因资源禀赋差异、生态优劣不同所形成的地区间经济发展不平衡问题。

传统发展模式重经济增长、轻社会发展，引发了诸多城乡经济社会发展问题。城乡割裂和二元结构是造成社会结构转型滞后、经济发展不平衡的根本原因。新发展理念以解决发展不平衡问题为使命，把统筹城乡发展、实现城乡协调发展作为解决经济发展不平衡的重要环节，具有积极的现实意义。③

（三）"以人为本"战略原则的时代价值

新时代，民族地区矛盾主体已不再是社会生产力的低下与落后，而是发展过程中产生的发展不平衡不充分问题。发展不平衡集中体现在城乡、工农等诸多方面。矛盾需求方已由物质、文化两维需求转化为"民主法治的政治发展、

---

① 方凤玲、白暴力：《习近平新时代中国特色社会主义经济思想体系探索（上）》，上海经济研究，2018 年第 6 期，第 17 页。

② 习近平：《习近平谈治国理政》，北京：外文出版社，2014 年，第 209 页。

③ 陆立军、王祖强：《习近平新时代中国特色社会主义经济思想科学体系初探》，经济学家，2018 年第 5 期，第 5－11 页。

公平正义的社会发展、安全的国家发展、环境优良的生态发展"多维需求。①
民族地区现代化发展的重心随之由单一发展经济扩展到以经济为中心的政治、
社会、文化、生态的协调发展。通过"加速发展"与"因地制宜"相结合的现
代化建设解决民族地区城乡经济发展不平衡问题。

　　人对美好生活的向往皆以物质文化基础为前提，只有满足了日益增长的物
质文化需要，才能产生经济基础之上的政治、文化、社会、生态的需要。基于
此，党的十九大报告强调社会主义本质是解放和发展社会生产力。但是，美好
生活内涵下，物质文化的新时代内涵是实现由"量"向"质"的更高层次的转
变，迫切需要在已奠定的物质文化基础上对其进行"质"的提升。民族地区在
经济起飞初期选择了要素驱动及投资驱动的发展方式，长期奉行把经济增长率
放在首位的"以 GDP 为中心"的传统经济理念，虽然客观上促进了民族地区经
济的高速增长，但以消耗矿产能源、生态资源及环境污染为代价单纯追求 GDP
增长更多的是采取耗竭式的资源开发与利用模式，长期的粗放型增长对经济可
持续发展不利，"资源诅咒"更是导致了民族地区经济、社会与人的发展三者间
的严重失调。最突出的是在民族地区快速工业化、城镇化过程中，城镇像一个
巨大的磁场吸引着乡村的资本、资源、劳动力等生产要素的迁移与投入，导致
城镇与乡村在经济、社会、文化、生态及人的发展等诸多方面形成了巨大的、
难以弥补的差距。经济增长不能仅以 GDP 作为衡量指标，更不能将其等同于经
济发展概念。"现代化（Modernization），是指在现代科学技术的推动下，以经济
为基础，包括社会组织、社会文化、社会生活、人的素质等各方面的社会发展
过程。"② "现代化是指一个国家或地区在科学技术和革命的影响下经济、社会、
文化、习惯以及人们的思想观念和思维方式等方面发生重要变化的过程。"③ 由
此可见，现代化是一个整体性的综合概念，包含多层次、多方面的内容，绝不

---

① 陈江波：《习近平新时代中国特色社会主义现代化思想》，云南民族大学学报（哲学社
　会科学版），2018 年 9 月第 5 期第 35 卷，第 14 页。

② 张首吉、杨源新、孙志武、卫爱辉：《党的十一届三中全会以来新名词术语词典》，济
　南：济南出版社，1992 年，第 154 页。

③ 崔大树：《现代化研究述评》，当代经济科学，2000 年 7 月第 4 期第 22 卷，第 92 -
　93 页。

是单一的经济概念，既包括现代化的物质生产力，又包括与之相适应的社会形式，即产业结构工业化、生产组织形式社会化、经济关系商品化等；既包括经济现代化，又包括政治、社会、文化现代化等诸多内容。人既是经济活动中最核心的生产力要素，又是生产力中最活跃、最能动、最革命的因素，"人的现代化不是现代化过程结束后的副产品，而是现代化制度与经济赖以长期发展的先决条件"①。摒弃"以物为本"的传统经济思想，实现人的现代化，就是实现人不断自我解放以及全面发展的过程，不但包括向现代人的转变过程，还包括人的生产方式、生活方式、价值观念的不断改善与日益提升，以及个人素质技能与创新意识的提高、公民享有的权利和应履行的义务逐渐完善等内容。坚持"以人为本"发展理念，在推进民族地区经济现代化进程中实现人的现代化及全面发展目标，通过现代化建设与发展破除民族地区长此以往形成的城乡经济发展失衡问题。

政治建设层面，"以人为本"就是坚持把人民群众的根本利益放在首位，保护人民群众的合法权益，实行社会主义民主政治，通过建设与完善制度、体制、政策等保证人民群众真正共享民族地区发展成果，最终实现共同富裕。

文化建设反映着一个地区（或民族）的发展程度，始终坚持"以人为本"的价值追求，以提升人的科学文化素质和思想道德素质为目标，这是实现人的全面发展的重要环节，使文化资源、设施、成果和服务等公平分配，让民族地区人民共享文化发展与繁荣的成果。

加强改善和保障民生等方面的社会建设，关注民族地区城镇与乡村人的生存环境，建立健全城乡融合发展体制机制和政策体系，实现城乡基本公共服务均等化，努力使民族地区的人"学有所教、劳有所得、病有所医、老有所养、住有所居"，体现了以人为本的价值诉求，解决好经济发展中人与社会关系问题，这是民族地区城乡经济协调发展的重要保障。

"以人为本"的价值取向也是生态文明建设的核心思想，生态文明是人与自然和谐共处的社会形态，是对城镇经济中工业部门生态安全的深刻反思，生态

---

①　[英] 阿历克斯·英格尔斯：《人的现代化》，殷陆君译，成都：四川人民出版社，1985年，第8页。

建设要坚持以人为本，并不是以人为中心去盲目地掠夺、主宰和奴役自然，而是把人与自然的关系置于经济社会发展目标的全局中通盘考虑，满足人经济生产与物质需要的同时，充分考虑生态承载力。坚持以人为本，建设生态文明的目的是提高民族地区人的生活质量，满足人民日益增长的对美好生活中生态文明的需求。

二、坚持加速发展与因地制宜相结合原则

构建民族地区城乡经济发展战略，化解民族地区城乡经济发展不平衡问题，不但要实现民族地区城镇与乡村的资源整合、优势互补、互为支撑的城乡协调经济关系，而且要加速民族地区人力资源储备与开发力度，突出新时代"人"作为社会经济发展第一资源及内生动力的主体地位。因此，化解城乡经济发展不平衡问题，实现民族地区城乡经济现代化发展，既要遵循经济发展一般规律，又要创新民族地区城乡经济发展模式。在"以人的发展为核心，化解城乡经济发展不平衡"的总体战略目标下，战略模式可界定为"城乡协同，加速发展"与"因地制宜，针对开发"，从整体到局部，化解不平衡，实现民族地区城镇经济与乡村经济的协调、可持续发展。

（一）加速现代化协同发展，促进城乡经济协调

内因是事物发展的根本动力，发展不平衡是新时代民族地区城乡经济面临的最突出问题之一，是影响民族地区乡村振兴、城乡协调、经济繁荣、人民富裕的最大障碍性因素。化解城乡经济发展不平衡问题，除借助国家政策进行调控外，更要依靠民族地区城乡、产业、市场等子系统的相互协作、配合。西部大开发战略的实施为民族地区城乡经济发展奠定了坚实的资本积累、物质基础与政策保障，这是难得的历史机遇。此外，民族地区得天独厚的资源禀赋、区位优势等也为其城乡经济的协调发展提供了多重保证；乡村振兴、新型工业化、新型城镇化等战略的制定与部署亦为民族地区城乡现代化发展提供了政策指引与时代机遇。加速城乡现代化协同发展，是化解民族地区城乡经济发展不平衡问题的关键环节。

加速城乡现代化协同发展，以人的现代化助力人力资源开发为宗旨，促进

民族地区城乡经济协调发展，积极推进产业转型升级和城乡结构优化，推动城乡公共服务共建共享，加快包括劳动力、资本、技术等生产要素在内的城乡一体化进程，努力形成民族地区城乡间资源共享、要素互通、优势互补、互利共赢的现代化协同发展格局。推进民族地区城乡现代化协同发展，要立足于城乡产业分工体系、城乡优势互补、要素互通原则及合作共赢理念，以"五位一体"的现代化布局为契机，以加速人力资源现代化开发、突出人的主体地位为核心，以优化三产布局和城乡分工为重点，以资源、要素等城乡统筹和优化配置为主线，以寻求城乡长效合作为抓手，以国家主体功能区规划为依据，在城镇与乡村间实现产业发展协同、要素配置协同、创新驱动协同、公共服务协同、开放互通协同等，实现人在城乡间的自由流动与现代化发展，在人的现代化发展的促进下，缩小城乡发展差距，增进城乡经济联系，强化城乡合作关系，以城乡协同加速经济现代化发展，继而实现城乡经济协调发展，化解长期以来的民族地区城乡经济发展不平衡问题。

（二）采取差异化发展模式，因地制宜化解城乡失衡

与整体加速城乡现代化协同发展模式相对应，在差异化经济结构视角下，实施"因地制宜"的战略举措化解民族地区内部各地区间具体不同的城乡不平衡问题，是战略蓝图中的另一个重要内容。民族地区存在着分区域、分空间、分经济结构等多层次的城乡发展失衡问题。化解民族地区城乡经济发展不平衡问题，核心在于以人的现代化发展促进人力资源的开发与积累，重点是提高劳动力、资本、技术等生产要素在城乡间的流动速度与频率，打破阻碍城乡经济交往与联系的制度壁垒，营造良好的城乡经济氛围与市场环境，优化产业布局和城乡结构，带动城乡现代化发展与经济效益提升，依据自然环境、区位条件、资源禀赋将民族地区分为西北与西南两个空间区域，根据西北民族地区与西南民族地区城乡经济现状、特征、优势等，有针对性地制定城镇经济与乡村经济发展举措，主要包括新型城镇化、新型工业化、乡村振兴及经济现代化等措施内容。人是经济中最活跃、最革命的生产要素，以人的发展增进内生增长动力，着力开发民族地区人力资源，以人力资源的现代化发展激活经济增长新动能，化解民族地区城乡经济发展不平衡问题，实现民族地区城乡经济现代化与协调

发展。

三、维护民族团结进步，实现国家长治久安

我国是统一的多民族国家，从地缘政治的视角考量，内蒙古、新疆、西藏、云南、广西毗邻中亚、南亚、东南亚的众多国家，具有重要的地缘政治战略地位，与政治稳定与国土安全息息相关。民族地区分布着蒙古族、藏族、壮族、维吾尔族、彝族、苗族等众多少数民族，各民族之间经济交往与文化交流频繁。许多时候，因语言文字、生活条件、风俗习惯、心理状态、宗教信仰等差异，会产生民族问题。经济是政治、社会、文化发展的基础保障，没有经济发展为其提供物质基础，难以长期维系社会和谐、政治稳定和文化繁荣。世界范围内出现的民族问题虽然并非全部与经济发展有关，但大多与民族或种族间的发展差距、发展机会不均、经济利益分配不公等有关。经济发展是解决发展差距与利益分配的基础，没有经济发展也就谈不上分配问题，只能是保持一种低水平均衡状态，只有经济发展才能保证对社会、文化发展的投入，才能不断提高各民族人民的物质文化生活水平，夯实民族团结的物质基础。多年以来，国内外敌对势力企图利用民族问题、宗教问题蓄意破坏我国的民族团结与国家统一。为此，加速民族地区经济发展，既有利于促进民族团结，又有利于维护祖国长治久安。

经济发展是民族问题解决的物质基础，各民族经济发展不平衡是引起民族问题的重要原因之一，城乡分割是空间上导致民族地区经济发展成果难以共享的原因之一。新时代，各地区、各民族对经济利益的关注度不断提高，经济上的共同繁荣和经济利益的合理分配是重要问题。空间上采取适合民族地区发展实际道路，是解决民族问题、促进民族发展的重要举措。经济落后的地区（或民族）希望尽快赶上先进地区（或民族）的发展，但是现实中的发展差距是多方面因素造成的，空间上的城乡发展不平衡就是因素之一。若生活在民族地区的各族人民不能共享经济发展成果，则不利于构建和谐民族关系，甚至可能引发民族矛盾。现阶段的民族问题与经济问题密切相关，民族利益表现为经济利益，经济利益成为民族利益的主要内容。

民族地区各民族呈"大杂居、小聚居"的相对分散性分布，各民族人民分

居在城镇与乡村,既没有完全定居城镇的民族,也没有完全居住在乡村的民族。有关土地、森林、草场、水利、矿产等要素与资源开发、配置产生的纠纷问题,若以民族为单位进行要素资源配置与经济利益分配,难度较大,不易做到统筹管理与规划协调,甚至会影响到民族关系与民族团结。若将民族问题放置于空间范围内进行解决,则更加科学合理,因此在城乡空间内研究民族地区经济问题显得尤为重要。如果不解决发展失衡问题,农牧民就无法过上宽裕的生活,工农关系、城乡关系就会紧张,安定团结的政治局面就会受到影响,统筹城乡社会经济发展、构建和谐社会就是一句空话。经济如果想快速发展,必要条件就是要保持社会稳定,但是目前城乡贫富悬殊,社会很难维持稳定。民族地区绝大部分乡村和城镇比是非常贫穷的。贫富差距会引起乡村各族人民对社会公平正义的怀疑,会滋养不好的社会风气,当人民心理和生活上难以承受贫富差距时,就有可能采取不正当的极端手段试图解决这种差距,从而使社会动荡不安。民族地区既是边疆地区,又是少数民族聚居区,高水平的经济发展与生活质量,会提高民族地区居民的国家自豪感与认同感,有利于民族团结和边疆稳定。新中国成立以来高度重视民族团结,经济发展又是促进民族团结的必要措施,加快民族地区经济发展,既符合各民族群众根本利益,也符合国家的根本利益,更是实现各民族共同繁荣的根本途径,为此化解发展不平衡问题就显得意义重大。

长期以来,民族地区战略定位偏重于维护国家领土完整、民族团结和边疆安全,政策重心较多着力于改善基础设施、发展经济,以解决边民生产生活困难、稳定人心、整固边防。民族团结和国土安全关乎我国政治格局的稳定,是我国经济发展的首要保障。为此,城乡经济协调与民族经济发展,既是民族团结进步的需要,又是国家长治久安的需要,具有重要的战略价值。

第四节　加速民族地区城乡经济现代化发展的战略举措

在系统的战略构想下,制定化解城乡经济发展不平衡问题的战略举措,具有重要意义。新时代,民族地区城乡经济发展要实现"以经济建设为中心"与

"以人民为中心"有机结合,以城乡经济加速协调发展为基础,以促进民族地区城乡间人的全面发展为关键。为此要坚持加速发展与因地制宜相结合原则,实施具体化的有利于化解民族地区城乡经济发展不平衡问题的战略举措。

一、新时代实施加速发展战略的必要性与内涵

由于自然、社会、历史、政策、文化等众多因素影响,民族地区生产力水平长期落后于东部地区,为解决区域发展差距不断扩大的问题,施正一提出"所谓'加速战略',简单说来,就是西部少数民族地区进行现代化建设应当采取加速的步伐前进,争取在尽可能短一些的时间内缩小和先进地区之间的差距,最后完全摆脱落后的困境,进入先进民族的行列"。在改革开放"以经济建设为中心",大力发展生产力的背景下,加速发展战略的提出符合时代要求,具有先进性特征。新时代,不平衡问题已上升为统领经济发展问题的矛盾主要方面,时代背景与社会矛盾的重大转变赋予了加速发展战略全新的时代内涵与历史使命。

（一）城乡经济加速发展的必要性

经济发展繁荣是各族人民的共同愿望,也是民族地区实现现代化建设的需要。城乡在经济结构与发展方式等方面的不平衡,是造成民族地区经济滞后与失衡的重要原因。因此,加速发展战略就是加速化解城乡经济发展不平衡问题,促进民族地区城乡经济的协调、可持续发展。新时代,加速发展战略有其现实的必要性。

首先,民族地区自然资源禀赋充裕,无论是煤炭、石油、天然气、有色金属等矿产能源,还是水、草场、森林等生态资源,都为其经济发展奠定了物质基础。新时代坚持加速发展战略,对民族地区城乡发展提出了更高要求。城镇与乡村是民族地区内部的重要组成区域,构成了局部与整体的辩证统一关系,局部对整体的进步起着直接的促进或阻滞作用。为此,城乡经济的增速、结构、发展方式、发展质量等内容均决定着民族地区能否由内而外地激发经济新动能,能否提升区域内生增长动力等,只有内生的经济发展动力才能实现地区经济的协调、可持续发展,嵌入式的经济"输血"只能片面提高经济总量,导致发展

缺乏效率与质量。新时代是经济由高速增长向高质量发展转变的重要时期，加速发展城乡经济，构建现代化城乡经济体系，增强城乡间经济交往与联系，是民族地区实现工业化与现代化的基本前提。

其次，加速发展城乡经济是一项系统工程，既要加速城乡经济发展速度，提高发展质量，在增加物质财富积累的同时，又需要加速转变经济发展方式与城乡结构，改革加深城乡分化的体制与政策等。[1] 如果民族地区不加速发展步伐，那么非但区域间经济差距将持续扩大，城乡经济失衡现象也将日趋严峻。城乡差距是民族地区城镇经济与乡村经济发展不平衡的现实结果，长期的工农、城乡二元结构将会导致劳动力、资本、技术等生产要素偏好城镇，从乡村单向流入城镇，形成城乡间"贫困恶性循环"。因此，加速城乡经济的建设与开发，以发展的速度、效率、质量弥补、化解城乡不平衡，加速民族地区城乡现代化进程，实现城乡的共同富裕，让城乡各族人民共享经济发展成果，是新时代加速发展战略践行"以人为本"发展观的重要体现。

最后，经济基础决定上层建筑，城乡经济协调是实现民族地区经济可持续发展的基础，城乡经济发展不平衡势必会造成城乡差距持续扩大、城乡居民收入水平与消费能力不均、城乡间产业布局与就业结构失衡、公共服务与公共产品在城乡间分布失衡及由此衍生的配置不均等问题，这些都制约着民族地区的经济繁荣发展与社会和谐稳定。在乡村振兴战略下加速乡村经济现代化发展，以新型城镇化、工业化加速城镇经济发展，良好的经济基础与物质条件奠定了民族地区城乡现代化协调发展的基础。新时代，实施加速发展战略，对于化解城乡矛盾，增强民族团结，促进各民族共同进步，以及实现边疆和谐稳定与国家长治久安具有积极意义。

（二）加速发展战略的时代新内涵

新时代，加速发展战略的主要任务已不再以解决落后的社会生产力问题为核心，而是转向谋求实现经济高质量高水平发展，化解在转型发展过程中制约发展的城乡、工农、区域等诸多方面发展不平衡问题。

---

[1] 施正一：《差距·加速与均衡——关于少数民族地区经济发展战略的探索》，黑龙江民族丛刊，1989 年第 3 期（总第 18 期），第 40 页。

1. 加速构建现代化城乡经济体系是核心

"现代化是人类历史上最剧烈、最深远并且显然是无可避免的一场社会变革。"① "现代化是将人类及这个世界的安全、发展和完善，作为人类努力的目标和规范的尺度。"② 新时代，加速发展战略的核心是实现民族地区现代化发展，现代化目标之一是促进城乡、工农等方面经济关系协调。民族地区要完成现代化跨越，其实质是作为中国的有机组成部分，而不是一个单独的发展个体。③ 现代化是以社会生产力发展为基础，以工业化为核心的全面发展，包含着农业社会向工业社会的发展，传统社会向现代社会的转型，涵盖了生产方式和上层建筑、经济发展和社会发展、物质生活和精神生活、思维方式和行为方式等全方位的变革。④ 具体到新时代民族地区实际，经济发展的战略重点已从整体加速转移至内部加速，即发展的注意力已从外部区域差距转向内部城乡失衡，这是现阶段民族地区最突出的发展问题之一。加速发展战略一方面要在乡村振兴战略统筹指引下促进乡村经济增长及现代化发展，另一方面要重构城镇产业结构与经济发展方式，打造新型城镇化、工业化战略要求下的城镇经济增长极与现代化发展模式。加速构建现代化经济体系的城乡布局，要从民族地区发展全局和城乡经济关系调整的大背景推进乡村振兴战略和新型城镇化、工业化战略的实施，探讨建立优势互补、要素互通、协调发展、共同繁荣的新型城乡经济关系的途径。以城市群为主体构建大中小城市和小城镇协调发展的城镇格局，加快传统产业转移人口市民化。加快构建现代农牧业生产经营体系，培育新型农牧业经营主体，健全农牧业社会化服务体系，切实解决好民族地区"三农"问题，让乡村与城镇"比翼齐飞"，实现民族地区城乡经济协调发展。⑤

---

① ［美］吉尔伯特·罗兹曼：《海外中国研究·中国的现代化》，国家社会科学基金"比较现代化"课题组译，南京：江苏人民出版社，2018 年，第 1 - 10 页。
② ［美］塞缪尔·亨廷顿：《文明的冲突与世界秩序的重建》，周琪、刘绯、张立平、王圆译，北京：新华出版社，2018 年，第 60 页。
③ 沈远新：《关于民族地区现代化的几个重大问题的思考》，贵州民族研究，2000 年第 1 期（总第 81 期），第 42 页。
④ 朱晓瑾、朱瑛：《后发型地区的现代化发展与战略选择——浅谈对少数民族地区现代化发展战略的几点思考》，兵团党校学报，2006 年第 1 期（总第 96 期），第 28 - 29 页。
⑤ 李雪松：《以城乡区域协调发展优化现代化经济体系的空间布局》，区域经济评论，2018 年第 4 期，第 9 - 10 页。

2. 加速提升城乡间劳动力素质技能是根本

在加速构建城乡现代化经济体系过程中，统揽城乡经济结构与发展方式，无论是产业结构、就业结构，还是资本结构、技术结构等，其在城乡间的布局与配置的核心都是劳动力，这符合新时代"以人为本"发展原则，关键在于劳动力的素质技能水平及由劳动力累积形成的人力资本存量的丰裕程度，这些都是转化形成人力资源的重要基础，人力资源作为经济社会发展的第一生产要素，对于推进民族地区现代化发展有着突出作用。为此，加速提高城镇与乡村的劳动力素质技能，以人力资本的积累与人力资源转化开发支持城乡经济发展，打破城乡间阻碍劳动力自由流动的制度因素，以制度创新保障劳动力市场开放与城乡均衡配置，实现劳动力生产要素的自由选择与城乡流动。

劳动力素质技能提高会带来城乡经济的如下转变：首先，劳动力作为生产经营主体，自身素质技能的提高会带来创新能力的持续提升，创新驱动是新时代经济增长的动力源泉，创新会激发城乡经济活力，培育新的经济增长点，助力城乡现代化发展；其次，创新驱动下会增强先进技术的开发与引进力度，特别是将先进的技术手段投入农牧业生产经营活动，直接转化为生产力，提高传统产业的生产效率，增加乡村经济效益，有利于乡村经济振兴及现代化发展；再次，先进科技投入城乡经济，不但使乡村经济发生良性循环，而且对于城镇产业结构的调整与布局意义重大，有利于将劳动密集型产业模式升级为技术密集型、资本密集型产业，改变民族地区城镇经济原有的粗放型生产面貌，使产业布局更加集约化、专业化、规模化，能够更好地发挥城镇经济规模效应，从而辐射周边乡村地区，实现以城带乡的协同发展；最后，产业结构现代化的城乡布局带动了资本在城乡间自由流动与合理配置，有利于避开资本的城镇偏好倾向，防止因资本从乡村向城镇的单向流动造成的乡村资本匮乏的困境，从而实现资本在城乡间合理配置，特别是转变乡村粗放式生产经营模式，实现经济现代化发展，让乡村与城镇齐头并进，协调发展。

此外，创新、技术、产业、资本等要素都促进了经济发展方式的优化升级，由粗放的劳动密集型向技术密集型、资本密集型的转变带动了就业结构的调整，不同发展方式下对劳动力素质技能的要求不同，劳动密集型更突出强调劳动力的体力素质，而技术、资本密集型则对劳动力的综合素质提出了更高要求。所以，新时代加速发展战略更加突出劳动力这一核心生产要素，强调以劳动力素质技能提升带动城乡协调发展的重要性。（参见图5－1）

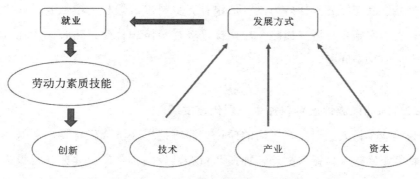

图5－1 各生产要素相互作用图示

3. 加速民族地区城乡协同发展能力是关键

民族地区城乡经济发展并非要实现完全意义上的平衡，不平衡的实质是发展不协调问题。城乡协调需要处理好公平与效率、合作与竞争、开放与保护、政府与市场等多方面关系。化解城乡不平衡、实现协调发展，目的在发展，难点在协调。因此，加速发展战略的重点是提升城乡协同发展能力，加强城乡间的联动性、整体性，既要以加速发展弥补城乡原有的经济基础差距，又要加速城乡经济现代化进程，在经济现代化同时实现人的现代化发展。人是最活跃、流动性最强的经济要素，更是联结城乡关系、提升协同能力、促进经济发展、化解不平衡问题的主要动力。

首先，加速优化城乡要素流动机制，多措并举打破城乡间生产要素与资源配置的障碍，增强城乡经济协同发展能力，进一步提高城乡关系的协调性。清除妨碍统一市场形成与自由、公平竞争的各种显性及隐性的市场壁垒和其他障碍性因素，促进生产要素的城乡自由流动，保证城乡间资源配置的公平、效率，加快建立现代化城乡经济体系。在市场倒逼力量下，形成城与乡之间的良性互动，促使城乡产业结构调整以及新旧动能转换。其次，在城乡统一市场基础上，加速生产要素自由流动，加速完善城乡合作机制，在优势互补、要素互通、统一市场、互利共赢的城乡发展原则统领下，加速开展多领域、多层次、多形式的城乡间经济交往与合作，不断调整、升级城乡协调发展机制。支持产业跨城乡的转移、对接，鼓励创新城乡合作的利益协调、资金分担、信息共享、政策配套等机制。① 最后，加速提升城乡协同发展能力，加大城镇对乡村的支持力度，加强教育培训、人才储备、科技创新等智力支持，提高医疗卫生、基础设施、公共产品与服务等扶持力度，加快补齐乡村发展短板，增强乡村内生发展动力，大力实施乡村振兴战略，加快推进乡村经济现代化，化解民族地区城乡经济发展不平衡问题。

二、加速民族地区乡村振兴及现代化发展

为顺应乡村人民对美好生活的向往，深刻把握经济现代化规律和城乡关系变化特征，实施乡村振兴战略，加速乡村经济发展，是民族地区乡村振兴及社会主义现代化发展的时代要求。"我国人民日益增长的美好生活需要和不平衡不充分的发展之间的矛盾在乡村最为突出，我国仍处于并将长期处于社会主义初级阶段的特征很大程度上表现在乡村。全面建成小康社会和全面建设社会主义现代化强国，最艰巨最繁重的任务在农村，最广泛最深厚的基础在农村，最大的潜力和后劲也在农村。"② 民族地区更是如此，城乡问题的焦点在乡村，解决重点也在乡村。乡村经济基础差，农业发展滞后，民族地区现代化建设的薄弱环节仍是农业与乡村，"三农"问题仍是其经济社会发展的短板。为此，加速乡村振兴及现代化发展，是民族地区解决"三农"问题、实现城乡协调发展的重要举措。

（一）加速民族地区乡村农业现代化发展

化解城乡经济发展不平衡问题的基础在于提升乡村经济发展实力。民族地区乡村经济的核心是以农牧渔为主的第一产业，加速提高乡村第一产业的创新力、竞争力及生产效率，在增速基础上实现生产经营活动的提质增效，并加速构建民族地区现代农业体系。因此，加速第一产业现代化发展，对于振兴乡村经济、化解不平衡问题、实现城乡协调发展有着重大的现实意义。

---

① 李雪松：《以城乡区域协调发展优化现代化经济体系的空间布局》，区域经济评论，2018 年第 4 期，第 9 - 10 页。

② 中共中央国务院印发：《乡村振兴战略规划（2018—2022 年）》，中华人民共和国中央人民政府网站，2018 年 9 月 26 日，http：//www. gov. cn/xinwen/2018 - 09/26/content_5325534. htm。

第一，提升农业装备技术及信息化水平，加速巩固、提升农业生产能力，奠定民族地区农业现代化发展基础。一方面，导致城乡失衡的因素之一是工农技术差距，民族地区是我国重要的农牧业产区，推进民族地区农牧业机械化转型升级，加快种植、畜牧、渔业等高端机械装备投入现代化生产经营并实现推广使用，加强品种改良、技术栽培、良种繁育、舍饲养殖等技术能力，提升第一产业机械化、集约化、专业化生产能力①，促进农业机械与农业技术融合改进。另一方面，加速提升民族地区农牧业信息化水平，提升乡村信息通达度与时效性，改善城乡信息不对称现状，搭建产销一体的农牧业网络服务平台，实施"互联网＋"现代农牧行动，鼓励对农牧生产进行数字化改造，提高农牧业专业化、精准化水平，以科技创新加速农牧业技术进步，引领、支持农牧业的转型升级与提质增效。

第二，加速农牧业转型升级，实现由"增产"转向"提质"，提升农牧业生产的质量与效率。立足民族地区资源禀赋与区位优势，优化农牧业生产力布局，构建专业化生产格局，例如，在西南民族地区、西北民族地区及北方农牧交错带，应加速调整农牧产品结构，限制资源耗竭型产业开发规模，将民族特色转化为经济效益；青藏高原等生态脆弱区坚持"保护优先、限制开发"，发展地区特色农牧业。不断调整、优化第一产业结构，加速发展农牧渔结合的民族地区现代农业，既需要调整种植业生产结构，确保粮食满足自给供应，又需要栽培优质饲草料，内蒙古、新疆、西藏、青海、甘肃、宁夏六省区是我国主要牧区，调整、优化畜牧结构，以集约化、专业化养殖模式发展种养结合循环牧业，对民族地区牧业牧区发展意义重大。以民族地区特色历史文化为基础，开发民族特色优势资源，形成特色鲜明、优势集聚的农牧业集群，例如，少数民族特需商品的开发经营等。"擦亮老品牌，塑强新品牌"②，引入现代技术与元素改造、提升、培育民族地区自主农牧业品牌，借助农博会等平台，利用互联

---

① 昝林森、成功、闫文杰、柳泽新：《中国西部地区草牧业发展的现状、问题及对策》，科技导报，2016 年第 17 期第 34 卷，第 79－87 页。

② 中共中央国务院印发：《乡村振兴战略规划（2018—2022 年）》，中华人民共和国中央人民政府网站，2018 年 9 月 26 日，http：//www.gov.cn/xinwen/2018－09/26/content_5325534.htm。

网等渠道，加强品牌市场营销。民族地区是"一带一路"对外开放的桥头堡，加强与"一带一路"沿线国家的合作，让高附加值农牧产品"走出去"，构建民族地区农牧业对外开放新格局。

第三，坚持农牧业家庭经营的基础地位，加速构建多元主体协同发展的农业经营体系，提高农牧业生产经营的集约化、规模化、专业化水平。巩固乡村基本经营制度，完善农地、草场"三权分置"制度，同时加强经营权流转，发展壮大国有农牧业经济，通过多种形式开展规模经营，培育发展家庭农牧场，鼓励农牧民开展合作社经济，鼓励投资适合乡村产业化、规模化经营的农牧业项目，与乡村居民形成互惠共赢的发展关系。发展新型乡村集体经济，开展多种形式股份合作，推动"资源变资产、资金变股金、农牧民变股东"[1]，鼓励实力雄厚的乡村集体经济发挥集聚、辐射效应，带动周边共同实现乡村振兴与经济发展。促进家庭式生产经营和现代农牧业发展耦合对接，提高家庭生产经营抵御风险能力，以多样化合作实现组织化、专业化、规模化生产，提高农牧民自我发展能力。

（二）以产业融合发展推进乡村振兴

化解城乡经济发展不平衡问题的关键在于调整优化产业结构，破除阻滞城乡发展的产业制约，以城乡居民为核心，增强城乡协同发展能力，以技术创新为动力，加速构建乡村产业体系，实现乡村产业全面振兴。因此，加速乡村产业融合发展，对于振兴乡村经济、化解不平衡问题、实现城乡协调发展意义重大。

促进生产要素在产业间的自由流动与合理配置，加深乡村产业融合与协同发展力度，培育乡村产业融合发展模式。积极适应消费结构转型升级趋势，合理开发民族地区特色优势资源，深入发掘民族地区乡村"生态涵养、休闲观光、文化体验、健康养老等多种功能和多重价值"[2]，基于此，开发休闲农业、乡村

---

[1]　中共中央国务院印发：《乡村振兴战略规划（2018—2022年）》，中华人民共和国中央人民政府网站，2018年9月26日，http：//www.gov.cn/xinwen/2018－09/26/content_5325534.htm。

[2]　同上。

旅游、历史文化等特色项目，使人文、科技等元素融入民族地区乡村与农业的生产经营活动，发展乡村共享经济。利用先进科技手段促进农产品的生产、加工等环节协同发展，以此提高农产品的效率与收益。近年来，民族地区互联网建设效果显著，广大乡村加速建立电子商务平台、健全农产品电商标准体系，构建覆盖全程、区域集中、配套完善的新型农业服务体系，改善乡村消费环境、优化乡村消费结构、提升乡村消费层次，促进生产与销售衔接，密切农户与商户联系。加速推进农业内部融合、延伸农业产业链条、拓展农业功能类型、发展新型现代化农业等，推进乡村产业与新型城镇化密切融合发展，加速生产要素在城乡间、产业间的自由流动，实现生产要素的合理配置与高效使用。

创新乡村经济收益的分享模式，让乡村居民共享产业融合发展红利。健全"联农带农"的有效激励机制，鼓励农民以土地、劳动、农产品等为媒介搭建多形式的经济合作，加快推广"'订单收购＋分红''农民入股＋保底收益＋按股分红''土地流转＋优先雇用＋社会保障'"① 等多种激励农民分享生产经营活动的收益方式。引导乡村集体依法通过股份制、合作制、租赁等形式合理配置、开发集体土地、房屋、设施等公共资源，积极参与产业融合发展。另外，大力发挥民族地区财政扶持资金作用，探索实行农民负盈不负亏的分配机制。优化乡村营商环境，合理引导资本下乡，激发乡村经济活力，以市场化为导向促进民族地区乡村经济振兴与现代化发展。整合政府、市场等各种资源，推进农业产学研相结合发展，加速劳动力、资本、技术等现代生产要素向乡村集聚、扩散，鼓励支持返乡创业、反哺乡村经济振兴。

（三）提高劳动力素质技能与就业质量

劳动力素质技能差异与就业质量高低是导致人力资源城乡差距的原因之一。强化乡村振兴人才支撑，提升劳动力素质技能，培育新型职业农民，优化农业劳动力就业结构，是民族地区化解城乡经济发展不平衡问题的重要举措。统筹

---

① 中共中央国务院印发：《乡村振兴战略规划（2018—2022 年）》，中华人民共和国中央人民政府网站，2018 年 9 月 26 日，http：//www.gov.cn/xinwen/2018－09/26/content_5325534.htm。

规划乡村基础教育，保证乡村教育质量，大力发展乡村职业教育，加速调整职业院校结构，提高旗（县）一级职业教育水平，针对性地开设专业课程，实施新型职业农民培育工程，让广大乡村劳动力参与到农业职业培训之中，推动建立覆盖城乡劳动力的职业技能培训制度，增强职业技能培训的针对性、实用性、可操作性，切实满足民族地区乡村振兴与经济现代化的劳动力需求。加强城乡教育资源共享，通过城乡间交流、轮岗等多种途径壮大乡村教师队伍，鼓励支持农民专业合作社、专业技术协会、龙头企业等组织担任素质技能培训主体。创新网络教室、田间课堂等乡村素质技能培训形式，依托乡村互联网基础设施建设，优化网络教育资源公共服务体系，依托平台拓宽"互联网＋"职业教育惠及范围。加大乡村振兴专业技术人才培养力度，加强涉农院校和学科专业建设，大力培育农业科技人才，建立健全激励机制，继续实施民族地区人才支持计划，建立城乡间人才培养、合作与交流机制，鼓励社会人才投身民族地区乡村建设。

在乡村劳动力素质技能不断提升的同时，增强经济发展创造就业岗位能力，培育乡村特色优质产业，承接城镇转移梯度产业，拓展多元化生产经营模式，搭建城乡统一劳动力市场平台，拓宽劳动力转移就业渠道，既鼓励乡村劳动力进城务工，又支持劳动力就地就近择业，例如鼓励劳动力采取以工代赈方式参与乡村基础设施建设。建立健全城乡就业保障体系，例如同工同酬制度规范等，加强乡村劳动力就业安置的质量保证，督促教育培训、人才激励、就业服务、社会保险等就业扶持政策落地实施。提高乡村劳动力就业稳定性，提高乡村劳动力收入水平，依法保障乡村劳动力权益，构建和谐劳动关系。

（四）建立健全多元化资本投入保障

破除城乡间资本失衡配置，是化解民族地区城乡经济发展不平衡问题的途径之一。激发社会投资活力，加速形成财政优先、社会参与的多元化资本投入格局。建立健全乡村财政投入保障，公共财政向民族地区"三农"倾斜，加大政府投资对农业现代化生产、乡村基础设施建设等重点领域与薄弱环节的支持力度，"加快建立涉农资金统筹整合长效机制，强化支农资金监督管理，提高财政支农资金使用效益"①。激励社会资本、外资等涌入乡村，优化乡村营商环境，拓宽投融资渠道，加大民族地区现代农业、乡村基础设施、公共事业等开放力度，规范有序地盘活乡村、农业基础设施存量资产，所回收的资金主要用于补短板项目建设②，亦可为民族地区经济可持续发展提供资本支持。"既发挥税收、财政等政策支持'三农'金融的作用，又发挥再贷款、再贴现等货币政策工具的引导作用，将乡村振兴作为信贷政策结构性调整的重要方向，完善涉农贴息贷款政策，降低农户和新型农业经营主体的融资成本。"③ 加大金融支农力度，健全民族地区乡村金融体系，配置金融资源贡献乡村经济，满足乡村振兴多样化金融需求，形成多样化乡村金融服务主体，鼓励证券、保险、期货等金融资源聚焦乡村经济、服务乡村振兴。

三、加速新型城镇化建设，提升城镇反哺乡村能力

"城镇化是伴随工业化发展，非农产业在城镇聚集、农村人口向城镇集中的自然历史过程，是人类社会发展的客观趋势，是国家现代化的重要标志。"④ 民族地区经济发展正经历从增速到提质的转型升级，更是加速建设社会主义现代化的重要时期，"……城镇化与工业化、信息化和农业现代化同步发展，是现代化建设的核心内容，彼此相辅相成"⑤。经济发展动力——工业化，经济发展基础——农业现代化，发展后发优势——信息化，城镇化加速融合着工业化、信息化、农业现代化三者发展。因此，加速推进新型城镇化建设，既对民族地区经济社会发展意义重大，又是化解民族地区城乡经济发展不平衡问题的重要举措。

---

① 中共中央国务院印发：《乡村振兴战略规划（2018—2022 年)》，中华人民共和国中央人民政府门户网站，2018 年 9 月 26 日，http：//www. gov. cn/xinwen/2018 – 09/26/content _ 5325534. htm。

② 同①。

③ 同①。

④ 中共中央国务院印发：《国家新型城镇化规划（2014—2020 年)》，中华人民共和国中央人民政府门户网站，http：//www. gov. cn/zhengce/2014 – 03/16/content_ 2640075. htm。

⑤ 同④。

（一）新型城镇化是解决"三农"问题的重要途径

新型城镇化，是解决"三农"问题的重要途径，也是民族地区振兴乡村经济，实现现代化建设与发展的重要战略支撑。民族地区乡村是包含经济、社会、生态等丰富内容在内的复合系统，民族地区乡村的稳定与发展以农业为基础，乡村不仅规模小、人口少、分布较为分散，且深受自然环境的限制，大多数乡村的地理位置偏僻，处于险峻的自然环境中，具有较强的封闭性，鲜少与外界交往，人文气质与环境独特，现代化进程迟缓，保持着传统乡村社会的典型特征。二元经济结构的城乡分割状态下，传统的以家庭为单位的生产经营模式难以改变，土地难以实现集约化生产经营、难以产生规模经济效益，追根溯源，这是产生"三农"问题的根本原因。统筹推进城镇基本公共服务由主要供给城镇居民转变为供给城镇常住人口，有序推进乡村劳动力市民化，逐步实现农业转移人口从"候鸟式迁移"向"永久性迁移"的转变[1]，让进城务工的农业转移人口与城镇居民平等共享教育、医疗等公共服务产品，实现城乡劳动力在社会保障与公共福利的待遇均等化，解决好城乡间人的发展问题是新型城镇化战略化解"三农"问题的核心内容。在"以人为本"战略原则统领下，关键是提高城乡劳动力素质技能与生活质量，逐渐改革城乡户籍制度、消除城乡间劳动力流动限制，着力解决农业转移人口的各项待遇问题。进城务工人员的子女教育、就业服务、社会保障等成本开支由政府承担，构建政府主导、多方成本共担、共同协调推进的农业转移人口市民化机制[2]，鼓励农业转移人口积极参与职业技能培训，引导进城务工人员主动参加城镇社保，努力提高农业转移人口融入城镇的素质技能、就业能力与各项保障。

新型城镇化发展总体上有利于节约土地资源、实现土地集约利用与开发，为农业现代化、集约化、规模化发展与经营提供宝贵空间。随着农业转移人口逐渐向城镇流动，民族地区乡村人均资源占有量相应增加，农业生产与乡村经

---

① 程名望：《依托新型城镇化，促进中国经济转型和协调发展》，解放日报，2015 年 7 月 20 日第 8 版，第 1 – 2 页。

② 吴肇光：《新型城镇化视角下解决"三农"问题的基本路径》，福建论坛·人文社会科学版，2014 年第 2 期，第 42 – 45 页。

济的单位收益随之提高，农业现代化经营水平得以提升，从事农业的劳动力生活质量得到改善。提升城镇经济实力会进一步增强以工促农、以城带乡、反哺乡村的能力，从而加速民族地区乡村经济现代化发展。新型城镇化与乡村振兴紧密相连，以"中国式美丽乡村"补齐民族地区城镇化"短板"，遵循自然生态规律与城乡空间差异化发展原则，统筹生产要素城乡间配置，加强城乡间基础设施建设，匹配城乡间产业链结构，全面建设"产业兴旺、生态宜居、乡村文明、治理有效、生活富裕"的美丽乡村，加速民族地区城镇经济与乡村经济协调、可持续发展，让城乡居民共享经济现代化建设、发展成果。

（二）加速产业结构转型升级与创新驱动能力提升

民族地区产业结构不合理与城镇功能弱化并存，产业结构中以重工业为支柱的第二产业比重过高，农业现代化水平与现代服务业发展均严重滞后。部分城镇对矿产能源依赖程度高，形成了一定规模的资源与资本密集型产业集群，在偏重的产业结构下，民族地区城镇建设也多服务于重工业，农业基础力量薄弱，制约着乡村农业人口向城镇转移。现代服务业的低迷，降低了城镇对劳动力的吸纳能力，造成城镇化进程缓慢且功能弱化，大量农业剩余劳动力滞留乡村，降低了乡村的人均资源占有量与经济效率，导致了民族地区乡村的落后。为此，产业结构转型升级成为新时代民族地区经济发展要求，产业转型主要表现为产业结构调整、空间布局调整、发展方式升级等，西部大开发战略实施后，民族地区经历了快速工业化过程，劳动密集型制造业面临转型升级，资本与技术替代劳动的趋势日益增强[1]，产业结构持续调整、优化、升级，以高新技术为核心的现代服务业逐渐成为加速城镇化发展的主要力量。[2] 城镇生活方式变革扩大了生活性服务需求，科学配置生产要素、三产协同发展、社会分工细化等扩大了生产性服务需求。

根据民族地区的要素禀赋与比较优势，形成发展特色鲜明的城镇产业体系，

---

[1] 刘国斌、孙雅俊：《新型城镇化与产业转型之互动关系》，税务与经济，2017 年第 5 期（总第 214 期），第 106－109 页。

[2] 程名望：《依托新型城镇化，促进中国经济转型和协调发展》，解放日报，2015 年 7 月 20 日第 8 版，第 1－2 页。

改造、提升传统产业竞争力，培育战略性新兴制造业，引导生产性服务业在制造业密集区发挥集聚效应，扩大生活性服务供给，提升服务质量与水平，加速城镇经济结构转型成为以服务经济为主的产业类型，增强城乡间协作分工与产业对接能力，构建优势互补且兼具特色的产业发展格局。发挥城镇在教育、科技、人力资源等方面优势，推动城镇实现创新驱动的信息化发展，激发民族地区城镇的后发优势与增长活力，以创新驱动集聚生产要素、提高生产效率、培育经济增长点，驱动传统产业升级、促进新兴产业发展。[1] 加快转变民族地区城镇发展方式，优化城镇空间布局，"推动信息化和工业化深度融合、工业化和城镇化良性互动、城镇化和农业现代化相互协调，促进城镇发展与产业支撑、就业转移和人口集聚相统一，促进城乡要素平等交换和公共资源均衡配置……"[2] 建设可持续发展能力强的民族地区新型城镇。

（三）新型城镇化建设加速要素流动与市场统一

城镇化既能提高城乡居民生产生活效率与质量，又能促进民族地区经济、社会的全面发展。保障城乡间要素自由流动与统一市场建立，是民族地区推进乡村振兴与新型城镇化，实现城乡融合发展的关键。当前，民族地区仍存在市场机制引入不足、公共资源分配不均、乡村吸引力匮乏等阻碍城乡协调发展的问题，导致城乡间生产要素自由流动面临较大阻滞。因此，以新型城镇化建设破除城乡间生产要素流动障碍至关重要，特别是引导生产要素由城镇回流乡村，在城乡间形成统一的要素市场，更是重中之重。

坚持以工补农、以城带乡，鼓励和吸引城镇资本、劳动力、技术等优质要素配置到乡村，将新型城镇化的具体行动落实到乡村，不断改善乡村基础设施建设，实现城乡基础设施互联互通。在新型城镇化建设过程中，深化土地"三权分置"改革，保障土地有效流转，以土地为媒介吸引城镇要素流向乡村。市场经济具有统一、开放、竞争、有序的内在特征，客观上要求民族地区的城镇与乡村形成统一的城乡体系，实现各类生产要素的自由流动与合理配置。可见，

---

[1]　中共中央国务院印发：《国家新型城镇化规划（2014—2020 年）》，中华人民共和国中央人民政府门户网站，http：//www. gov. cn/zhengce/2014 – 03/16/content_ 2640075. htm。

[2]　同上。

实现城乡要素双向自由流动，市场起决定性作用，在遵循市场规律基础上，在城镇化过程中逐步建立完备的市场体制，在价格与收益的双重作用下，激发乡村经济内生动力，推动乡村实现生产方式的现代化转变，引导生产要素自发向乡村集聚。① 现代产业的多样化、分散性特征使商品生产分由城乡承担，城镇离不开乡村的资源、土地、劳动力，乡村离不开城镇的资本、人才、技术，异质性的长期存在奠定了城乡统一市场形成的基础，也加速了城乡间生产要素的流动与配置。新型城镇化，不仅实现了以人为核心的城镇化发展新要求，加强城乡经济联系、化解不平衡问题、促进城乡协调发展更是其战略意义所在。

四、增强协同发展能力，加速城乡协调发展

城乡协调发展是指正确处理民族地区城乡经济关系，增强城乡协同发展能力，形成城乡统一市场、生产要素自由流动、农业与非农同步发展、产业链合理有效对接，城乡人口平等发展、共享经济现代化成果、城乡共同富裕与繁荣。城乡发展不平衡通常表现为"乡村孕育城镇的萌芽—城镇快速发展—城镇偏好—乡村偏好—城乡发展逐步走向协调"② 的历史趋势，实现城乡协调发展的关键在于增强城乡协同发展能力，涉及空间布局、产业结构、要素配置、基础设施等，涵盖人、市场、政府三大经济活动主体。因此，应当实施"新型城镇化与乡村振兴协同""资源开发与产业发展协同""城乡基础设施建设协同""政府主导与市场驱动协同""以人为本与激发农民主体性协同"的多元协同策略。

第一，新型城镇化与乡村现代化协同。民族地区要坚持推行新型城镇化和乡村振兴的双轮驱动发展策略，形成相互促进、可持续发展的运行机制。中国特色社会主义新时代，一方面，新型城镇化优化了消费结构、释放内需、提高劳动生产率，成为引领民族地区经济可持续发展的强大动力，可见城镇化是城乡协同发展的重要一极，对于破解民族地区城乡经济二元结构，吸纳乡村劳动力城镇就业，实现乡村土地规模化经营等奠定了基础。此外，新型城镇化形成

① 曾福生：《实施乡村振兴战略的路径选择》，农业现代化研究，2018 年 9 月第 5 期第 39 卷，第 712 – 714 页。
② 武小龙、刘祖云：《城乡关系理论研究的脉络和走向》，领导科学，2013 年 4 月中刊，第 8 – 11 页。

人口集聚效应推动着城镇经济的繁荣发展，城镇化作为载体与平台将农业现代化、工业化、信息化有机结合，资本、劳动力、技术等资源与要素由城镇向乡村配置并逐步走向市场化，产业布局、就业结构、消费趋势趋向合理，增强了民族地区城乡协同发展能力。另一方面，乡村振兴与现代化发展为城镇经济提供充足的农产品与原材料，为城镇化奠定了坚实物质基础；现代化生产经营提高了农产品附加值，在提高生产效率、产生规模收益的同时，改善了乡村居民收入水平，激发了乡村消费潜力、释放了巨大消费需求，为二、三产业产品提供了广阔市场；乡村劳动力向人力资源转化、开发过程中，劳动力素质技能不断提升，劳动力是最革命、最活跃的要素，增强了城乡协同发展能力，为化解不平衡问题提供了稳定的人力资源与智力支持。

第二，资源开发与产业发展协同。加强民族地区城镇与乡村在资源开发中的协同合作。充分整合民族地区的资源、劳动力、技术、设备等生产要素，对城镇与乡村的矿产资源、农牧资源、生物资源、旅游资源、历史文化资源、民族特色资源等进行合作开发，提高资源开发效率与深加工程度，特别是进行精细化加工与操作，创新产品设计，深度挖掘城乡各种资源价值，通过提升产品附加值、延伸产品价值链，促使民族地区的资源优势向经济优势转化，在此过程中，乡村离不开城镇的资本、技术、产品，城镇离不开乡村的劳动力、市场、空间。民族地区的城镇与乡村应加强在产业结构调整与产业优化发展方面的协同合作，以城乡各自的资源禀赋和比较优势为依据，加强城乡在传统产业改造、新兴产业培育、特色产业壮大、产业布局优化、产业转型升级，以及农业现代化、新型工业化等领域的协同发展，加速提升城乡在资源开发与产业优化方面的协同发展能力，加速化解民族地区城乡经济发展不平衡问题。

第三，城乡基础设施建设协同。城镇现代工业与服务业奠定了乡村农业现代化建设的经济基础，乡村振兴与美丽乡村要求改善乡村住房、电力、水利、交通、通信、网络等基础设施建设，这是城镇经济中第二产业的业务范畴，既能为乡村现代化建设提供专业化服务，又能提高乡村基础设施的建设效率与质量。①

---

① 张锟：《新型城镇化与农业现代化协调发展的逻辑框架及途径》，河南理工大学学报（社会科学版），2015 年 12 月第 4 期第 16 卷，第 416－417 页。

在进行乡村现代化建设时，应与城镇建设协同推进，使城乡基础设施建设在土地规划、生态保护、产业协调、政策待遇等方面相互协调。在民族地区城镇与乡村搭建起互联互通、互惠互利的配套基础设施，加快城乡要素流动与资源配置的效率与速度，增强城乡经济合作交往的便利性，加强城乡信息互通有无的时效性，实现城乡产业对接与物流传递的通达度等内容。基础设施建设是经济发展的保障与支撑，强化水利电力、能源供应、交通运输、信息通信等关键基础设施项目的协同建设，是提升民族地区城乡协同发展能力的重要途径。

第四，政府主导与市场驱动协同。民族地区产生城乡经济发展不平衡问题的原因之一是城乡间资源配置不均衡，配置资源的两种形式是政府调控与市场配置。"我国的城乡二元结构既是工业化和城市化过程中市场自发即'自然分化'的结果，又是政府'城乡分治、重城轻乡'政策即'人为分化'的结果。"[1] 可见，政府主导与市场驱动是促进城乡协同发展的核心力量，政府的配置者角色主要体现在以财政手段支持城乡基础设施建设、供给公共服务与产品、加强民生与社会保障力度等。通常"市场的基础性作用发挥得越充分，城乡之间的差距相对缩小，反之，市场作用被压制，政府干预增强，城乡差距显著"[2]，所以要发挥市场在资源配置中的决定性作用，市场经济环境下能建立健全多元化供给制度[3]，协同政府共同促进城乡间资源的均衡配置。总之，政府与市场是互相耦合、相互作用的，二者只有协同发挥作用，才能保证民族地区城乡经济的健康、协调、可持续发展；反之，过于偏重任何一方，都会导致城乡经济失衡状态的扩大化。

---

① 鲁月棉：《统筹城乡发展动力机制研究——基于政府、市场和农民的视角》，四川行政学院学报，2012 年第 1 期，第 63 – 66 页。
② 许彩玲、李建建：《习近平城乡发展一体化思想的多维透视》，福建论坛·人文社会科学版，2015 年第 3 期，第 21 页。
③ 罗兴奇、孙菲：《城乡发展一体化的保障机制及协同策略》，农村经济，2016 年第 1 期，第 20 – 25 页。

第五节 因地制宜化解城乡经济不平衡问题的战略举措

民族地区地域广阔，少数民族呈"大杂居、小聚居"分布，也是城乡发展差距最显著的地区之一。化解发展不平衡问题，实现城乡经济协调发展，既是民族地区全面建成小康社会的根本任务，又是城乡居民共享经济发展成果的关键。在对民族地区进行定量分析基础上，综合考量民族地区城乡经济社会发展实际，坚持加速乡村振兴与新型城镇化道路相结合发展，因地制宜带动经济增长、提高乡村人口素质技能、改善基础设施建设、调整优化产业结构、建立统一要素市场等，以期通过各项发展策略的制定与实施促进民族地区城乡经济的协调及现代化发展。

一、人力资源开发策略

20 世纪中期以来，世界各国的经济发展实践证明，人力资源的投资和积累是各国经济持续发展的源泉。人力资源一直以来都是民族经济发展的重要因素。"所谓人力资源，就是能够作为生产要素投入社会经济活动的劳动人口。人力资源是能动性资源，这是人力资源与其他一切资源最根本的区别，所谓能动性就是指人力资源在经济活动中起着主导作用；人力资源是特殊的成本性资源，它是投资的产物，同时人力资源一旦形成，在使用过程中呈现的是收益递增规律；人力资源是高增值性资源，一切非人力资源在使用中只会引起自身损耗，而人力资源却能够实现自我补偿、更新和发展。"[1] "人力资源投资，就是通过提供稀缺资源和服务，使自然状态（或初始形态）的人力资源得到加工和改造，成为具有相当健康水平、知识和技能水平，以及社会适应能力的合格人力资源的过程。"[2] 人力资源投资通常又包括数量与质量两方面内容，前者是花费在人力资源数量变动上的费用，后者是为提高利用效率而对劳动力进行的职业教育、

---

① 施正一：《民族经济学教程》，北京：中央民族大学，2016 年 11 月第 1 版，第 217 页。
② 施正一：《民族经济学教程》，北京：中央民族大学，2016 年 11 月第 1 版，第 218 页。

技能培训等资金支出。加速建立健全政府投资主导、社会资本辅助，涵盖职业技能培训与择业就业指导等方面的人力资源投资机制，增强民族地区城乡居民的自我发展能力，既是破解民族地区城乡二元经济结构困境，改变乡村经济凋敝现状的必由之路，也是新时代民族地区经济现代化发展的关键举措之一。

第一，形成多元化教育投资格局，均等化民族地区城乡受教育机会。"正规教育尤其是普及性教育是增加人力资本存量的主要途径。"[1] 加大基础教育投资，减轻个体投资负担，以政府投资教育为主，鼓励社会参与投资。重点改善乡村教育各项设施，加大乡村教育转移支付力度，落实城乡交流合作与教育资源共享，通过鼓励下乡支教、招聘特岗教师等多种方式，吸引专业技术人才到乡村经济部门就业，优化乡村教育结构与教师队伍，逐渐缩小城乡之间显著的教育差距。鼓励多元化主体投资民族地区教育，拓宽投融资渠道，形成多元投资平台，降低投资门槛，对各投资主体给予政策优惠，形成全社会投资教育的机制。改变民族地区家庭和个人投资理念，积极发挥乡村基层组织的带头作用，形成重视教育的良好氛围。

第二，构建网络化技能培训体系，增强乡村人力资源的素质与积累。职业技能培训是提高乡村劳动力素质技能与城乡配置的重要举措。[2] 依托农业院校、农业技术中心、农民合作社等机构，加速搭建多层次农牧技术培训体系，以市场需求为导向，努力适应乡村产业结构调整、农牧业现代化发展及剩余劳动力城镇化等需要，把农牧业生产培训、技术培训及农牧民职业素质、就业能力培训相结合，针对不同年龄段和教育程度的农牧民合理开设差异化培训内容，增强农牧业劳动力再教育、培训的针对性，利用网络平台媒介推行远程培训，拓宽职业技能培训惠及范围，降低农牧民参与培训的成本。从民族地区农牧业及乡村经济发展实际出发，以实现农牧民全面发展为落脚点，着力增强乡村劳动力职业素质、技术水平、就业能力等，对于提升民族地区乡村人力资源的数量与质量，实现人力资源在城乡间合理流动与科学配置等，均起到至关重要的作用。

---

[1] 汪虹、尹春明、王丽玲：《农村人力资本现状及成因分析》，中国农学通报，2010 年第 3 期，第 337 – 341 页。

[2] 自国：《西南民族地区人力资源开发策略研究——基于四川、贵州、云南、重庆和西藏的实证分析》，劳动保障世界，2018 年第 21 期，第 8 页。

第三，提升公共服务能力，加速劳动力科学配置。将互联网等新媒体与报纸、电视等传统媒介相结合，搭建就业指导服务平台，发布时效性就业信息，提高求职注册登记与就业推荐指导等服务水平，促进劳动力自由择业与合理配置，加速吸引农业转移人口回流，支持带动乡村振兴与现代化发展。加速民族地区城乡户籍制度与土地流转制度的进一步改革，并逐渐完善与就业息息相关的教育、医疗、养老等社会保障制度。鼓励乡村外出务工人员、高校毕业生等技术型劳动力返乡创业、就业，加速培育、壮大民族地区乡村劳动力队伍，鼓励发展乡村特色产业，促进农业劳动力就地、就近流转、安置、就业。

第四，充分发挥市场配置资源的决定性作用，形成城乡统一的生产要素市场，加速劳动力、技术、知识产权等市场制度建设。调整产业结构，壮大第三产业，扩大吸纳劳动力就业能力，将民族地区人力资源数量优势转化为生产能力与经济效益并存的质量优势。特别重要的是加强政策创新，涵盖收入分配、社保福利、市场风险分担等各项政策。从法律层面保障劳动力自由择业权利，逐步废除劳动力流动的地区限制等，不但可实现民族地区劳动力的合理配置，而且有可能带动其他区域人力资源的向西流动。另外，要特别注重解决民族地区人力资源开发中的"扶志"与"扶智"，从根本上化解因人的发展不足所导致的民族地区发展难题。

二、因地制宜发展策略

民族地区自然生态脆弱，易于陷入返贫风险，如何使脱贫效果可持续，让脱贫成果有效衔接乡村振兴战略，成为乡村经济振兴及可持续发展的难题。可见，消除贫困、防止返贫既是民族地区乡村经济发展重点，又是乡村振兴与现代化发展的必然要求，更是化解民族地区城乡经济发展不平衡问题的关键举措。民族地区返贫风险大的地区集中于西北黄土高原、西南喀斯特熔岩地区、青藏高原地区及蒙新干旱地区，根据不同的致贫原因，应采取因地制宜的帮扶策略，这是奠定民族地区城乡经济协调发展的基础。

黄土高原区，主要涉及内蒙古鄂尔多斯、宁夏南部、青海省东部。黄土高原地形复杂、土地类型多样，经年累月，形成了多种农业经营类型，积累了旱地农业生产经验；拥有较丰富的煤炭、石油等矿产资源。但是，黄土高原地处东部季风区和西北干旱区的过渡带，地形破碎，土质疏松，气候干旱，水源短缺，给该地区农业生产生活带来了困难。在长期开垦劳作中，土地利用不合理，地力减退，经济结构单一，制约农业生产与乡村发展。黄土高原区应依托适度规模的能源开发以及煤炭、石油、天然气和水电基地的建设，对于过度开发地区，特别是水土流失严重地区实施限制开发措施，大力植树种草，推进小流域综合治理和农田基本建设，改善生态环境条件，为乡村经济发展奠定生态条件与物质基础。

西南喀斯特山区，主要包括以贵州为中心的云南、贵州、广西。石灰岩广布，喀斯特化程度高，山多地少，耕地零散，土层瘠薄，植被稀疏，石漠化严重，生态环境危急。虽然水热资源丰富，但土层浅薄，岩石裸露，保水力差，既不耐旱又不耐涝，成为水土并缺区。这里聚居着20多个少数民族，曾因地处偏僻、山大沟深、交通闭塞、通达度差，社会发育程度低，产业结构不合理，生产技术与效率低下，商品经济不发达，偏僻乡村尚处于自给不自足状态。西南喀斯特山区应充分利用水热条件好、自然资源丰富、气候条件优越、垂直地带变化大等优势，除因地制宜生产自给性粮食之外，大力发展烟、糖、茶、果等特色经济作物，以及其他各种土特产品资源，促进农产品生产专业化、市场化，开拓农民脱贫后的致富发展空间。此外，充分利用区内丰富的自然风貌、人文特色、民族风情等旅游资源，发展丰富多样的民族文化和旅游产业，充分利用沿边区位优势发展边贸，带动农业剩余劳动力向以特色旅游、民族文化等为核心的现代服务业转移，实现劳动力等生产要素在城乡间的自由选择与配置，加强城乡经济交往与联系，促进产业结构调整优化，以城带乡、以工促农，在城乡经济现代化的开发进程中实现脱贫巩固及乡村经济起飞与发展。

青藏高原区，主要包括西藏、青海。牧场广阔，草料充足，农牧林业具有典型的高寒地区特色，长期以来，由于高寒、缺热、缺氧、缺燃料以及交通不便等因素限制，导致青藏高原发展难度大、经济滞后。化解发展的难题，首先应充分利用天然牧草资源，大力发展高原畜牧业，并重视农林牧并举；其次，充分利用当地矿产资源和能源条件，发展地方工矿业和多种经济，增强小城镇经济发展实力，以期辐射带动周边乡村共同发展；再次，应重视少数民族人力资源开发，提高科学文化知识普及水平，提升人口的文化素质与技能水平；最后，重视发展的基础"短板"，畅通交通运输及网络通信，强化城镇与乡村的经济联系，为乡村振兴创造发展环境。

蒙新干旱区，包括内蒙古高原和新疆盆地，具有自然干旱和沙化的共同特点，降水少、雨量季节分配不均、干旱严重，尤其是春旱；冬季严寒，冻害严重，霜冻、冰雹等自然灾害俱全，给农牧业生产和人民生活造成重大威胁；土地过度开垦，农牧矛盾突出，经营管理粗放，产量低而不稳，生计脆弱性是增加返贫风险的主要原因。合理开发、利用有限的水资源，通过工程措施，优先解决人畜吃水问题，确保工业用水，在积极推广旱地农业的同时，适当扩大农田灌溉，建设高稳产农田。"合理利用天然牧场，建设人工草场，实行计划轮牧，防止超载过牧，并有计划地建设水、草、林、机配套的人工草场，提高饲料质量，培育良种，改善经营管理，为传统畜牧业向现代畜牧业转型创造增效条件。发展保护性林业，积极建设防护林、固沙林、水保林、经济林和果木林，将改善生态环境与增加农牧民收入相结合，促进农牧业协调发展。"① 发展农畜产品深加工，畅通产供销渠道，推进传统农牧业生产向现代化经营模式转变。重视并扶持地方特色产业，广开就业渠道，提高农牧区人口转移就业率等。

三、经济结构调整策略

资源依赖、嵌入驱动、结构单一、城乡失衡等内容是民族地区经济发展的特殊演进方式，是制约可持续发展、阻碍经济现代化进程的主要障碍，需要从供给侧方面培育经济增长新动能，以期解决民族地区结构性产能过剩导致资源配置失调难题，通过调整经济结构、转变发展方式，化解民族地区城乡经济发展不平衡困境。特殊的自然环境、区位条件、发展历程等造就了民族地区经济特殊性，形成了四种独特的经济发展方式，主要包括：以资源开发为导向的资源依赖型模式；以外部投资为动力的外部依赖型模式；以城镇驱动为依托的城镇依赖型模式；以原料出口与加工制造为格局的封闭循环型模式。② 其中，城

---

① 姜德华、张光耀、杨柳、侯少范：《中国贫困地区类型划分及开发研究提要报告》，地理研究，1988 年 9 月第 3 期第 7 卷，第 1 - 15 页。

② 谌利民、王皓田、徐照林：《民族地区供给侧结构性改革研究》，宏观经济研究，2018年第 5 期，第 161 - 162 页。

镇依赖型模式是导致民族地区长期以来城乡经济发展不平衡的重要原因，兼有其他三种经济发展方式的深刻影响。

新中国成立之初，资源装备型城镇在民族地区发展，由于缺乏对城乡布局的整体规划，导致城镇与乡村各自发展，产业关联和空间体系网络衔接缺失，导致大城市经济的集聚、扩散和辐射能力不足，中小城市带动能力差，小城镇发展能力匮乏，乡村徘徊于经济边缘，停滞不前。民族地区城乡二元经济结构，割裂了城乡统一市场，乡村单边向城镇输出劳动力、原材料等，城镇的资本、技术等要素与资源却无法供给乡村，导致乡村经济发展缺乏物质基础，形成了发展困境恶性循环，城乡经济发展不平衡问题突出。西部大开发战略实施后，民族地区对煤炭、石油、天然气、矿产等资源依赖度高，矿产资源开采和原材料加工成为主要产业，第一、二产业占比过高，第三产业发展滞后，产业结构缺乏合理性，劳动力、资本、技术等生产要素在城乡间配置严重失衡。近年来，民族地区城镇固定资产投资额不断增加，乡村固定资产投资驱动不足，经济发展过分依赖固定资产投资驱动带动的城镇经济，进出口、固定资产投资、消费比例严重失衡，只有将外部嵌入转为内生增长，才能持续推进民族地区城乡经济协调发展。

以实现民族地区城乡经济协调发展为目标，在推进农牧业现代化及乡村振兴发展的基础上，加强城乡之间生产要素与经济资源的科学配置、协同分工、统筹调整、布局产业结构，提升城乡社会生产力，促进各级城镇与乡村经济协调发展。大城市充分发挥民族地区后发优势，培育现代新型工业、服务业等新兴产业集群，壮大互联网、人工智能等战略性新型产业，与此同时，弘扬民族传统文化，传承民族工艺产业，以民族特色资源为依托大力发展民族经济。中小城市承接大城市转移的梯度产业，改造激发传统产业新活力，发展民族地区以现代制造业为核心的城镇经济。民族地区可凭借丰富独特的自然资源禀赋优势发展特色生态农牧产业，形成小城镇与乡村经济主导产业链。通过城镇与乡村的协调发展，加强民族地区城乡间经济交往，改变民族地区产业结构单一、城乡资源互补性差的缺陷。在此过程中，要完善基础设施建设，打破地理封闭导致的往来不便，构建加强城乡联系的多元化交通网络，注重人力资源开发与投资，培育民族地区内生发展动力，以此化解民族地区城乡经济发展不平衡问题。①

四、城乡协同发展策略

城乡协同发展策略，要以产品、服务等要素加强城乡间经济、空间的依存度，实现城镇与乡村二者的互利共赢发展。基础设施的便利与通达，既有利于提高劳动力、资本、技术等生产要素与经济资源的城乡间配置效率，又有利于打破阻碍城乡间经济联系交往的壁垒，在"互联网＋"发展模式带动下，积极建立"企业＋订单＋合作组织＋农牧户"的生产经营模式，引导城镇经济部门中的工业与服务业逐渐辐射乡村、延伸布局。区域中心城镇发展知识密集型产业，小城镇发展劳动密集型产业是城镇经济中现代工业的延伸，是乡村工业的聚集区域，乡村发展现代农产品加工业。相比而言，劳动密集型产业具备更强有力的吸纳乡村经济部门中的农业剩余劳动力转移就业的能力。

实现民族地区城镇与乡村之间的劳动力、资本、技术、资源等生产要素的相互协同发展，改变民族地区长此以往的"城镇偏向"的强城弱乡状况，通过改革户籍、土地、就业、财税等制度逐步消除城乡经济结构二元性特征。将城乡经济作为整体系统，坚持发挥市场的决定作用，统筹配置城乡内部各个生产要素资源，充分发挥劳动力、资本、技术、资源等生产要素优势，优化城乡产业结构、提升城乡产业效益，实现民族地区城乡统一市场利益最大化。在市场与政府双驱推动作用下，让三次产业优势互补、协同发展，以产业协同促进民族地区城乡经济协调发展。

城镇化是乡村农业转移人口向城镇流动安置、进入现代城镇文明的过程。民族地区新型城镇化，有利于反哺乡村经济，提高农牧业劳动生产率，促进农牧业集中生产经营，实现农牧业集约化、专业化、机械化水平，建立民族地区现代农牧业产业体系，促进乡村教育、医疗、卫生等公共事业发展。乡村改革的目标是实现农牧民需求，保证农牧民权利，实现城乡居民政治、经济、文化

---

① 谌利民、王皓田、徐照林：《民族地区供给侧结构性改革研究》，宏观经济研究，2018年第5期，第164页。

等方面的平等权益，有平等的就业、教育、医疗、社保等个人权利。民族地区要坚持"以人为本"战略原则，让城乡居民共享经济发展成果，促进劳动力在城乡间的自由流动，协调城乡产业区位优势，实现民族地区乡村振兴及城乡经济协同发展。①

五、破除二元惯性策略

在我国城乡关系的历史上，发展不平衡是一种常态，造成不平衡的原因之一是城乡二元结构的长期存在，历史上工农城乡之间早已形成的差距是二元结构逐渐固化的重要原因。城乡二元结构，主要指城镇经济与乡村经济并存的一种结构形式，广泛存在于发展中国家或地区。新中国成立后，"优先发展重工业"的国民经济发展计划决定了民族地区以工业和城镇为发展重点的工农城乡战略，此战略以牺牲农业为代价，通过工农业产品价格"剪刀差"将农业发展资金向工业生产转移，导致乡村一直维持着传统农业的生产经营模式，这种以牺牲农业为代价发展工业的战略为民族地区城乡二元结构的形成奠定了基础。同时，城乡户籍制度、统购统销制度、城乡就业制度等从制度上人为划分了城镇与乡村的界限，正式确立了城乡二元经济结构，阻断了城镇乡村生产要素的流动，拉开了城乡居民生活水平差距。从体制层面看，城乡二元结构业已成为民族地区城乡经济协调发展的桎梏。因此，以协调发展新理念为统领，以"新四化"道路为实践路径，以城乡协调、共同繁荣为发展目标，深入推进农牧业供给侧结构性改革、乡村土地确权制度、农牧民长效增收机制改革等各项改革，破除二元结构、推进以人为本的新型城镇化、实现工农业现代化转型发展，保障乡村振兴与经济现代化实现，激发乡村发展潜力，优化农牧业结构、改善乡村经济环境、提高城乡居民生活质量，构建以人为本的新型工农城乡关系，化解民族地区城乡经济发展不平衡难题。

第一，推进农牧业供给侧结构性改革。民族地区农牧业结构性问题突出，转变农牧业发展方式，激活农牧业发展活力，供给侧结构性改革势在必行，既

---

① 孙全胜：《城市化的二元结构和城乡一体化的实现路径》，经济问题探索，2018 年第 4 期，第 61 – 62 页。

有利于实现民族地区传统农牧业向现代农牧业的转型，提升农牧业集约化、专业化、机械化发展水平，又有利于提高劳动生产效率、解放农牧业剩余劳动力。推进农牧业供给侧结构性改革，要以市场需求为导向，充分发挥市场配置资源的决定性作用，通过政府的宏观调控与政策支持，优化农畜产品生产和供给结构，实现产销一体化发展，使农牧业生产经营为人的发展服务，既为城镇居民供应品类多样的农畜产品，又为乡村居民创收增收提供保障。

第二，推进乡村土地确权制度改革。提高土地牧场利用率，明确乡村土地所有权、承包权、经营权的"三权分置"。近年来，民族地区乡村劳动力向城镇转移日趋频繁，乡村土地确权与流转的结构性问题亟待解决。维护进城落户农民土地承包权、宅基地使用权、集体收益分配权，支持引导其依法自愿有偿转让上述权益，既保护了农牧民的土地所有权，又提高了土地资源的利用效率，是具有中国特色的乡村土地改革创新。

第三，推进农牧民长效增收机制改革。人是民族地区经济活动的主体，农牧民增收是解决"三农"问题的关键。乡村各种要素、资源的流失情况严峻，制约着乡村振兴与农牧民增收。市场经济条件下，经济趋利性决定了生产要素会流向投资回报率高的领域，比如城镇经济和现代工业部门。构建农牧民长效增收机制，挽留乡村资源与生产要素是基础，着力提升农牧业现代化生产经营水平与收益，一方面发展现代农牧业，进行农牧业体制改革，提高农畜产品附加值与质量，不断开发农牧民潜力，使劳动力在农牧业生产中获得更多收益；另一方面，通过各项农牧业补贴政策和农业乡村发展投资等还利于民，发掘乡村农牧业资源的发展潜力，找到适合民族地区乡村发展实际的致富道路，促进乡村与农牧业发生质的转变，由内到外提升乡村公共服务水平，不断建设以人为本的美丽宜居乡村，实现民族地区城乡居民的自由、全面发展，促进民族地区乡村振兴与现代化发展。①

总之，以协调发展新理念破除民族地区城乡二元结构及其产生的发展惯性，必须深化各项涉及"三农"问题改革，尤其是供给侧结构性改革、乡村土地确

---

① 张艳萍：《乡村振兴战略下中国城乡关系的重构》，农业经济，2018 年第 12 期，第 68 - 70 页。

权机制及农牧民长效增收机制等，只有这样，才能形成农牧业繁荣、农牧民增收和城乡协调发展的良性发展模式，以此化解积弊多年的民族地区城乡经济发展不平衡问题。

本章小结

本章全面、系统地提出化解民族地区城乡发展经济不平衡问题的战略构想，以期在此基础上，实现民族地区经济现代化。在本章内容中，首先是对民族地区经济发展战略的价值反思，这是展开具体战略构想的理论与现实铺陈，主要是针对国内外发展经济学的经济发展战略理论、加速发展战略、西部大开发战略的回顾与反思，在此基础上归纳、总结新时代民族地区城乡经济发展重点，既是战略重点的转移，又是发展理念的变革。其次，在新时代城乡发展重点统领下，一方面制定民族地区城乡经济发展战略目标，长远目标是以人的发展为核心化解发展不平衡问题，阶段目标是分"三阶段"实现城乡现代化战略分期，具体目标是解决城乡发展中的现实问题；另一方面坚持经济发展战略原则，包括坚持"以人为本""城乡协同，加速发展"与"因地制宜，针对开发"，以民族团结进步促进国家长治久安。最后，在城乡经济发展战略构想下，提出化解民族地区城乡经济发展不平衡问题的战略举措，坚持加速发展与因地制宜相结合。提出新时代实施加速发展战略的必要性，既要加速乡村振兴与乡村经济现代化，又要加速新型城镇化建设从而提高民族地区城乡协同发展能力，更要通过加速化解不平衡实现城乡协调发展。在民族地区城乡经济整体加速的同时，也要因地制宜地化解城乡经济发展不平衡问题，主要采取人力资源开发策略、因地制宜发展策略、经济结构调整策略、城乡协同发展策略、破除二元惯性策略。

参考文献

一、期刊：

［1］安华：《民族地区最低生活保障制度城乡一体化研究》，西南民族大学学报（人文社会科学版），2016 年第 3 期。

［2］蔡昉、杨涛：《城乡收入差距的政治经济学》，中国社会科学，2000 年第 4 期。

［3］蔡昉：《城乡收入差距与制度变革的临界点》，中国社会科学，2003 年第 5 期。

［4］曾福生：《实施乡村振兴战略的路径选择》，农业现代化研究，2018 年 9 月第 5 期第 39 卷。

［5］曾晓：《加速人力资源向人力资本的转化——我国人力资本问题的分析与对策》，上海经济研究，2006 年第 7 期第 6 卷。

［6］陈方：《城乡关系：一个国外文献综述》，中国农村观察，2013 年 6 月。

［7］陈俭、段艳：《1978—2006 年中国农民负担问题研究》，汉江论坛，2010 年第 1 期。

［8］陈江波：《习近平新时代中国特色社会主义现代化思想》，云南民族大学学报（哲学社会科学版），2018 年 9 月第 5 期第 35 卷。

［9］陈晋：《深入理解我国社会主要矛盾的转化》，北京日报，2017 年 11 月 13 日第 21 版。

［10］陈晓华：《我国城乡二元经济结构转换中的数字鸿沟效应与对策》，

农业现代化研究，2014年第35期第1卷。

[11] 陈宗胜、黎德福：《内生农业技术进步的二元经济增长模型》，经济研究，2004年第11期。

[12] 谌利民、王皓田、徐照林：《民族地区供给侧结构性改革研究》，宏观经济研究，2018年第5期。

[13] 程名望：《依托新型城镇化，促进中国经济转型和协调发展》，解放日报，2015年7月20日第8版。

[14] 崔大树：《现代化研究述评》，当代经济科学，2000年7月第4期第22卷。

[15] 崔登峰、朱金鹤：《西部边疆民族地区城乡居民基本公共服务满意度研究——基于新疆地区问卷调研数据》，新疆农垦经济，2013年第12期。

[16] 邸乘光：《论习近平新时代中国特色社会主义经济思想》，新疆师范大学学报（哲学社会科学版），2019年1月第1期第40卷。

[17] 董振华：《如何理解发展的不平衡不充分》，学习时报，2017年12月27日第1版。

[18] 董振华：《唯物辩证法与协调发展》，湖南社会科学，2016年第2期。

[19] 段禄峰：《我国城乡二元经济结构测度研究》，生态经济，2016年3月第3期第32卷。

[20] 方凤玲、白暴力：《习近平新时代中国特色社会主义经济思想体系探索（上）》，上海经济研究，2018年第6期。

[21] 傅如良：《科学发展观的价值意蕴及其实现》，思想教育研究，2008年8月第8期（总第148期）。

[22] 高帆：《分工差异与二元经济结构的形成》，数量经济技术经济研究，2007年第7期。

[23] 高帆：《论二元经济结构的转化趋向》，经济研究，2005年第7期。

[24] 高觉民：《城乡消费二元结构及其加剧的原因分析》，消费经济，2005年2月第1期第21卷。

[25] 郭熙保、柴波：《新发展阶段·新主要矛盾·新发展理念》，江海学刊，2018年第1期。

［26］韩钰、杨弘、罗永巨：《广西南宁地区罗非鱼池塘精养模式及其效益分析》，科学养鱼，2014年第7期。

［27］何景熙：《关于新世纪西藏改革与发展中人力资源开发的思考——兼论西藏"非典型二元结构"演化的途径与对策》，西藏研究，2003年第1期。

［28］何景熙：《基础性人力资本投资与西藏经济增长方式的转变》，中国藏学，2006年第3期（总第75期）。

［29］何钟秀：《论国内技术的梯度转移》，科研管理，1983年第1期。

［30］洪银兴：《中国特色社会主义政治经济学发展的最新成果》，中国社会科学，2018年第9期。

［31］侯风云、张凤兵：《发展不平衡与中国新型城乡二元经济》，理论学刊，2006年11月第11期（总第153期）。

［32］胡晶晶、黄浩：《二元经济结构、政府政策与城乡居民收入差距》，财贸经济，2013年第4期。

［33］胡敏：《新的战略安排：分两个阶段建成社会主义现代化强国》，西安日报，2017年11月27日第7版。

［34］胡志高、曹建华：《公平还是效率：基于我国社会主要矛盾转变的视角》，马克思主义与现实，2018年第6期。

［35］华建玲：《当前城乡公共服务均等化改革障碍及化解路径》，知识经济，2014年第14期。

［36］黄春：《新型城镇化向"以人为本"全面转型析论》，青海社会科学，2015年第5期。

［37］黄健辉、刘金山：《佛山城乡公共服务均等化的筹资机制研究》，价格月刊，2009年第9期。

［38］纪志耿、祝林林：《习近平以人民为中心的经济思想研究》，改革与战略，2017年第12期第33卷（总第292期）。

［39］蒋永穆、周宇晗：《着力破解经济发展不平衡不充分的问题》，四川大学学报（哲学社会科学版），2018年第1期（总第214期）。

［40］孔祥利、王张明：《我国城乡居民消费差异及对策分析》，经济管理，2013年第5期（总第509期）。

[41] 郎永清:《二元经济条件下的结构调整与经济增长》,南开经济研究,2007 年第 2 期。

[42] 李承政、邱俊杰:《二元经济下最低工资的就业效应:理论和证据》,经济体制改革,2013 年第 4 期。

[43] 李含琳:《西部民族地区经济增长极培育工作回顾与评判》,柴达木开发研究,2017 年第 3 期。

[44] 李汉林:《论西部大开发的实质》,吉首大学学报(社会科学版),2001 年第 1 期第 21 卷。

[45] 李建平、邓翔:《我国劳动力迁移的动因和政策影响分析》,经济学家,2012 年第 10 期。

[46] 李江南、李永波:《我国民族地区城乡居民收入差距现状及对策建议》,内蒙古农业科技,2013 年第 1 期。

[47] 李平、陈萍:《城市化、财政支出与城乡公共服务差距》,财经问题研究,2014 年第 9 期。

[48] 李桃、索晓霞:《民族地区公共文化服务城乡一体化初探》,贵州社会科学,2014 年 9 月第 9 期(总 297 期)。

[49] 李小克:《城乡固定资产投资差距对城乡收入差距的影响——基于2000—2013 年中部地区省级面板数据》,郑州航空工业管理学院学报,2016 年 8 月第 4 期第 34 卷。

[50] 李雪松:《以城乡区域协调发展优化现代化经济体系的空间布局》,区域经济评论,2018 年第 4 期。

[51] 李周:《全面建成小康社会决胜阶段农村发展的突出问题及对策研究》,中国农业经济,2017 年第 9 期。

[52] 林英陆:《发展不平衡理论及我国西部地区经济发展战略研究》,特区经济,1995 年第 10 期。

[53] 刘国斌、孙雅俊:《新型城镇化与产业转型之互动关系》,税务与经济,2017 年第 5 期(总第 214 期)。

[54] 刘荣增:《城乡统筹理论的演进与展望》,郑州大学学报(哲学社会科学版),2008 年 7 月第 4 期第 41 卷。

[55] 刘耀森：《重庆城乡二元经济结构的演化历程与发展趋势——兼与浙江省的比较》，地域研究与开发，2010 年第 29 期第 4 卷。

[56] 刘艺卓、吕剑：《二元经济结构下汇率对农产品贸易的影响分析》，山西财经大学学报，2009 年第 2 期。

[57] 刘元春：《经济制度变革还是产业结构升级——论中国经济增长的核心源泉及其未来改革的重心》，中国工业经济，2003 年 9 月第 9 期（总第 186 期）。

[58] 刘志强：《农业技术滞后、农产品价格上涨与城乡收入差距》，经济经纬，2014 年 7 月第 4 期第 31 卷。

[59] 龙少波、黄林、胡国良：《技术引进、金融发展与城乡居民收入差距》，经济问题，2015 年第 5 期。

[60] 卢燕平：《城乡联系、社会资本与经济增长研究》，社会科学辑刊，2013 年第 4 期。

[61] 鲁梅：《新农村建设背景下农村公共服务供给机制重塑》，安徽农业科学，2011 年第 39 期。

[62] 鲁月棉：《统筹城乡发展动力机制研究——基于政府、市场和农民的视角》，四川行政学院学报，2012 年第 1 期。

[63] 陆立军、王祖强：《习近平新时代中国特色社会主义经济思想科学体系初探》，经济学家，2018 年第 5 期。

[64] 罗富民、段豫州：《地理二元经济结构下的区际"以工促农"研究》，农业经济问题，2011 年第 7 期。

[65] 罗浩：《区域经济平衡发展与发展不平衡的动态演变》，地理与地理信息科学，2006 年 5 月第 3 期第 22 卷。

[66] 罗兴奇、孙菲：《城乡发展一体化的保障机制及协同策略》，农村经济，2016 年第 1 期。

[67] 罗震东、韦江绿、张京祥：《城乡基本公共服务设施均等化发展特征分析——基于常州市的调查》，城市发展研究，2010 年第 12 期。

[68] 马拥军、陈瑞丰：《如何看待新时代的社会主要矛盾》，江苏行政学院学报，2018 年第 2 期（总第 98 期）。

［69］潘万伦：《从恩格尔系数看小康水平》，改革与战略，1986 年第 6 期。

［70］潘文轩：《城市化与工业化对城乡居民收入差距的影响》，山西财经大学学报，2010 年第 12 期。

［71］庞金波、邓凌霏、师帅：《城乡二元经济结构的测定及影响因素分析》，中国农村经济，2015 年第 36 期第 36 卷。

［72］普荣：《坚持以人民为中心发展理念下的中国城乡统筹发展路径及机制》，改革与战略，2018 年第 2 期第 34 卷（总第 294 期）。

［73］钱路波：《习近平以人民为中心的经济思想论析》，改革与战略，2018 年第 1 期第 34 卷（总第 293 期）。

［74］任保平：《商贸流通体系改革：破解我国一体化难题的战略选择》，理论导刊，2011 年第 1 期。

［75］邵云飞、唐小我：《论人力资源向人力资本的转变》，软科学，2004 年第 4 期第 18 卷。

［76］沈开艳：《"一带一路"战略下西藏经济发展面临的几大难点》，西藏民族大学学报（哲学社会科学版），2017 年 1 月第 1 期第 38 卷。

［77］沈远新：《关于民族地区现代化的几个重大问题的思考》，贵州民族研究（季刊），2000 年第 1 期（总第 81 期）。

［78］施琳：《差异、差距与发展不平衡——兼论引起我国区域经济发展不平衡的主要因素》，中央民族大学学报（社会科学版），1998 年第 3 期。

［79］施正一：《差距·加速与均衡——关于少数民族地区经济发展战略的探索》，黑龙江民族丛刊，1989 年第 3 期（总第 18 期）。

［80］孙贺：《新时代社会主要矛盾"转化"的属性透视》，红旗文稿，2018 年第 10 期。

［81］孙全胜：《城市化的二元结构和城乡一体化的实现路径》，经济问题探索，2018 年第 4 期。

［82］谭彦红：《基本公共服务均等化与缩小城乡差距》，湖北社会科学，2009 年第 9 期。

［83］汤明、田发：《促进城乡公共服务均等化下的财政政策研究》，改革与开放，2015 年第 14 期。

[84] 唐国芬：《我国西部城乡一体化与东部的差距——以重庆和上海为例》，重庆工商大学学报，2007 年第 2 期。

[85] 田新民、王少国、杨永恒：《城乡收入差距变动及其对经济效率的影响》，经济研究，2009 年第 7 期。

[86] 汪虹、尹春明、王丽玲：《农村人力资本现状及成因分析》，中国农学通报，2010 年第 3 期。

[87] 王海军、张峁：《中国二元经济结构演变与发展趋势预测》，经济纵横，2010 年第 15 期（总第 315 期）。

[88] 王检贵：《劳动与资本双重过剩：宏观经济形势的新概括》，经济学家，2002 年第 2 期。

[89] 王京晶：《FDI 对二元经济结构的影响因素探析》，世界经济研究，2008 年第 7 期第 89 卷。

[90] 王林梅、邓玲：《统筹城乡背景下民族地区跨越式发展的制度创新》，贵州民族研究，2015 年第 5 期第 36 卷（总第 171 期）。

[91] 王明生：《正确理解与认识坚持以人民为中心的发展思想》，南京社会科学，2016 年第 6 期。

[92] 王颂吉、白永秀：《中国城乡二元经济结构的转化趋向及影响因素——基于产业和空间两种分解方法的测度与分析》，中国软科学，2013 年第 8 期。

[93] 王颂吉、白永秀：《中国城乡二元经济结构的转化趋向及影响因素——基于产业和空间两种分解方法的测度与分析》，中国软科学，2013 年第 8 期。

[94] 王小鲁、樊纲：《中国地区差距的变动趋势和影响因素》，经济研究，2004 年第 1 期。

[95] 王怡、周晓唯：《精准脱贫与 2020 年我国全面建成小康社会——基于 2010—2017 年扶贫经验的理论和实证分析》，陕西师范大学学报（哲学社会科学版），2018 年 11 月第 6 期第 47 卷。

[96] 王哲、李国成、余茂辉：《安徽省城乡一体化影响因素研究——基于主成分分析》，华东经济管理，2015 年 3 月第 3 期第 29 卷。

[97] 韦廷柒、邹继业：《民族地区城乡一体化发展：问题与对策——以广西壮族自治区为例》，改革与战略，2010 年第 12 期第 26 卷（总第 208 期）。

[98] 魏立平：《以人民为中心：五大发展理念之魂》，中国党政干部论坛，2016 年第 8 期。

[99] 温军、胡鞍钢：《民族与发展：新的现代化追赶》，西南民族学院学报（哲学社会科学版），2003 年 2 月第 2 期总 24 卷。

[100] 吴家华：《正确认识和深刻领会我国社会主要矛盾的变化》，红旗文稿，2017 年第 24 期。

[101] 吴宣恭：《坚持以人民为中心的发展思想》，经济研究，2017 年第 12 期。

[102] 吴肇光：《新型城镇化视角下解决"三农"问题的基本路径》，福建论坛·人文社会科学版，2014 年第 2 期。

[103] 武小龙、刘祖云：《城乡关系理论研究的脉络和走向》，领导科学，2013 年 4 月中刊。

[104] 夏安桃、许学强、薛德升：《中国城乡协调发展研究综述》，人文地理，2003 年第 18 期第 5 卷。

[105] 夏耕：《城乡二元经济结构转型的制度分析》，山西财经大学学报，2004 年第 8 期。

[106] 肖琳子、肖卫：《二元经济中农业技术进步对劳动力流动与经济增长的影响——基于中国 1992—2012 年的实证分析》，上海经济研究，2014 年第 6 期。

[107] 谢星全：《财政分权、统筹城乡与公共服务供给》，软科学，2016 年第 10 期。

[108] 徐增辉：《制约城乡基本公共服务均等化的深层原因》，经济纵横，2012 年第 2 期。

[109] 许彩玲、李建建：《习近平城乡发展一体化思想的多维透视》，福建论坛·人文社会科学版，2015 年第 3 期。

[110] 许文静、方齐云：《城乡收入差距、市场化与城镇化》，经济问题研究，2018 年第 5 期。

[111] 闫印军：《城乡一体化进程中的基本公共服务均等化问题研究——以焦作市为例》，调研世界，2011 年第 7 期。

[112] 严先傅：《我国城乡居民消费行为分化加剧》，经济研究参，2003 年第 62 期（总第 1734 期）。

[113] 颜雅英：《东部省域城乡经济一体化水平实证研究》，东南学术，2018 年第 2 期。

[114] 杨军昌、余显亚：《贵州民族地区城乡统筹发展问题研究》，贵州民族研究，2007 年第 2 期第 27 卷（总第 114 期）。

[115] 杨鲁慧：《论科学发展观的理论渊源及发展》，马克思主义研究，2004 年第 5 期。

[116] 杨小凯：《企业理论的新发展》，经济研究，1994 年第 7 期。

[117] 叶山土：《科学发展观中"以人为本"内涵的哲学探讨》，毛泽东邓小平理论研究，2007 年第 6 期。

[118] 叶险明：《关于资本主义历史时代的发展不平衡规律》，社会科学，1999 年第 4 期第 6 卷。

[119] 尹国强：《东莞推进城乡公共服务均等化的实践与思考》，南方农村，2015 年第 1 期。

[120] 于璐：《坚持以人民为中心的社会主义市场经济发展的学理考据——基于马克思人的本质理论视角》，改革与战略，2017 年第 11 期第 33 卷（总第 291 期）。

[121] 余成群、钟志明：《西藏农牧业转型发展的战略趋向及其路径抉择》，中国科学院院刊，2015 年第 3 期第 30 卷。

[122] 俞雅乖：《基本公共服务城乡差距的制度成因及均等化路径》，商业时代，2011 年第 24 期。

[123] 袁银传、吴桂鸿：《全面深入理解新时代我国社会主要矛盾的新变化》，思想理论教育，2018 年第 6 期。

[124] 昝林森、成功、闫文杰、柳泽新：《中国西部地区草牧业发展的现状、问题及对策》，科技导报，2016 年第 17 期第 34 卷。

[125] 臧旭恒：《新时期我国城乡居民资产选择和消费行为的变化》，南开

学报，1995 年第 3 期。

[126] 张桂文、王旭升：《二元经济结构转换的收入分配效应》，经济学动态，2008 年第 9 期。

[127] 张俊国：《论毛泽东关于平衡与不平衡关系问题的思想》，毛泽东思想研究，2009 年 5 月第 3 期第 26 卷。

[128] 张锟：《新型城镇化与农业现代化协调发展的逻辑框架及途径》，河南理工大学学报（社会科学版），2015 年 12 月第 4 期第 16 卷。

[129] 张利庠：《二元结构下的城乡消费差异分析及对策》，中国软科学，2007 年第 2 期。

[130] 张卫国、祝言抒：《我国二元经济结构转换缓慢的原因分析》，华东经济管理，2010 年第 1 期。

[131] 张新浩、秦莹、杨朋：《均衡发展视角下农村地区空心村问题研究》，云南农业大学学报（社会科学），2017 年 11 月第 4 期。

[132] 张艳萍：《乡村振兴战略下中国城乡关系的重构》，农业经济，2018 年第 12 期。

[133] 张应禄、陈志钢：《城乡二元经济结构：测定、变动趋势及政策选择》，农业经济问题，2011 年第 32 期第 11 卷。

[134] 中国地区经济发展课题组：《中国区域经济发展不平衡战略评估与分析》，管理世界，1993 年第 4 期。

[135] 朱晓瑾、朱瑛：《后发型地区的现代化发展与战略选择——浅谈对少数民族地区现代化发展战略的几点思考》，兵团党校学报，2006 年第 1 期（总第 96 期）。

[136] 自国：《西南民族地区人力资源开发策略研究——基于四川、贵州、云南、重庆和西藏的实证分析》，劳动保障世界，2018 年第 21 期。

[137] 宗晓华、陈静漪：《集权改革、城镇化与义务教育投入的城乡差距——基于刘易斯二元经济结构模型的分析》，清华大学教育研究，2016 年第 37 期第 4 卷。

[138] 习近平：《在党的十八届五中全会第二次全体会议上的讲话（节选）》，求是，2016 年第 1 期。

二、专著：

[1] 本社编：《中国共产党第十八届中央委员会第五次全体会议文件汇编》，北京：人民出版社，2015 年。

[2] 本书编写组：《马克思恩格斯文集》（第 2 卷），北京：人民出版社，2009 年。

[3] 本书编写组：《毛泽东思想和中国特色社会主义理论体系概论》，北京：高等教育出版社，2015 年 8 月第 5 版。

[4] 陈德第、李轴、库桂生：《国防经济大辞典》，北京：军事科学出版社，2001 年 10 月第 1 版。

[5] 陈国强主编、石奕龙副主编：《简明文化人类学辞典》，杭州：浙江人民出版社，1990 年 8 月第 1 版。

[6] 邓小平：《邓小平文选》（第 2 卷、第 3 卷），北京：人民出版社，1993 年 10 月第 1 版。

[7] 冯云廷：《城市聚集经济一般理论及其对中国城市化问题的应用分析》，大连：东北财经大学出版社，2001 年。

[8] 付清松：《发展不平衡——从马克思到尼尔·史密斯》，北京：人民出版社，2015 年 12 月第 1 版。

[9] 郭宁等：《新疆城乡协调发展与农村人力资源开发》，北京：中国农业出版社，2007 年 12 月第 1 版。

[10] 郭喜：《内蒙古自治区城乡统筹协调发展及其政策研究》，呼和浩特：内蒙古大学出版社，2012 年 3 月第 1 版。

[11] 何盛明、刘西乾、沈云：《财经大词典》（上卷），北京：中国财政经济出版社，1990 年 12 月第 1 版。

[12] 侯冠平：《我国城乡经济发展不平衡问题探析——兼论物流业与三大产业的发展不平衡关系》，北京：经济管理出版社，2018 年 9 月第 1 版。

[13] 黄健英等：《民族经济学四十年》，北京：中国经济出版社，2018 年 8 月第 1 版。

[14] 金炳华：《哲学大辞典》，上海：上海辞书出版社，2001 年。

[15] 李澜、罗莉：《中国少数民族省区经济通论》，太原：山西出版传媒

集团·山西经济出版社，2016 年 12 月第 1 版。

[16] 李伟民：《金融大辞典 1》，哈尔滨：黑龙江人民出版社，2002 年。

[17] 李忠尚、尹怀邦、方美琪、刘大椿：《软科学大辞典》，沈阳：辽宁人民出版社，1989 年 6 月第 1 版。

[18] 李竹青、那日：《中国少数民族经济概论》，北京：中央民族大学出版社，1998 年 10 月第 1 版。

[19] 林白鹏：《消费经济学大辞典》，北京：经济科学出版社，2000 年 1 月第 1 版。

[20] 刘炳英主编、本书编写组：《马克思主义原理辞典》，杭州：浙江人民出版社，1988 年。

[21] 刘树成主编、中国社会科学院经济研究所编：《现代经济词典》，南京：凤凰出版社、江苏人民出版社，2005 年。

[22] 罗肇鸿、王怀宁、刘庆芳、唐建福、王子奇：《资本主义大辞典》，北京：人民出版社，1995 年 5 月第 1 版。

[23] 马克思、恩格斯：《马克思恩格斯全集》（第 1 卷、第 20 卷、第 23 卷、第 25 卷、第 26 卷），北京：人民出版社，2016 年。

[24] 毛泽东：《毛泽东文集》（第 1 卷、第 5 卷、第 8 卷），北京：人民出版社，1999 年。

[25] 聂华林、李泉编著：《中国西部城乡关系概论》，北京：中国社会科学出版社，2006 年 12 月第 1 版。

[26] 施正一：《理论思维与民族科学》，北京：中央民族大学出版社，1998 年。

[27] 施正一：《民族经济学教程（第二次修订本）》，北京：中央民族大学出版社，2016 年 11 月第 1 版。

[28] 孙勇：《西藏：非典型二元结构下的发展改革——新视角讨论和报告》，北京：中国藏学出版社，2000 年 3 月第 1 版。

[29] 王绍光、胡鞍钢：《中国：发展不平衡的政治经济学》，北京：中国计划出版社，1999 年第 1 版。

[30] 奚洁人：《科学发展观百科辞典》，上海：上海辞书出版社，2007 年

10 月第 1 版。

[31] 习近平：《习近平谈治国理政·第 2 卷》，北京：外文出版社，2017 年。

[32] 习近平：《在省部级主要领导干部学习贯彻党的十八届五中全会精神专题研讨班上的讲话》单行本，北京：人民出版社，2016 年。

[33] 苑茜、周冰、沈士仓、谢晋宇：《现代劳动关系辞典》，北京：中国劳动社会保障出版社，2000 年 4 月第 1 版。

[34] 张首吉、杨源新、孙志武、卫爱辉：《党的十一届三中全会以来新名词术语词典》，济南：济南出版社，1992 年。

[35] 中共中央马克思恩格斯列宁斯大林著作编译局：《列宁专题文集——论社会主义》，北京：人民出版社，2009 年。

[36] 中共中央马克思恩格斯列宁斯大林著作编译局：《马克思资本论》（第 3 卷），北京：人民出版社，2004 年第 2 版。

[37] 中共中央文献研究室：《十八大以来重要文献选编（中）》，北京：中央文献出版社，2016 年。

[38] 中国科学院国情分析研究小组：《城市与乡村——中国城乡矛盾与协调发展研究》，北京：科学出版社，1996 年。

[39] 中国社会科学院文献情报中心、重庆出版社合编：《社会科学新辞典》，重庆：重庆出版社，1988 年 12 月第 1 版。

[40] 朱贻庭：《伦理学大辞典》，上海：上海辞书出版社，2002 年。

三、译著及外文文献：

[1] [美] 威廉·阿瑟·刘易斯：《二元经济论》，施炜等译，北京：北京经济学院出版社，1989 年。

[2] [美] 吉尔伯特·罗兹曼：《海外中国研究·中国的现代化》，国家社会科学基金"比较现代化"课题组译，南京：江苏人民出版社，2018 年。

[3] [美] 塞缪尔·亨廷顿：《文明的冲突与世界秩序的重建》，周琪、刘绯、张立平、王圆译，北京：新华出版社，2018 年。

[4] [美] W. W. 罗斯托：《经济增长阶段：非共产党宣言》，郭熙保、王松茂译，北京：中国社会科学出版社，2001 年。

　　[5] [苏] 纳扎罗夫主编:《社会经济统计辞典》,铁大章译,北京:中国统计出版社,1988 年。

　　[6] [匈] 亚诺什·科尔内:《短缺经济学》,张晓光等译,北京:经济科学出版社,1986 年。

　　[7] [英] 阿历克斯·英格尔斯:《人的现代化》,殷陆若译,成都:四川人民出版社,1985 年。

　　[8] [美] 杰拉尔德·迈耶、达德利·西尔斯编:《发展经济学的先驱》,谭崇台等译,北京:经济科学出版社,1988 年。

　　[9] [德] 卡尔·马克思:《1844 年经济学哲学手稿》,中共中央马克思恩格斯列宁斯大林著作编译局译,北京:人民出版社,2000 年。

　　[10] [美] 罗格纳·纳克斯:《不发达国家的资本形成问题》,谨斋译,北京:商务印书馆,1966 年。

　　[11] Boustan LP, Bunten D, Hearey O. *Urbanization in the United States*, 1800 - 2000 [R]. NBER Working paper, no19041, 2013.

　　[12] Brueckner JK. *Analyzing Third World Urbaniza - tion: A Model with Empir-icalEvidence* [J]. Economic De - velopment and Cultural Change, 1990.

　　[13] David Harvey, *Spaces of Capital*, Edinburgh: Edinburgh University Press Ltd, 2001.

　　[14] Neil Smith, *Uneven Development: Naure Capital and the Production of Space*, Oxford: Basil Blackwell, 1990.

　　[15] Ray Hudson, "Uneven Development in Capitalist Societies: Changing Spatial Divisions of Labour, Forms of Spatial Organization of Production and Service Provision, and TheirIm - pacts on Localities", Transactions of the Institute of British Geographers, New Series, Vol. 13, No. 4 (1988).

四、电子文献:

　　[1] 2015 年 10 月 29 日中国共产党第十八届中央委员会第五次全体会议:《中共中央关于制定国民经济和社会发展第十三个五年规划的建议》,新华网,2015 年 11 月 3 日,http://www. xinhuanet. com/fortune/2015 - 11/03/c_ 1117027676. htm。

[2]《坚持共享发展是中国特色社会主义的本质要求——七论认真学习贯彻党的十八届五中全会精神》,求是网,2016年3月31日,http://www.qstheory.cn/politics/2015-12/31/c_1123688134.htm。

[3] 陈世清:《新常态经济是创新驱动型经济——新常态经济是经济增长方式转变》,求是网,2015年6月16日,http://www.qstheory.cn/laigao/2015-06/16/c_1115629001.htm。

[4] 广西壮族自治区统计局、国家统计局广西调查总队:《广西壮族自治区2016年国民经济和社会发展统计公报》,2017年4月17日,http://www.gxtj.gov.cn/tjsj/tjgb/qqgb/201704/t20170417_132996.html。

[5] 贵州省统计局、国家统计局贵州调查总队:《贵州省2016年国民经济和社会发展统计公报》,2017年3月22日,http://www.gz.stats.gov.cn/tjsj_35719/tjgb_35730/tjgb_35732/201703/t20170322_2015383.html。

[6] 内蒙古自治区统计局、国家统计局内蒙古调查总队:《内蒙古自治区2016年国民经济和社会发展统计公报》,2017年2月28日,http://www.nmgtj.gov.cn/information/nmg_tjj37/msg10450189035.html。

[7] 宁夏回族自治区统计局、国家统计局宁夏调查总队:《宁夏回族自治区2016年国民经济和社会发展统计公报》,2017年4月18日,http://www.nxtj.gov.cn/tjsj_htr/tjgb_htr/201810/t20181016_97404.html。

[8] 秦宣:《五大发展理念的辩证关系》,光明网,2016年2月4日,http://epaper.gmw.cn/gmrb/html/2016-02/04/nw.D110000gmrb_20160204_1-16.htm。

[9] 青海省统计局、国家统计局青海调查总队:《青海省2016年国民经济和社会发展统计公报》,2017年2月28日,http://www.qhtjj.gov.cn/tjData/yearBulletin/201702/t20170228_46913.html。

[10] 人民政协报:《对少数民族八省区政策倾斜要更多些》,2014年6月24日,http://epaper.rmzxb.com.cn/detail.aspx?id=342246。

[11] 王美涵:《税收大辞典》,沈阳:辽宁人民出版社,1991年6月第1版,http://xuewen.cnki.net/R2006110700001014.html。

[12] 卫兴华:《准确理解"不平衡不充分的发展"》,求是网,2018年1月11

日，http：//www. qstheory. cn/zhuanqu/bkjx/2018－01/11/c＿ 1122241805. htm。

［13］《习近平：决胜全面建成小康社会　夺取新时代中国特色社会主义伟大胜利——在中国共产党第十九次全国代表大会上的报告》，新华网，2017 年10 月 27 日，http：//www. xinhuanet. com/2017－10/27/c＿ 1121867529. htm。

［14］《习近平：人民对美好生活的向往就是我们的奋斗目标》，人民网，2012 年 11 月 15 日，http：//cpc. people. com. cn/18/n/2012/1115/c350821－19590488. html。

［15］《习近平出席二十国集团领导人第八次峰会并发表重要讲话》，人民网，2013 年 9 月 6 日，http：//cpc. people. com. cn/n/2013/0906/c64094－22826175. html。

［16］《习近平在庆祝中国共产党成立 95 周年大会上的讲话》，人民网－人民日报，2016 年 7 月 2 日，http：//cpc. people. com. cn/n1/2016/0702/c64093－28517655. html。

［17］《习近平在中共中央政治局第二十二次集体学习时强调　健全城乡发展一体化体制机制　让广大农民共享改革发展成果》，新华网，2015 年 5 月 1日，http：//www. xinhuanet. com/politics/2015－05/01/c＿ 1115153876. htm。

［18］习近平：《在哲学社会科学工作座谈会上的讲话》，新华网，2016 年 5月 18 日，http：//www. xinhuanet. com//politics/2016－05/18/c＿ 1118891128. htm。

［19］西藏自治区统计局、国家统计局西藏调查总队：《西藏自治区 2016 年国民经济和社会发展统计公报》，2017 年，http：//www. xizang. gov. cn/zwfw/bm-fw/tjj/。

［20］新疆维吾尔自治区统计局、国家统计局新疆调查总队：《新疆维吾尔自治区 2016 年国民经济和社会发展统计公报》，2017 年，http：//www. xjtj. gov. cn/tjfw/dh＿ tjgb/。

［21］许光建：《加快解决发展不平衡不充分问题》，求是网，2018 年 3 月 1日，http：//www. qstheory. cn/economy/2018－03/01/c＿ 1122473704. htm。

［22］云南省统计局、国家统计局云南调查总队：《云南省 2016 年国民经济和社会发展统计公报》，2017 年，http：//www. stats. yn. gov. cn/tjsj/tjgb/201806/t20180629＿ 768597. html。

［23］张广昭、陈振凯：《五大理念的内涵和联系（五大发展理念的中国实践）》，人民网，2015 年 11 月 12 日，http：//theory. people. com. cn/n/2015/1112/c40531 - 27806226. html。

［24］中共中央国务院印发：《国家新型城镇化规划（2014—2020 年）》，中华人民共和国国家发展和改革委员会发展规划司，http：//ghs. ndrc. gov. cn/zttp/tjzgczh/gzdtczh/201403/t20140317_ 602847. html。

［25］中共中央国务院印发：《乡村振兴战略规划（2018—2022 年）》，中华人民共和国中央人民政府网站，2018 年 9 月 26 日，http：//www. gov. cn/zhengce/2018 -09/26/content_ 5325534. htm。

［26］中国共产党第十八届中央委员会第三次全体会议通过：《中共中央关于全面深化改革若干重大问题的决定》，人民网，2013 年 11 月 12 日，http：//cpc. people. com. cn/n/2013/1116/c64094 - 23561785. html。

［27］中国政府门户网站：《民族区域自治制度》，2005 年 7 月 4 日，ht-tp：//www. gov. cn/test/2005 -07/04/content_ 11789. htm。

［28］中华人民共和国国家发展和改革委员会：《西部大开发"十三五"规划》，2017 年 1 月 11 日，http：//www. ndrc. gov. cn/zcfb/zcfbtz/201701/t20170123_ 836067. html。

［29］中华人民共和国国家统计局：《中华人民共和国 2016 年国民经济和社会发展统计公报》，2017 年 2 月 28 日，http：//www. stats. gov. cn/tjsj/zxfb/201702/t20170228_ 1467424. html。

后 记

新时代，我国社会主要矛盾发生着深刻变化，不平衡问题成为经济现代化发展及人民追寻美好生活的主要制约因素。民族地区乡村人口众多，全面建设小康社会，最艰巨最繁重的任务在乡村，城乡经济发展不平衡成为亟待解决的问题。只有科学化解城乡经济发展不平衡问题，才能实现社会主义现代化强国的发展目标。

近年来，民族地区基本形成了以特色和优势为核心的培育模式，但同时表现出"传统振荡、新型稚嫩"的成长特征。西部大开发后，市场经济的壮大冲击着民族地区传统工农业，与此同时，新的经济增长点应运而生。城镇经济中，既培育了电解铝产业、新能源产业、新能源装备制造业以及数控机床、电动汽车、特殊用途飞机和石化工业、天然气工业等比较先进的工业项目，又培育了旅游、文化、信息以及餐饮、服务、娱乐等若干个服务业项目。乡村经济中，培育了中药材、中成药，牛羊肉特色养殖业，特色林果、蔬菜、马铃薯、甜瓜、油菜籽、花卉等特色农牧业生产项目。化解城乡经济发展不平衡问题，进行城乡资源整合，促进城乡经济协同发展，对于民族地区形成新的增长极，带动整个区域经济现代化具有重大现实意义。另外，注重民族资源开发和利用，初步形成具有一定竞争力的民族经济结构，民族用品、民族建筑、民族文化、民族风俗、民族服装、民族舞蹈、民族歌曲、民族剧目等对培育经济增长极起到了非常重要的作用，对重点产业和民族特色产业进行合理布局与重点扶持，对具有增长潜力的城镇进行着重规划帮扶，将资源优势转化为经济优势，以增长极培育来带动周边区域整体发展，提升民族地区城镇化率和城乡居民生活水平，实现民族地区现代化及各民族发展繁荣。

从长远来看，我国经济现代化发展的后劲与前景，在相当程度上取决于民族地区的资源开发利用程度与经济发展水平。民族地区应统筹实施新型城镇化战略，推进城镇化、工业化、信息化及农业现代化协调发展。培育重点城市群发展，增强辐射带动能力，提高城镇综合承载能力和宜居水平，吸引高层次人才建设民族地区。引导优质产业向民族地区梯度转移，鼓励民族地区投资发展制造业与战略性新兴产业，提高矿产、能源的勘探开发、精深加工与科学利用，延长产业链与价值链。发展特色生态农牧业和优势农畜产品加工业，壮大医药、旅游、传统手工艺等民族特色产业，提升文化、旅游等现代服务产业层次，形成支撑民族地区发展的多元化产业布局及经济增长点。① 培育民族地区成为新的经济增长极，与我国现代化建设的"两个大局"紧密相连。所谓"两个大局"，实际上是集中全国力量加速发展东部沿海地区经济，在东部沿海富裕之后，集中力量保障、支持民族地区经济现代化建设，最终实现区域协调、共同发展的现代化发展要求。可见，没有民族地区的经济现代化，就不可能有我们整个社会主义现代化的最终成功。

众人拾柴火焰高，各民族共同发展是中华民族繁荣昌盛的动力之源。打破民族地区长期存在的城乡经济发展不平衡状态，让城乡各族人民在民族地区经济社会发展成就方面平等共享，无论是生活在城镇还是定居在乡村，各族人民在精神层面相互了解、相互尊重、相互包容、相互欣赏、相互学习、相互帮助。全面建成小康社会、促进各民族共同繁荣，得益于民族地区化解城乡不平衡、统一配置资源要素、推动城乡协调发展、激发城乡经济自我发展能力，充分发挥城乡经济后发优势的重要贡献。城镇与乡村，在"以经济建设为中心"的同时突出"以人民为中心"的重要性，将人的发展始终摆在经济发展的核心位置，势必要增强城乡协同发展能力，消除城乡经济发展差距，以城镇与乡村的协调发展为两翼撑起中国特色社会主义新时代的发展目标，让生活在城乡的各族人民共享改革发展红利。

---

① 李澜、罗莉：《中国少数民族省区经济通论》，太原：山西出版传媒集团、山西经济出版社，2016 年 12 月第 1 版，第 20 - 21 页。

致　谢

　　《民族地区城乡经济发展不平衡问题研究》一书承载着我这一生中最美好的三年时光，求学岁月如电影镜头快进般重现、闪过，无论是重返校园的欣喜，还是读书思考的彻悟，抑或是观念碰撞的火花，等等，我都会怀揣一颗敬畏之心致以深深的感恩与祝愿。

　　感恩母校——中央民族大学，校训"美美与共，知行合一"历久而弥新，见证了青涩少年的破茧蜕变，深刻理解了"各美其美，美人之美，美美与共，天下大同"的思想内涵。在创造自我之美的同时，学会了包容、欣赏不同文化、不同背景、不同经历的别人之美，这是民大教会我的待人之道；将别人之美与自我之美融合发展，扬长避短，实现理想中的大同之美，这是民大教会我的处世哲学。从此以后，美美与共，矢志前行。

　　感恩摇篮——经济学院，人生最梦想、最拼搏的六年时光都有经院相依相伴，经院导师通才硕学、春风化雨的学术品格，因材施教、诲人不倦的学术态度都成为指引我一生方向的灯塔。社会主义新时代是一个"强起来"的黄金时代，作为经院人，我将贡献绵薄之力为中华民族伟大复兴，为这千载难逢的历史发展新机遇。人生，"像穿衣服扣扣子一样，如果第一粒扣子扣错了，剩余的扣子都会扣错"。感谢经院扣好了我人生的第一粒扣子，感谢经院给予我自由之思想、无限之可能，让我的人生从这里开始乘风破浪、扬帆远航。

　　感恩导师——李澜教授，感谢您三年来对我多角度独立思考问题能力的培养。您严谨的处事态度、渊博的知识素养、前瞻的学术眼光、优雅的大家风范，给予我一生取之不尽、用之不竭的宝贵财富，更是我毕生学习的好榜样！同时，深深感谢刘永佶教授、黄健英教授、张春敏教授等诸位导师在平日授课与论文撰写中给予我的指导与建议，深深感谢中国社会科学院民族学与人类学研究所周竞红研究员在十年前开启了我对民族经济学科的向往与热爱。

感恩机遇，而立之年，背起行囊，告别母校，重新启航。感谢国家信息中心博士后科研工作站给予我宝贵的深造机会，欣赏我、激励我、帮助我。让我得以在国家级科研平台开拓眼界、提升思维、淬炼能力，聆听大家之言，品味知识盛宴，激荡思想，博采众长，让我遇见了这个更好的自己。同时，感谢赤峰学院各位领导与同事的支持与帮助，铭感在心、岂胜言谢。

最后，谨以此书献给我生命中最重要的人——黄鹂女士，是您三十年如一日的爱与呵护滋养了我的品格，您的善良、坚强、自信、乐观、坚持是我生而为人立于世的榜样，您是我此生的温暖与力量，激励我无论顺意还是困境都选择鸳马十驾，自强不息、从容迎接、坦然笑对。感谢您给予生命、伴我成长、听我之所思、感我之所想。我爱您！

凡是过往，皆为序章。成长之路虽有玫瑰、有荆棘，但我们都是追梦人，自这一刻开始我必将努力奔跑、欢歌前行。